Mit diesem Buch möchte ich all jenen, die vor Vorträgen, Präsentationen und Reden stehen ein Werkzeug in die Hand geben, damit sie ihre innewohnende Souveränität zur Geltung bringen können.
Fleur Sakura Wöss

Die Autorin

Fleur Sakura Wöss, Dr. phil., Vortragscoach und Zen-Lehrerin. Reden und Schweigen – diese zwei konträr wirkenden Themen ziehen sich seit ihrer Jugend durch das Leben. Beginnend mit dem ersten Rhetorik-Kurs an der High School in Kalifornien, über eine achtjährige Stimmausbildung, ca. 50 Rhetorik-Kursen bei führenden Rhetorik-Trainern weltweit, bis zur Gründung der Seminaragentur TopTwo gemeinsam mit ihrem Lebenspartner, beschäftigt sie sich seit Jahrzehnten mit der Frage: „Wie fesselt man Zuhörer?" Sie ist Gründungspräsidentin der German Speakers Association Österreich (GSA Chapter Austria). Unter ihren Klienten sind viele Wissenschafter, da sie 14 Jahre lang selbst an der Universität Wien, FU Berlin und Zürich Vorlesungen gehalten hat. Auch heute noch verbessert sie ihre eigene Redefähigkeit in einem Rede-Club, dem Toastmaster Club N.Ö.

Von ihr auch erschienen: "Innehalten. Zen üben, Atem holen, Kraft schöpfen", Kösel Verlag München 2017.

Fleur Sakura Wöss lebt mit ihrem Partner Paul Matusek in Wien. Die beiden haben drei Söhne, Florian, Severin und Laurenz, die alle drei erfolgreich im Leben stehen.

***

Das vorliegende Buch ist eine redigierte, aktualisierte und um ein Bonuskapitel erweiterte Neuauflage des Buches Fleur Wöss: "Der souveräne Vortrag – informieren, überzeugen, begeistern", Linde-Verlag Wien, 2004.

Redaktion: Paul Matusek

Leserstimmen zur ersten Auflage:

Ich schätze sehr, wenn Bücher gut strukturiert sind, außerdem flüssig zu lesen und auch noch praxisnah. Respekt!
Astrid Zapf

Das erste Buch, das ich in der Hand hielt zu diesem Thema, und das ganz seinem Versprechen gerecht wurde. Übersichtlich, klar, witzig, unterhaltsam, erfrischend, aufbauend.
Camilla Bornscheuer

Ich kenne schon so viele Bücher über Präsentation und Vortrag und war doch noch immer unzufrieden. ... Es ist sooo gut, es ist das Beste auf dem Markt zu diesem Thema. ... Es ist ein richtig „wertvolles" Buch. Nicht nur wegen des Inhalts, sondern auch wie es geschrieben ist, jedenfalls ganz anders als alle anderen.
Peter Hegerich

Dieses Buch ist so praktisch geschrieben und spannt einen guten Bogen. Ich habe das Buch sehr oft schon weiter empfohlen und alle bestätigen es mir. Es ist ein wirklich gutes Buch.
Maria Eisner

Kompliment zu Ihrer profunden, fruchtbaren Beratung!
Monika Bundt

Es ist das praxisnächste Buch, das gleichzeitig vollständig ist, obwohl es ohne explizites NLP auskommt.
Rudolf Benar

Erfrischend ist der flotte, unkonventionelle aber schlüssige Ansatz, der für eine spontane Geburtstagsansprache dieselbe Gültigkeit hat wie für ein 3-Tages-Fach-Seminar.
auf Amazon

Insgesamt ein mit Informationen vollgepackter Titel, der sich trotzdem gut liest und auf den man in Zeiten, wenn wieder eine eigene Wortspende ansteht, in großer Dankbarkeit zurückgreifen wird.
auf Amazon

So viel an nützlicher Information und Hinweisen, dass ich, die ich selbst bei jedem Referat in der Schule oder an der Universität vor Lampenfieber Bauchschmerzen und Herzrasen hatte, fast Lust bekam, einen Vortrag zu halten.
auf Amazon

Eine Seltenheit geworden: ein Ratgeber oder Unterstützer, der auch einlöst, was er vorgibt. Überschaubare Unterteilungen, Auflockerungen, praktische und teils ironische Beispiele, humorvoll und klug verfaßt; kein hochgestochener Pseudointellekt soll vermittelt sein, kein Versprechen zur sofortigen Lebensverbesserung und- handhabung wird vorgegeben
auf Amazon

Dieses Buch habe ich mit großem Genuss gelesen. Es ist ja selten genug, dass in einem Fachbuch weder akademische Fadesse noch schwammiges Gerede auftaucht. Dieses Werk hingegen ist eine echte Hilfe und spart auch den Humor nicht aus.
auf Amazon

Dieses Buch ist anders. Es ist immer am Punkt, einfach zu lesen, klar gegliedert und mit vielen authentischen Fallbeispielen aus der Coaching-Praxis der Autorin gespickt. Ich halte das Buch für die beste und seriöseste Zusammenfassung für die Vorbereitung eines Vortrags, die aktuell in deutscher Sprache erhältlich ist.
auf Amazon

Sehr ausführliche Anleitung für eine Vortragsvorbereitung. Enthält neben den sachlichen Vorbereitungsarbeiten auch "Softfacts" (wie die persönliche Mitte zu finden), die wichtig sind, um aus einem Vortragenden eine wirksame Persönlichkeit zu machen. Viel besser als die verkäuferorientierten Rednerbücher!
auf Amazon

Vorträge zu halten gehört in vielen Bereichen zum Alltag. Langweilige Vorträge anhören leider auch. Nur wenige schaffen es, Inhalte auch für den Nichtfachmann verständlich zu präsentieren, das Publikum länger als drei Minuten zu fesseln und die Botschaft klar zum Ausdruck zu bringen. Von der Dramaturgie, die Spannung bringt, über das Kontaktverhalten zum Publikum, die erste Hilfe gegen Lampenfieber bis zur gelungenen Selbstpräsentation, zeigt Fleur Wöss, wie aus einer Fülle von Fakten ein packender, souveräner Vortrag wird.
Managerseminare.de

Fleur Wöss erklärt in ihrem Buch "Der souveräne Vortrag", wie sie Vorträge gezielt vorbereitet und lebendig gestaltet und wie sie mit Lampenfieber umgeht. In Beispielen aus ihrer eigenen Praxis betont sie, wie wichtig bildhafte Sprache und Begeisterung für das Thema sind.
Wirtschaftsblatt

Fleur Wöss hat dem Dauerschlummern der Zuhörer den Kampf angesagt. ... Raffiniert einfache Tricks und praktische Checklisten ... anstatt Aufzählungen abstrakter Hinweise machen das Buch gleichermaßen zu einem brauchbaren Leitfaden für Neulinge am Rednerpult wie für erfahrene Vortragende.
Horizont.at

Fleur Sakura Wöss

Souverän vortragen

© 2004-2018 Dr. Fleur Sakura Wöss, Wien, Österreich
Die erste Auflage erschien unter dem Titel "Der souveräne Vortrag" 2004 im Linde Verlag, 2. verbesserte Auflage

Autorin: Fleur Sakura Wöss

Umschlaggestaltung,: Catrin Roher

Redaktion und Lektorat: Paul Matusek

Verlag: myMorawa

978-3-99070-499-8 (Paperback)
978-3-99070-500-1 (Hardcover)
978-3-99070-501-8 (e-Book)

Printed in Austria

Das Werk, einschließlich seiner Teile, ist urheberrechtlich geschützt. Jede Verwertung ist ohne Zustimmung des Verlages und der Autorin unzulässig. Dies gilt insbesondere für die elektronische oder sonstige Vervielfältigung, Übersetzung, Verbreitung und öffentliche Zugänglichmachung.

Alle Angaben in diesem Buch erfolgen trotz sorgfältiger Bearbeitung ohne Gewähr. Eine Haftung der Autorin oder des Verlages ist ausgeschlossen.

Inhaltsverzeichnis

Die Autorin 2
Leserstimmen zur ersten Auflage: 3
SOUVERÄN VORTRAGEN 7
VORWORT 17
DIE VORBEREITUNG 21
EXPERTENTUM IST GEFRAGT 22
IHR BACKGROUND STÜTZT IHR EXPERTENTUM 23
SEIEN SIE EINZIGARTIG! 25
WIE DER VORTRAG SIE IHREN LANGFRISTIGEN ZIELEN NÄHER BRINGT 26
WANN SIE ABLEHNEN SOLLTEN 30
CHECKLISTE: EXPERTENTUM 32
DIE DREI Z DER REDEVORBEREITUNG: ZEIT, ZIEL, ZUHÖRER 33
ZEIT 33
   Wie lange dauert die Vorbereitung? 33
   Das Schreiben des Vortrags 34
   Tipps zur Zeiteinteilung 34
   Beispiel für einen Vortrag am 30. September 35
ZIEL 36
   Werden Sie sich über das Ziel Ihres Vortrags klar .. 36
   Nutzen, Nutzen, Nutzen! 38
ZUHÖRER 41
   Der richtige Vortrag für die richtigen Zuhörer 41
   Zuhörerrecherche 43
   Freiwillig oder unfreiwillig? 43
   Was erwartet der Veranstalter? 45
   Zu welcher Branche gehören Ihre Zuhörer? 46

In welchem Bundesland, in welcher Stadt sprechen Sie? 47
Wie alt sind Ihre Zuhörer? 47
MEHR MÄNNER ODER FRAUEN? 47
FRAGEBOGEN FÜR DEN VERANSTALTER 49
CHECKLISTE: ZEIT, ZIEL, ZUHÖRERANALYSE 52

DIE STOFFSAMMLUNG 53
LEGEN SIE EINEN RECHERCHE-ORDNER AN 54
BEGINNEN SIE BEI IHREN EIGENEN IDEEN 56
JE MEHR IDEEN, DESTO ORIGINELLER 58
IDEEN HABEN FLÜGEL 60
KEINE INFORMATIONSÜBERFLUTUNG AM ANFANG! 61
DURCH DIVERGENTES DENKEN ZU ORIGINELLEN 62
INHALTEN 62
SCHAUEN SIE ÜBER DEN TELLERRAND HINAUS 64
DIE TÄGLICHE VERRÜCKTHEIT 66
WERDEN SIE ZUM FRAGEZEICHEN 69
Zapfen Sie Ihr Netzwerk an 71
Befragen Sie Ihre Zuhörer 75
DIE „WAS WÄRE, WENN"-TECHNIK 77
Die „Was wäre, wenn"-Übung 80
ZUSÄTZLICHE IDEEN, ... 82
WO SIE MATERIAL FÜR IHREN VORTRAG FINDEN 82
MINDMAPPING: 84
DIE KUNST, IHRE GEDANKEN KREATIV ZU ORDNEN 84
Die grundlegenden Prinzipien des Mind-Mapping 85
CHECKLISTE: RECHERCHE 86

DIE KREATIVE ARBEIT 87
IMMER ETWAS NEUES 88
DAS KREATIVE POTENZIAL WECKEN 89
MIT DEN IDEEN SPIELEN 90
DER KREATIVE PROZESS 91
Vorbereitungsphase 92

Reifungs- oder Inkubationsphase............................... 93
Einsicht.. 94
Bewertung... 95
Ausarbeitung... 95
BEWEGUNG HILFT DEM DENKEN AUF DIE SPRÜNGE 96
Gehen Sie! Laufen Sie!... 98
DER ORT DER VORBEREITUNGSARBEIT 99
IHRE KERNBOTSCHAFT... 101
Formulieren Sie Ihre Kernbotschaft oder
Grundaussage in einem einzigen Satz................... 102
CHECKLISTE: DIE KREATIVE ARBEIT 103

DIE STRUKTUR.. 105
DIE DREI WICHTIGSTEN AUSSAGEN 106
SCHLAGWÖRTER 107
DER AUFBAU DES VORTRAGS 109
Die einfachste Gliederung: Das AHA-Schema 109
Die AIDA-Formel für den „Verkauf" Ihrer Ideen.... 109
Die EVE-Gliederung zum zündenden Vortrag 111
Die W-Gliederung für die 5-Minuten-Vorbereitung 117
DIE STRUKTUR ERKENNBAR MACHEN 119
CHECKLISTE: STRUKTUR 121

DIE DRAMATURGIE 123
DER GEKONNTE ANFANG 123
Öffnen Sie das Gefühlstor 123
Die Zuhörer einstimmen 124
Die Tasse leeren.. 126
11 Tore, um die Ohren, das Herz............................ 127
und den Geist Ihrer Zuhörer zu öffnen 127
SCHLAFMITTEL-BEGRÜßUNGEN 137
Vorstellen der eigenen Person 142
Stellen Sie Ihr Thema in einen Rahmen 145
Bringen Sie Ihre Zuhörer zum Nicken 145
DER HAUPTTEIL 148

DER EINDRUCKSVOLLE ABSCHLUSS 150
So gestalten Sie einen guten Schluss *151*
Tipps für einen eindrucksvollen Abschluss *155*
DIE FÜNF TODSÜNDEN AM START UND IM FINALE 157
CHECKLISTE: ANFANG UND SCHLUSS 160

DEN VORTRAG LEBENDIG GESTALTEN 161
DIE BEIDEN HEMISPHÄREN DES GEHIRNS 162
Linkshirnige Redner *165*
Rechtshirnige Redner *165*
VORTRAGENDE SIND ÜBERSETZER 168
BILDER BLEIBEN IM KOPF 169
Gesichter bleiben eher in Erinnerung *169*
ZEHN TORE INS BILDHAFTE DENKEN 170
Visuelle Hilfsmittel *170*
Erzählen Sie aus dem Buch Ihres Lebens *172*
Eine Geschichte erzählen: Die älteste Kunst des Vortrags *174*
Fallbeispiele *177*
Metaphern *177*
Analogien *181*
Lebendige Sprache *183*
Zahlen veranschaulichen *188*
Zitate *191*
Kampf den Floskeln! *204*
CHECKLISTE: LEBENDIGE GESTALTUNG 206
FÜNF SCHLÜSSEL ZUM GEDÄCHTNIS IHRER ZUHÖRER 207
Wiederholen *207*
Involvieren *207*
Einszweidreivierfünfsechssieben *209*
Struktur erhöht Erinnerungsfähigkeit *210*
DIE LÄNGE IST ENTSCHEIDEND 211
Was ist kurz? *211*
Nicht länger als 20 Minuten *211*

CHECKLISTE: IN ERINNERUNG BLEIBEN 214

DIE HILFSMITTEL 215
POWERPOINT UND FLIPCHART 215
22 Tipps für Powerpoint-Präsentationen 216
CHECKLISTE: HILFSMITTEL 220

LAMPENFIEBER:
DIE LEIDEN DES JUNGEN REDNERS 221
WOHER DAS LAMPENFIEBER KOMMT 223
Erfahrung prägt 226
Mangelnde Kontrolle 228
ANGST VOR DEM PUBLIKUM 229
ANGST, DASS IHR VORTRAG NICHT GUT GENUG IST 231
TIPPS GEGEN DAS LAMPENFIEBER 232
SO WAPPNEN SIE SICH MENTAL 234
Langfristige Visualisierung 235
Etappenweise im Voraus durchspielen 236
LAMPENFIEBER MINDERT IHRE LEISTUNG 238
Linksdominante & Lampenfieber 239
Rechtsdominante & Lampenfieber 240
ANTI-LAMPENFIEBER-STRATEGIEN 240
Bewegung hilft 242
Entspannen und Anspannen 243
Zittern ist erlaubt 244
Atmen Sie Ruhe 245
Singen und rezitieren Sie! 246
Beten Sie! 247
Üben, üben, üben! 247
Technik-Check 248
Gut begonnen ist halb gewonnen 248
DAS LAMPENFIEBER IST IHR VERBÜNDETER 249
CHECKLISTE: LAMPENFIEBER 251

VOM MANUSKRIPT ZUM STICHWORTKONZEPT 253
STICHWORTKARTEN 256
... ODER STICHWORTKONZEPT 258
CHECKLISTE: MANUSKRIPT 261

STIMME UND KÖRPERSPRACHE 263
STIMME ERZEUGT STIMMUNG 263
Die Stimme ist der Spiegel der Seele 266
*Eine entspannte Situation schafft
eine entspannte Stimme 266*
*Damit Sie gehört werden:
Sprechen Sie zum Publikum 268*
Was tun, wenn Ihre Stimme monoton klingt? 270
Wie die Körperhaltung Ihre Stimme beeinflusst 272
Die richtige Haltung im Stehen 273
Die richtige Haltung im Sitzen 274
So vermeiden Sie dauerndes Räuspern 275
Stimmliches Aufwärmen vor dem Auftritt 276
DER KÖRPER IST DER HANDSCHUH DER SEELE 277
Das Positive sehen 278
Rollenspiele 280
ABC ZUR KÖRPERSPRACHE 281
Der Inhalt ist wichtiger 284
SATZPAUSEN SIND DENKPAUSEN 286
Information ist Exformation 287
Typus 1: Schnellredner 289
Typus 2: Singsangredner 289
Charismatische Ausstrahlung 292
Begeisterung zeigen 293
CHECKLISTE: STIMME UND KÖRPERSPRACHE 295

DER TAG DES AUFTRITTS 297
DIE GENERALPROBE 297
DIE MENTALE VORBEREITUNG 299
Ich spreche für die Zuhörer 300

Auftritt mit einem Lächeln im Herzen 301
Lieben Sie Ihr Publikum 304
10 Schritte zum Enthusiasmus 306
DIE PASSENDE KLEIDUNG 308
Brillen 309
Bei längeren Vorträgen und Seminaren 310
MACHEN SIE SICH MIT DEM VORTRAGSRAUM VERTRAUT 311
Sitzordnung 311
Beleuchtung 313
Vortragspult 314
Raumtemperatur und Klimaanlagen 315
Technik: „Es wird schon schief gehen" 317
DIE REDEZEIT EINHALTEN 322
Wie lange dauert mein Vortrag? 324
BEGRÜßUNG UND VORSTELLUNG 325
Proben Sie den Auftritt 326
Sagen Sie, wie Sie vorgestellt werden wollen 326
CHECKLISTE: DER TAG DES AUFTRITTS 330
HALTEN SIE IHR PUBLIKUM BEI LAUNE 332
Essen 332
DISKUSSIONS- UND FRAGETEIL 335
Was tun, wenn niemand fragt? 335
Unangenehme Fragen 336
Schwer zu beantwortende Fragen 337
Unbeantwortbare Fragen 338
Fragen, die Sie aus dem Konzept bringen 339
HÄNGER ELEGANT ÜBERWINDEN 341
UMGANG MIT STÖRENFRIEDEN 344
Handys 346
AUF DEM INTERNATIONALEN PARKETT 347
NACH DEM VORTRAG 350

MIT ZEN ZUM GELASSENEN REDNER **352**
   Gedanken zerstreuen *354*
   Den Geist durch den Körper betreten *357*
   Konzentration auf die Mitte *358*
   Die Füsse – fest auf der Erde *359*
   Trainieren Sie täglich *360*
   Wie wird man zum gelassenen Zen-Redner? *360*
  LITERATURVERZEICHNIS 362
  SERVICE- UND INFORMATIONSMÖGLICHKEITEN 366

Vorwort

Meine erste Erfahrung mit einem schlechten Vortrag hatte ich in den sechziger Jahren. Der Schuldirektor hielt eine Festansprache für uns Schülerinnen. Wir saßen damals – noch neugierig und etwas schüchtern – das erste Mal im holzgetäfelten Saal des Gymnasiums. Glücklicherweise hatten wir zu diesem Zeitpunkt die Aufnahmeprüfung in die Schule schon bestanden, denn nach der halben Stunde von Begrüßungen und Leerfloskeln wären unsere Gehirne zu nichts mehr imstande gewesen. Die nachfolgenden Schuljahre brachten uns immerhin einige lustige Zeiten. Denn je langweiliger ein Professor vortrug, desto mehr strengten wir unsere Mädchenhirne an, ihm einen originellen Streich zu spielen. So wurden wir in der Schule schon gut auf das spätere Leben vorbereitet. Wir lernten in den acht Jahren: Wissen sollte ernsthaft und möglichst langweilig vorgetragen werden. Die Karriere zur masochistischen und geduldigen Zuhörerin war somit erfolgreich in die Wege geleitet.

Die Universität brachte dann auch keine Erleuchtung. Je akademischer ein Vortrag, desto „objektiver" wurde er dargebracht. „Objektiv" bedeutete leider auch, dass der Redner so tat, als habe er selbst mit dem Vorgetragenen rein gar nichts zu tun. Auch ich, nach einigen Jahren von der Studentin zur Lektorin mutiert, reproduzierte die abgehobene akademische Vortragsweise.

Das vorliegende Buch ist eine aktualisierte Ausgabe. Meine Hoffnung damals, 2004, als ich die erste Ausgabe verfasste, war, dass sich etwas ändert. Ich gründete die österreichische Sektion der GSA, der German Speakers Association. Diese international vernetzte Weiterbildungsplattform für Redner hat zum Ziel, bessere Redner heranzubilden und tatsächlich wurden viele Speaker besser und professioneller. Das geschieht nicht nur durch Weiterbildungsveranstaltungen, sondern auch durch die Teilnahme an den Kongressen, wo man die Besten der Branche hören und sehen kann, insbesondere auch bei den Kongressen der National Speakers Association, der NSA in den USA.

Trotzdem: Bis in die Niederungen der Unternehmen, bis in die Universitäten, dringt dieses Know How nur langsam vor. Ich erlebe den akademischen Nachwuchs immer wieder wenn ich junge Wissenschaftler an der Universität für ihre Vorträge, Vorlesungen und Bewerbungsgespräche coache. Auch die mir folgende und nächstfolgende Generation steht vor den gleichen Problemen: Sie kleben am Manuskript, sie würden sich am liebsten hinter dem Vortragspult verstecken; sie "prügeln" nach wie vor ihre Zuhörer mit Powerpointfolien.

Es fehlt vor allem eines, darauf bin ich durch meine Tätigkeit als Meditationslehrerin aufmerksam geworden: Es mangelt ihnen an innerer Zuversicht und Festigkeit. Der gestiegene Arbeitsdruck in den vergangenen Jahren versetzt viele in einen Dauer-Turbo-Modus. Deshalb mache ich ab und zu mit meinen jungen Coachees etwas, das sie verblüfft: Ich setze mich mit ihnen hin und wir meditieren gemeinsam. Die Anweisungen wie sie das dann ganz leicht zuhause selbst machen können, das Innehalten, das eiserne Schaffen von Zwischenräumen verschafft ihnen die nötige Souveränität, die Zuversicht und Authentizität, die sie zu besseren Vortragenden machen kann.[1]

---

[1] Dieses Thema behandle ich u.a. in meinem Buch "Innehalten. Zen üben, Atem holen, Kraft schöpfen", Kösel Verlag 2017.

Auf Wirtschaftskongressen treffe ich auch heute noch auf Tagungseinöde: langweilige Vorträge und leidende Zuhörer, die die Begrüßungsorgien und überfrachteten Datenmengen nur mit einem einzigen Gedanken überstehen können: „Danach gibt es ein super Büffet."

Es besteht daher noch ein riesiges Betätigungsfeld für uns alle: den Kampf gegen den Langeweile-Terror am Rednerpult. Führen wir diesen Kampf gemeinsam!

Wenn Ihre Zuhörer beim nächsten Mal vergessen, dass es ein Büffet geben wird, haben Sie gewonnen – und dann hat dieses Buch seinen Zweck erfüllt.

Die Vorbereitung

Der scheinbar locker vorgetragene, souveräne Vortrag bezieht 90 Prozent seines Erfolgs aus der richtigen Vorbereitung. Je besser Sie Ihren nächsten Vortrag planen, desto gelassener können Sie Ihrem eigentlichen Auftritt entgegensehen. Alle großen Redner bereiten sich wochenlang auf ihre nur scheinbar spontanen und geschliffenen Wortmeldungen vor. Was den Zuhörern als Inspiration des Augenblicks erscheint, ist in Wahrheit mit viel Recherche und mit Liebe zum Detail ausgearbeitet worden. Das kostet Zeit – aber diese Investition ist sinnvoll. Wenn Sie am Podium stehen und das Publikum begeistert applaudiert, dann werden Sie wissen: Ihre Mühe hat sich gelohnt.

Bevor Sie sich an die Arbeit machen, empfehle ich Ihnen, noch einige Überlegungen anzustellen. Zuallererst könnte es nützlich sein, zu wissen, warum Sie überhaupt den Vortrag halten.

Angenommen, Sie sind eingeladen worden, einen Vortrag zu halten. Die Gründe dafür können vielfältig sein.

- Sie sind ein anerkannter Experte oder eine Fachfrau auf einem bestimmten Gebiet, über das die Zuhörer oder Veranstalter etwas wissen möchten.
- Sie sind zwar als Experte eingeladen worden, aber den Veranstaltern ist das Thema nicht so wichtig, sie wollen hauptsächlich Ihren Namen auf dem Programm haben.
- Sie sind mit dem Veranstalter befreundet, im selben Club oder gehen oft gemeinsam golfen und werden aus persönlichen Gründen eingeladen.

- Sie sind in Vertretung Ihrer Institution geschickt worden, weil Ihr Vorgesetzter keine Zeit hat.
- Sie möchten sich als Experte oder Expertin profilieren.

Fünf völlig verschiedene Situationen, die für Sie ganz unterschiedliche Motive darstellen, aufzutreten! Je nachdem, welcher dieser Gründe für Sie zutrifft, werden Sie sich anders verhalten, anders vorbereiten. Wenn das Erstere für Sie zutrifft, Sie also schon als Experte auf einem speziellen Gebiet bekannt sind, überspringen Sie dieses Kapitel. Wenn Sie noch nicht auf dem Gipfel, sondern noch auf dem Weg zum Ruhm sind, lesen Sie bitte weiter.

Expertentum ist gefragt

Angenommen, Sie sind Läuferin und haben Probleme mit Ihrem linken Knie. Die anhaltenden Schmerzen zwingen Sie, einen Arzt aufzusuchen. Welchen wählen Sie? Gehen Sie zu dem Herzspezialisten, der in Ihrer Lieblingszeitung jeden Samstag die Kolumne „Das gesunde Herz" schreibt? Wohl kaum. Was Sie in dieser Situation wollen, ist ein Experte gerade für dieses spezielle Problem. Das bedeutet in Ihrem Fall, Sie werden nicht nur irgendeinen Orthopäden aufsuchen, sondern einen orthopädischen Facharzt, der viel Erfahrung mit Läuferknien hat, idealerweise selber regelmäßig joggt.

Ebenso ist es, wenn Sie eingeladen werden, eine Rede zu halten. Ihr Publikum und der Veranstalter wollen einen Experten. Je ungewöhnlicher Ihr Spezialgebiet ist, desto gefragter werden Sie als Vortragende sein!

Fragen Sie sich also: Auf welchem Gebiet bin ich Experte? Oder: In welchem Spezialgebiet strebe ich Expertentum an?

Ihr Background stützt Ihr Expertentum

Angenommen, Sie haben Slawistik studiert mit Schwerpunkt Handelswissenschaften. Danach arbeiteten Sie in einer Import-Export-Firma in Moskau. Nach Ihrer Rückkehr nach Deutschland haben Sie einige Jahre in einer Unternehmensberatung Firmen unterstützt, in Russland Geschäfte abzuwickeln. Wenn Sie dann über das Thema sprechen: „Wie Sie russische Geschäftsleute am besten zu einem Verhandlungsabschluss bringen", werden Sie für jeden glaubwürdig sein.

Ihr Thema sollte eine zwingende Verbindung mit Ihrer Persönlichkeit, mit Ihren Fähigkeiten und mit Ihrer beruflichen Geschichte haben. Albert Bloch war jahrzehntelang interner Weiterbildungstrainer in Firmen der Autoindustrie. Seine spezielle Fähigkeit war es, das mittlere Management in Mitarbeiterführung zu schulen. Unsere Wege kreuzten sich, denn Bloch erhoffte sich, von unserer Agentur gemanagt zu werden. Er wollte sich als Keynotespeaker bei Großveranstaltungen profilieren. Wir saßen im Kaffeehaus und besprachen, welches Thema für Selbstständige interessant sein könnte. Er erzählte mir von seiner eben überwundenen Spät-Midlife-Krise – spät, weil er damals 61 Jahre alt war –, seiner Beschäftigung mit asiatischer Philosophie und Meditation. Da rief er plötzlich aus: „Das wäre DAS Thema! Die Firmen setzen so viele Mitarbeiter an die Luft und die verbleibenden stöhnen unter der Arbeit. Sie sind im Permanentstress, die Ehen leiden darunter und die Scheidung ist die letzte Konsequenz. Immer wieder treffe ich Menschen, die sich nach Orientierung sehnen. Meditation und asiatische Weisheit wäre doch etwas, was diese Leute brauchen könnten wie einen Bissen Brot." Bloch hatte nicht Unrecht. Das war tatsächlich ein Thema, das auf dem deutschen Markt „ziehen" würde – vorausgesetzt, der Vortragende wäre anerkannter Experte auf diesem Gebiet, z.B. der Dalai Lama. Aber ein Mann, der dreißig Jahre lang Mitarbeiterführung vorgetragen hatte ...?

Ich fragte also: „Warum sollen Menschen das gerade von Ihnen lernen?" Einen Moment lang schaute Bloch verständnislos, dann begriff er, dass er mit seinem Hintergrund einfach kein glaubhafter, authentischer Vortragender für Meditation war.

Kurzum: Finden Sie den Punkt, der Sie unter allen anderen Menschen unverwechselbar macht! Wenn Sie ein solches USP (Unique Selling Proposition) nicht haben, schaffen Sie sich eines![2]

Überlegen Sie, auf welchen Gebieten Sie bisher Außergewöhnliches geleistet haben. Wofür sind Sie ausgezeichnet und gelobt worden? Welche Ausbildungen haben Sie gemacht? In welcher Branche fühlen Sie sich besonders zu Hause? Zu welchen Themen haben Sie schon publiziert? Welcher spezielle Aspekt Ihres Vortrags ist wirklich neu?

---

[2] Auf Deutsch: Alleinstellungsmerkmal. Der Ausdruck stammt ursprünglich von Rosser Reeves in seinem Buch „Reality in Advertising, 1961 ", auf deutsch "Werbung ohne Mythos" und bezeichnet jene einzigartige Eigenschaft/Fähigkeit, die Sie von anderen abhebt.

Seien Sie einzigartig!

Lieben Sie Klassik? Nach welchen Kriterien suchen Sie eine Musik CD aus? Wenn Sie an der Kasse Ihres Supermarkts stehen und gerade ein Glas Konfitüre und ein Brot bezahlen wollen und Sie sehen folgendes Sonderangebot: „5 CDs zum Preis von 20 Euro! Alle Schubert Symphonien!", dann ist vielleicht Ihr Interesse geweckt und Sie nehmen die CDs aus dem Korb und sehen sie genau an. Auf der Etikette steht: „Symphonieorchester Ploesti." Kein Name eines Dirigenten. Würden Sie die CDs kaufen?

Als echte Klassikkennerin ziehen Sie es höchstwahrscheinlich vor, statt in diese fünf CDs in eine zu investieren, bei der Sie den Dirigenten und das Orchester und auch den Musikverlag und damit die Sicherheit einer qualitativ guten Aufnahme auswählen können.

Wir sind verwöhnt. Es geht heute nicht mehr darum, ein bestimmtes Musikstück zu hören. Es geht darum, eine besonders interessante Interpretation des Musikstücks kennen zu lernen. Manche Dirigenten spezialisieren sich auf die Originaltreue des Werks, andere sind Spezialisten für Barockmusik.

Genauso wollen die Zuhörer in Ihrem Vortrag mit dem Gefühl sitzen, den besten Spezialisten für dieses Thema vor sich zu haben.

Wie der Vortrag Sie Ihren langfristigen Zielen näher bringt

Warum haben Sie die Einladung angenommen, einen Vortrag zu halten? Vielleicht ist es die **Notwendigkeit**, sich vor Kollegen zu profilieren? Oder ist es Eitelkeit? Oder hat Ihr Vorgesetzter gemeint: „Wenn du aufsteigen willst, sind im Jahr zwei Vorträge bei Kongressen Pflicht!" Jedes Mal, wenn Sie zugesagt haben, einen Vortrag zu halten, ist es sinnvoll, sich zu überlegen, wie dieser Vortrag Sie Ihren langfristigen beruflichen Zielen näher bringen kann. Sehr oft erlebe ich, dass sich meine Klienten zu wenig Gedanken über den Aufbau ihrer Karriere machen.

Von Arnold Schwarzenegger können Sie in Sachen Zielsetzung viel lernen. Ich war im Jahre 1999 in den USA und besuchte eine Halbinsel an der kalifornischen Küste. Dort stand ein mobiler Kiosk, an dem ich einen Kaffee im Pappbecher kaufte. Woher ich denn käme, fragte der Hüne in dem Kabäuschen.

„From Austria." „Ah", erwiderte er, er habe auch einen Freund aus Österreich. Sein Name sei Arnold Schwarzenegger. Zuerst dachte ich, er scherze. Kevin O'Connell vom Kiosk Sonoma Coast Mobile Deli erzählte mir, dass er früher eines der modernsten Fitness-Studios Amerikas in Berkeley besessen habe. Er hatte Arnie sofort nach dessen Ankunft in Amerika kennen gelernt: „Er hatte gerade 20 Dollar in der Tasche. Aber er hatte große Ziele! Er bat mich gleich in der ersten Woche, ihn in jene Wohngegend Californias zu führen, wo die schönsten Villen stehen. Wir fuhren durch die Straßen, wo die Reichen und Schönen wohnen. Und er sagte zu mir: ‚In so einem Haus werde ich auch wohnen.'"³

Karl Kainrath, Schwarzeneggers Fitness-Trainer aus seinen Jugendtagen in Österreich, bestätigt diese Einstellung, auf ein klares Ziel zuzuarbeiten: „Er war immer der Aktivste, weil er unbedingt weiterkommen wollte. Wann immer der Verein offen gehabt hat, wir waren da. Mit 15 hat er gesagt, ich werd' der beste Bodybuilder. Und Filmschauspieler werd' ich auch! Und wir haben nur gelacht und gesagt: Ja, klar Bundespräsident wirst' auch!"³

Mit 15 war für Schwarzenegger sein Lebensweg klar. Der Weg vom Bodybuilder zum Filmstar war kein Zufall. Kevin O'Connell bestätigte, dass alles, was Schwarzenegger machte, in Übereinstimmung mit seinen langfristigen Zielen war.

So ist es auch nicht egal, welchen Vortrag Sie wo halten. Sie werden doch nicht Zeit und Mühe investieren, um einen Vortrag zu halten, der Sie nicht im Geringsten weiterbringt!

Eine meiner Klientinnen, Susanne Ebert, ist PR-Beraterin. Sie ist eine begnadete Netzwerkerin. Kontakte knüpfen zu fremden Menschen ist eine ihrer Leidenschaften. Sie ist mit Tausenden Leuten bekannt, und doch klagt sie über mangelnde Aufträge. Ihr Terminplan ist voll, weil sie sich auf vielen Gebieten engagiert: Sie ist Mitglied bei drei verschiedenen Frauen-Netzwerken, bei einem ist sie im Vorstand, beim ande-

---

³ Der Grund, warum Kevin O'Connell heute Kaffee im Pappbecher verkauft, war Pech. Einer seiner Kunden hatte sich am Laufband zu sehr angestrengt und war an den Folgen eines Herzinfarkts gestorben. O'Connell wurde verklagt und musste daraufhin sein Studio verkaufen. Arnold Schwarzenegger gedenkt auch heute seiner alten Bekanntschaft und lädt ihn, immer wieder zu Veranstaltungen ein, sagt Kevin O'Connell.

⁴ Interview erschienen im Kurier am 17. August 2003.

ren betreut sie die Abteilung PR und Medien. Sie organisiert im Elternverein ihrer Tochter den jährlichen Flohmarkt und ist beim Kleingartenverein „Rosenhügel" zuständig für alle Probleme, die sich im Kontakt mit der Stadtgemeinde ergeben. Da sie viele Leute kennt, wird sie immer wieder eingeladen zu sprechen. „Wirst du uns einen Vortrag für einen der Clubabende im nächsten Jahr halten?", kommt die Anfrage von den Frauenclubs. Das ist die Sorte Vorträge, die als Pausenfüller zwischen Haupt- und Nachspeise dienen und die vom Geklapper der Kellner und dem Geflüster uninteressierter Damen begleitet werden. Sie wissen ja: Die einzige Möglichkeit, bei solchen Vorträgen nach dem Abendessen wach zu bleiben, ist, selber einen zu halten …

Susanne Ebert meldet sich oft freiwillig für einen Vortrag, wenn Not an der Frau/am Mann ist. So kam sie wieder vor einiger Zeit zu mir und bat mich, ihr bei der Vorbereitung ihres Vortrags bei der Tagung „Journalismus im Wandel" zu helfen.

„Worüber werden Sie sprechen?", fragte ich.

„Das weiß ich noch nicht genau. Ich könnte über ‚Neue Wege in der PR-Arbeit' sprechen."

„Warum halten Sie diesen Vortrag? Wollen Sie sich für einen speziellen neuen Aspekt der PR-Arbeit profilieren?"

„Nein, wieso? Ich halte den Vortrag, damit ich bekannt werde."

Das ist zu wenig. Susanne Ebert ist ein Hansdampf in allen Gassen. Sie hat viele Freunde, doch sie hat sich kein Image als Expertin geschaffen.

Auf einem Journalistenkongress wird sie auch keine neuen Kunden finden, schon gar nicht, wenn sie über ein so schwammiges Thema spricht wie „Neue Wege in der PR-Arbeit".

Wir überlegten gemeinsam, in welcher Sparte der PR-Arbeit sie besonders bekannt werden wollte. Wir sahen uns ihren bestehenden Kundenstock an. Sie hatte zwei Kunden, die ihr 80 Prozent des Umsatzes brachten. Beide waren in der Pharmabranche tätig. Ebert hatte nämlich vor ihrer PR-Tätigkeit Texte für eine Zeitung verfasst, die an Arztpraxen verteilt wurde. Damals hatte sie die Kontakte zu diesen Pharmafirmen aufgebaut. Durch die frühere Arbeit hatte sie sich Kenntnisse darüber angeeignet, welche speziellen Herausforderungen die PR-Arbeit in der Pharmabranche darstellt.

Nun hatte sie ihr Thema! Der Titel des Vortrags lautete: „Der Medien-Weg ist das PR-Ziel. Wie sich PR-Arbeit für Pharma-Firmen bezahlt macht." Für dieses Thema war sie als Expertin bereits hinreichend qualifiziert. Nun war sie gezwungen, sich systematisch mit diesem Thema auseinander zu setzen – und stellte einige nutzlose Aktivitäten ein. Sie beschränkte ihre Freizeit ab da auf nur mehr einen Frauenverein.

Diesen Vortrag hat sie nun fertig und kann ihn Interessenten anbieten. Nun kann sie getrost an einem Clubabend über PR sprechen, ihr Fokus wird auch bei einer populären Version ihres Vortrags auf dem Pharmabereich liegen. In diesem informellen Rahmen kann sie sogar die zuständige Referentin einer Pharmafirma einladen, um sich als Person und Expertin zu präsentieren. Durch die Fokussierung auf ihr Expertentum hat sie schließlich neue Kunden gewonnen.

Wann Sie ablehnen sollten

Fühlen Sie sich geehrt, wenn jemand Sie bittet, einen Vortrag zu halten? Ja? Dann kann es sein, dass Sie vor lauter Stolz über die Anerkennung voreilig zusagen. Lassen Sie sich Zeit. Antworten Sie, es wäre Ihnen eine Ehre, eingeladen zu werden, Sie müssten aber in Ihrem Kalender checken, ob es möglich sei. Und dann überlegen Sie ernsthaft:

- ✓ „Ist das Thema genau das, worüber ich sprechen möchte?"
- ✓ „Bin ich Experte oder Expertin für dieses Thema?"
- ✓ „Passt es in meine langfristigen beruflichen Ziele?"
- ✓ „Sind die Rahmenbedingungen passend (die richtigen Zuhörer, ein seriöser Rahmen, wo Sie nicht gestört werden, genügend Zeit, dass Sie sich vorbereiten können)?"

Wenn Sie einen dieser Punkte verneinen müssen, lehnen Sie ab! Schlagen Sie eine Kollegin oder einen Kollegen vor, die besser geeignet sind, mehr Zeit haben, sich genau auf diesem Gebiet profilieren möchten. Damit holen Sie Gutpunkte beim Veranstalter und bei Ihren Kollegen.

Checken Sie Ihr Expertentum!

Nehmen Sie sich einige Minuten Zeit und stellen Sie sich eine Person vor, die auf Ihrem Gebiet ein Experte ist. Sie muss nicht unbedingt real existieren. Stellen Sie sich weiters vor, diese Person hielte einen Vortrag in einer Stadt, die 600 km von Ihrem Wohnort entfernt wäre. Sie sind so begeistert, dass es für Sie selbstverständlich ist, ein Flugzeugticket zu buchen, um diesen Experten oder diese Expertin zu hören.

Nehmen Sie an, Sie denken schon lange daran, ein Buch zu schreiben – möglichst einen Bestsellerroman. Sie hören, dass J.K. Rowling, Autorin der Harry Potter Bücher, in Ihrer Stadt sprechen wird. Warum würden Sie in diesen Vortrag gehen? Was glauben Sie, könnten Sie von Frau Rowling lernen? Immerhin ist Sie eine von drei Personen weltweit, deren Verlag schon in der ersten Auflage 2 Millionen Exemplare gedruckt hatte. Sie ist die erste Autorin, die mit ihren Büchern eine Milliarde Euro verdient hat. Sie würden als zukünftige Autorin möglicherweise durch ihren Vortrag ermutigt werden, denn auch ihre Harry Potter Bücher waren von mehreren Verlagen abgelehnt worden. Und Sie würden erfahren, wie man gute Verträge mit Filmfirmen abschließt und Informationen über weitere Vermarktungsmöglichkeiten und Merchandising erhalten.

Sie werden in einem Vortrag von J.K. Rowling erfahren, welche Zutaten es braucht, einen Bestseller zu schreiben, wie sie sich in schwierigen Lebenssituationen motiviert hat und wo sie sich ihre Inspiration geholt hat. Diese Frau ist eindeutig Expertin auf dem Gebiet „Wie schreibe ich einen Bestseller?" – und deshalb würden Sie sich die Zeit nehmen, zu ihrem Vortrag zu fahren.

Fragen Sie sich: Welche besonderen Merkmale muss eine Person haben, dass Sie sie unbedingt hören möchten? Welche Ausbildungen? Welche praktischen Erfahrungen? Mit welchen Personen hat sie zusammengearbeitet? Welches zusätzliche Know-how hat sie, dass Sie sie unbedingt hören wollen?

Die Beantwortung der folgenden Fragen hilft Ihnen, für sich zu klären, auf welchem Gebiet Sie Ihr Expertentum noch weiter ausbauen können.

Checkliste: Expertentum

- ✓ Welche Ausbildung haben Sie (auf dem Gebiet, auf dem Sie sich positionieren möchten)?
- ✓ Welche Zusatzausbildung haben Sie?
- ✓ Welches Spezialgebiet interessiert Sie besonders?
- ✓ Welches Gebiet interessiert Sie so brennend, dass Sie auch am Sonntag Bücher darüber (freiwillig) lesen?
- ✓ Wofür haben Sie von Kollegen, Vorgesetzten besondere Anerkennung bekommen?
- ✓ Was macht Sie im Unterschied zu ähnlichen Experten auf Ihrem Gebiet absolut einzigartig?

Die drei Z der Redevorbereitung: Zeit, Ziel, Zuhörer

Zeit

Wie lange dauert die Vorbereitung?

Holger Bohlen, einer meiner Stammklienten, rief mich an einem heißen Juli-Tag an und sagte: „Ende September findet eine Messe statt, bei der ich unser Unternehmen vorstellen werde. Diesmal muss mein Vortrag erstklassig sein. Wann sollen wir anfangen, die Präsentation vorzubereiten?" Ich antwortete: „Anfang August." „Was, so bald schon! Ja was machen wir denn so lange?"

Für eine neue Präsentation kommen meine Klienten gewöhnlich dreimal zu mir. Vor der gemeinsamen Arbeit haben sie bereits den Inhalt recherchiert. Das erste Mal arbeiten wir an der Struktur, dem Knochengerüst. Beim zweiten Mal hat das Knochengerüst schon Fleisch angesetzt. Wir arbeiten an der Veranschaulichung und der Klarheit der Botschaft. Beim dritten Treffen feilen wir an den Feinheiten und der vollendeten Dramaturgie. Dazwischen liegt gewöhnlich jeweils eine Woche. Warum? Gute Ideen brauchen ihre Zeit. Gute Recherche braucht Zeit, selbst wenn Sie die Inhalte bereits zu kennen glauben. Das Wichtigste ist doch, den Vortrag so anregend, spritzig und interessant aufzubereiten, dass Ihre Zuhörer gebannt auf ihren Sitzen kleben bleiben.

Das Schreiben des Vortrags

Je nach der Länge des Vortrags brauchen Sie unterschiedlich lange für die Endfassung, wenn Sie den Vortrag schreiben. Diese Zeitspanne variiert, je nachdem, wie gut Sie das Thema beherrschen. Um den Vortrag zu einem erstklassigen zu machen, rechnen Sie mit dem Verhältnis: Eine Minute Redezeit braucht eine Stunde Vorbereitung.

Tipps zur Zeiteinteilung

Nehmen Sie sich zwei Monate vor dem Vortrag einen Nachmittag Zeit, um sich über die Inhalte, über das Ziel der Rede und über die Möglichkeiten der Recherche klar zu werden (siehe „Die Stoffsammlung").

Legen Sie einen Ordner an, in dem Sie alle Notizen, Exzerpte, Zitate, Zeitungsausschnitte sammeln. Machen Sie sich jetzt noch keine Mühe, Ihr Material zu ordnen. Stellen Sie einen Zeitplan auf.

Beispiel für einen Vortrag am 30. September

Anfang August	Grobe Struktur, Sichtung des Materials
bis 15. August	Recherche-Material Bibliotheken, Zeitschriften
15.–20. August	Internet-Recherche
20. August	Material ordnen nach Subthemen
20.–30. August	Telefonrundruf mit Interviews, Niederschrift des Ergebnisses
ab 1. September	Schreiben des Vortrags bzw. von Modulen des Vortrags
15.–22. September	Überarbeiten, einem Kollegen mit der Bitte um Feedback geben
22.–29. September	Proben, Generalprobe

Sobald Sie Ihre Vortragsplanung beginnen, füttern Sie Ihr Gehirn mit der Problemstellung „Vortrag" und Ihr Unterbewusstsein hat Zeit auszubrüten, was dem Vortrag „Fleisch" gibt. Wenn Sie Zeitung lesen, werden Ihnen Notizen in die Augen fallen, die für Ihren Vortrag interessant sind. Aussprüche eines Politikers, die einen aktuellen Bezug liefern, Bilder, die Ihre Präsentation aufpeppen. Das Geheimnis liegt in der reichlichen Zeit, die Sie sich selbst geben.

Stellen Sie Ihren Vortrag mindestens eine Woche vor Ihrem Auftritt fertig. Dann können Sie die restlichen Tage den Auftritt planen, eine Generalprobe machen und sich Feinheiten in der Dramaturgie überlegen. Sie sagen: Dafür haben Sie keine Zeit? Dann bedenken Sie: Zeit haben heißt Prioritäten setzen, was liegen bleiben soll.[5]

Ziel

Werden Sie sich über das Ziel Ihres Vortrags klar

Beim Vortrag steht die Information im Vordergrund. Sie wollen Ihre Zuhörer über ein bestimmtes Fachgebiet informieren. Ein Vortrag hat andere Ziele als eine Weihnachtsansprache an die Belegschaft oder eine Motivationsrede. Trotzdem steckt hinter jedem Vortrag auch ein Motiv. Sie wollen bei Ihren Zuhörern höchstwahrscheinlich etwas erreichen. Sie wollen, dass

- sich die Zuhörer für Ihr Thema interessieren,

---

[5] Leicht abgewandelter Ausspruch des deutschen Wirtschaftswissenschaftlers Elmar Nahr (1931–1990).

- sie von Ihnen als Fachmann einen guten Eindruck bekommen,
- die Zuhörer Sie als Expertin für ein bestimmtes Gebiet kennen lernen,
- Ihre Information für die Zuhörer nützlich ist,
- die Zuhörer etwas von Ihnen kaufen,
- die Zuhörer Ihre Dienstleistung in Anspruch nehmen,
- Ihre Firma bekannt wird und damit Kunden anlockt,
- die Zuhörer Zeit sparen,
- die Zuhörer effektiver/gesünder/praktischer leben,
- Sie eine Beförderung bekommen,
- Sie eine Gehaltserhöhung bekommen.

Fachvortragenden, die zur Vorbereitung zu mir kommen, fehlt meistens eine Voraussetzung: Sie wissen nicht genau, was das Ziel Ihres Vortrags ist: „Ich bin darum gebeten worden", „Mein Vorgesetzter hat gemeint, es könne nicht schaden …", „Ich möchte mich halt profilieren …".

„Ich möchte zeigen, dass Mediation für Steuerberater eine wichtige Sache ist", meinte Gunther Wachter etwa, der Rat suchend zu mir gekommen war. Wachter hatte gerade eine Ausbildung als Mediator absolviert und war begeistert von den neuen Möglichkeiten, die sich für ihn dadurch eröffneten. Er wollte beim Jahreskongress der Steuerberater über Mediation berichten. Ich hakte nach: „Was wollen Sie mit dem Vortrag erreichen?" Darauf kam die Antwort: „Eigentlich nichts Besonderes." Er machte sich die Mühe, wochenlang auf diesen Vortrag hinzuarbeiten. Er leistete sich mich als Vortragscoach – und wollte nichts erreichen? Nach kurzer Überlegung meinte er, er wolle darauf hinweisen, dass die Ausbildung für Steuerberater eine gute Ergänzung sei und für deren Kunden eine zusätzliche Serviceleistung darstelle. Das heißt, er würde auf die Notwendigkeit der Ausbildung hinarbeiten. Damit hatte er aber gar nichts mehr zu tun. Das war daher auch nicht sein Ziel. Seine dritte Antwort war, dass seine Zuhörer, die gleichzeitig seine Kollegen und gewissermaßen auch seine Konkurrenten wären, bei Bedarf ihre Klienten für die Mediation zu ihm schicken sollten. Ein frommer Wunsch, denn diese müssten fürchten, dass ihre Klienten dann mit allen ihren Belangen ganz zu ihm abwandern. Er kam im Verlauf des Gesprächs zu dem Schluss, dass es für ihn in Zukunft weit effektiver wäre, statt seinen Kollegen und Konkurrenten, seinen bereits vorhandenen und potenziellen Kunden die Möglichkeiten der Mediation als zusätzliche Serviceleistung vorzustellen.

Nutzen, Nutzen, Nutzen!

Es gibt viele Vorträge, die interessant sind. Ich selber nehme mir oft vor, einen dieser Vorträge zu besuchen, z.B.: „Die Römer in Trier", oder: „Pablo Casals und Bachs Suiten für Violoncello". Es bleibt immer beim Vorsatz. Ich habe nun mal keine Zeit, mir periphär interessante Themen anzuhören. Diese Themen, die häufig von Institutionen der Erwachsenenbildung angeboten werden, sind für die Kultur einer Gesellschaft notwendig und begrüßenswert. Die Zuhörerschaft setzt sich jedoch vorwiegend aus Menschen zusammen, die nicht ins Arbeitsleben eingebunden sind: Rentner, Privatiers, Hausfrauen. Sie können sich Allgemeinbildung (zeitlich) leisten. Eine Frau, die mitten im Berufsleben steht kann sich diesen Luxus kaum leisten. So geht es den meisten Menschen im Alter zwischen 25 und 65.

Cicero, der bekannteste römische Redner, sagte, eine Rede müsse drei Bedingungen erfüllen. Sie müsse *docere* (informieren), *movere* (bewegen) und sie müsse *delectare* (unterhalten). Der römische Dichter Horaz wiederum sagte, eine gute Rede müsse *delectare* (unterhalten) und *prodesse* (nützen).

Bei einem Vortrag geht es – im Unterschied zum weiteren Begriff der Rede – in erster Linie um Informationsvermittlung. Die Information steht im Vordergrund. Sie allein bewegt aber noch lange nicht die Zuhörer, den Vortragssaal zu stürmen. Es gehört heute auch noch eine gute Portion Unterhaltung dazu. Wie ein Vortrag dramaturgisch spannend gestaltet wird und die Zuhörer bei der Stange gehalten werden, darum geht es in späteren Kapiteln dieses Buches. Der wichtigste Faktor eines erfolgreichen Vortrags ist meiner Meinung nach, dass der Inhalt dem Publikum Nutzen bringt!

Deshalb meine ich, dass eine Kombination der beiden römischen Aussprüche am passendsten ist:

- Ein Vortrag soll informieren, den Zuhörern nützen und sie unterhalten.
- Wann hat der Zuhörer das Gefühl, dass er die Zeit, die er Ihnen zuhört, gut nützt?
- Der Nutzen ist am größten wenn der Zuhörer die Inhalte und Tipps unmittelbar im Beruf verwerten kann, am besten gleich am nächsten Tag! Und wenn er dadurch effizienter arbeitet.

Der Nutzen aus einem Vortrag kann sich auf vielfältige Weise zeigen: z.B. wenn jemand danach seine Webseite besser gestaltet, wenn er seine Zeit besser einteilen lernt, wenn er besser delegieren lernt, wenn er langwierige Verhandlungen abkürzen lernt, wenn er durch bessere Kommunikation erreicht, wenn er erfolgreicher, gesünder, aktiver wird etc. Es gibt unendlich viele Möglichkeiten!

Der stärkste Anreiz, zu einem Vortrag zu kommen bzw. jemandem interessiert zuzuhören, ist, wenn sich die Zuhörer denken: „Das könnte für mich persönlich interessant sein. Das bringt mir Vorteile." Die Checkliste am Ende dieses Kapitels wird Ihnen helfen, das Ziel für Ihren Vortrag zu spezifizieren.

In früheren Zeiten waren Reden und Vorträge ein wesentlicher Teil der öffentlichen Unterhaltung und Bildung. In den USA hatte praktisch jedes Dorf einen Vortragssaal – die dann auch mit „1200 oder 1500 Menschen bis auf den letzten Platz gefüllt" waren.[6] Wie auch in England war es auf Jahrmärkten üblich, auf einem Baumstumpf stehend seine Meinung kundzutun. Meistens wurde den Rednern drei Stunden Redezeit zugebilligt, dem Gegenredner ebenfalls drei Stunden. Das heißt, Vorträge und Reden über sechs, sieben Stunden waren normal. Und das ohne visuelle Hilfsmittel!

Stellen Sie sich vor, in einer kleinen Stadt in Deutschland wird plakatiert: Der Politiker XY kommt in die Stadt und hält eine Rede. Dauer: sechs Stunden. Uhrzeit: ab 18 Uhr. Was glauben Sie, wie viele Menschen zu diesem Ereignis kommen? Höchstens eine Hand voll Parteimitglieder, die sich der Pflicht nicht entziehen können. Im Amerika des 19. Jahrhunderts waren die Vorträge die einzige Zerstreuung, die die Menschen hatten und auf die sie sich wochenlang schon freuten. In der heutigen Zeit ist es jedoch anders.

Wenn Sie einen Vortrag am Abend halten und die Zuhörer freiwillig kommen sollen, stehen Sie in Konkurrenz mit vielen anderen Veranstaltungen: mit Kino, Theater, Oper, Kabarett, interessanten Lokalen, mit Elternvereinssitzungen und Lyons-Clubabenden, mit Masseurstunden und Malkursen, Qi Gong und Fitness-Studio. Selbst wenn Ihre Klientel nichts vorhat, müssen Sie die Menschen, die den ganzen Tag hart gearbeitet haben, motivieren, nicht nach Hause zu gehen und sich auszuruhen.

---

[6] Max Berger, The British Traveler in America, 1836-1860, New York 1943, S. 156, zit. nach Postman, S. 56.

Die warme Wohnung mit dem guten Abendessen wartet, Kinder wollen betreut werden und der gemütliche Fernsehabend lockt. Die Erwartung, dass Ihr Vortrag so nützlich, toll und notwendig ist, muss stärker sein als die Vorstellung, sich auf die Couch zu kuscheln.

Ihre Zuhörer kämpfen möglicherweise innerlich mit sich: „Ist es wert, wegen des Vortrags die liegen gebliebene Arbeit in der Nacht zu erledigen und dadurch auf das Familienleben oder einen Theaterbesuch zu verzichten? Ist es nicht nur das Geld wert, das ich (eventuell) dafür bezahle, sondern ist es auch den Verdienstentgang wert, wenn ich einige Kundenbesuche weniger mache, wenn ich einige Patienten weniger behandle?"

Wenn Ihr Vortrag untertags im Rahmen der Arbeitszeit stattfindet, ist es möglicherweise einfacher, Zuhörer zu motivieren. Doch auch ein verlorener Arbeitstag muss sich auszahlen. Diesmal sind es die Stapel unbearbeiteter Konzepte und Ordner, die liegen bleiben, wenn Ihre Zuhörer zu Ihrem Vortrag kommen. Möglicherweise gibt es Vorgesetzte, die der Meinung sind, die Kollegen sollten lieber arbeiten statt unnütze Reden zu hören. Das bedeutet für Sie als Redner: Nur wenn Ihr Thema ein dringendes Bedürfnis der Menschen weckt und befriedigt, haben Sie die Chance, dass Sie Menschen dazu bewegen, Ihnen zuzuhören.

Zuhörer

Der richtige Vortrag für die richtigen Zuhörer

Vor vielen Jahren, als ich noch als Wissenschaftlerin an der Universität lehrte, bekam ich die Einladung, einen Vortrag vor Laienpublikum zu halten. Ich hatte bis dahin nur Erfahrung mit

Vorträgen vor anderen Wissenschaftler-Kollegen und mit den Vorlesungen vor meinen Studenten. Mein Vortrag sollte innerhalb einer Vortragsreihe stattfinden, die sich mit dem Verhältnis von Staat und Religion bzw. Kirche auseinander setzte. Ich sollte das Thema in Bezug auf Japan beleuchten.

Wie alle sachorientierten Menschen beschäftigte ich mich nur mit dem Inhalt, den ich vortragen wollte. Ich dachte nicht nach, wer meine Zuhörer sein würden. Ich fragte auch nicht die Veranstalterin, was sie mit der Vortragsreihe bezweckte. Ich wusste nichts über den Bildungsstand und vor allem nicht, was sich die Zuhörer erwarteten. Dabei hätte mich der Veranstaltungsort schon stutzig machen sollen: ein katholisches Bildungshaus. Nun, was kam heraus? Am Anfang wohlwollende Gesichter. Je mehr ich jedoch – unüberhörbar begeistert – von der durchgängig strikten Trennung von Staat und Religion in Japan erzählte und damit hiesige Praktiken unausgesprochen kritisierte, desto mehr versteinerten sich die Gesichter.[7] Das bewirkte bei mir, dass ich mich immer mehr in meinen schriftlichen Text hineinbeugte und völlig den Faden zum Publikum verlor. Es war für mich ein Desaster.

Was hatte sich das ausschließlich katholische Publikum erwartet? Sicherlich keine indirekte Kritik an ihrer Glaubensgemeinschaft.

---

[7] Ich hatte in Tokio Religionswissenschaften studiert und damit den dortigen wissenschaftlichen Ansatz schätzen gelernt. Das Fach ist nicht wie hier in der Theologie beheimatet. Die Geschichte Japans ist schwer belastet von der Vereinnahmung der Religion Schinto durch den Staat und die damalige nationalistisch geprägte Zeit bis 1945. Die einzige, für alle dort praktizierten Religionen gangbare Lösung ist, eine deutliche Abgrenzung zum Staat zu ziehen. Christliche Gruppen, die aktiv missionarisch tätig sind, werden aus diesem Grunde immer wieder stark angefeindet.

Seit diesem Erlebnis habe ich mir geschworen, mir von jedem Publikum, vor dem ich rede, im Vorhinein ein Bild zu machen.

Zuhörerrecherche

Es spielt eine große Rolle, vor welchem Publikum Sie sprechen. Je nachdem, wer vor uns sitzt, sind die Erwartungen völlig verschieden. Ein Kongress vor Fachkollegen stellt uns vor andere Voraussetzungen als ein populärer Vortrag vor dem örtlichen Pensionistenverband. Selbst wenn Sie über dasselbe Thema sprechen, müsste es je nach den Bedürfnissen des Publikums völlig verschieden vorgetragen werden. Eine genaue Analyse, wer vor Ihnen sitzen wird, hilft Ihnen, den Vortrag für das Publikum „maßzuschneidern".

Freiwillig oder unfreiwillig?

Die allererste Frage, die Sie klären müssen, ist: Werden die Zuhörer da sitzen, weil sie müssen oder weil sie wollen? Pflichtzuhörer sind meist unwillig, neigen zu kritischer Haltung, zeigen eine „Beweis es mir" Einstellung. Freiwillige Zuhörer sind tolerant, offen, zeigen eine „Akzeptanz-Haltung".

Unfreiwillige, bitte melden!

Der australische Rednerstar Doug Malouf legt gerade für die Pflichtzuhörer viel „Herz" in den Anfang seines Vortrags. Denn diese werden oft hingeschickt, ohne überhaupt zu wissen, worum es geht. Gerade für diese Personen ist es wichtig, dass sie sich gleich am Anfang des Vortrags willkommen fühlen, meint er. Seine erste Powerpointfolie sieht so aus:

Die Gefangenen
- Warum sind Sie da?
- Wer hat Sie geschickt?
- Sehen Sie sich selbst als Gefangene?

Er lässt die Folie einige Minuten stehen und fragt dann das Publikum, wie viele da sitzen, obwohl sie nicht gewusst hatten, was sie erwartet. Wenn diese sich melden, sagt er: „Okay, wir werden euch die ‚Gefangenen' nennen. Wir alle hier im Raum müssen zu den Gefangenen ganz besonders nett sein, weil Sie – sind Sie doch ehrlich – alle schon einmal selbst Gefangene waren. Und nun, liebe Gefangene, ihr könnt euch glücklich schätzen, denn die erste Pause ist in drei Minuten – und dann könnt ihr euer Problem jemandem anvertrauen!"[8]

Es macht einen großen Unterschied, ob „Gefangene" in Ihrem Publikum sind oder solche, die viel Geld bezahlt haben, um Sie zu hören.

In den Vorträgen und Seminaren, die meine damalige Seminaragentur organisiert hat, sassen praktisch immer Personen, die sich die Teilnahme selbst finanzieren. Wer 1.000 Euro für einen Tag oder zwei bezahlt, hat die Entscheidung zum Zuhören schon beim Einzahlen der Teilnahmegebühr getroffen. Zur Seminargebühr selbst kommen dann noch die Fahrtspesen und die Hotelunterkunft. Rechnet man noch, dass ein entgangener Arbeitstag plus Anfahrtszeit noch einmal 1.000 Euro Verdienstentgang kostet, dann sind 2.500 Euro tatsächliche Spesen für das Seminar durchaus realistisch. Kein Wunder, dass diese Zuhörer nicht ein Wort versäumen wollen. Für den Vortragenden ein herrliches Publikum – vorausgesetzt, er bringt den

---
[8] Malouf, S. 22.

Zuhörern den Nutzen und die Information, die sie sich von ihm versprechen.

Was erwartet der Veranstalter?

Wenn Sie von einer Firma als Vortragender oder Vortragende gebucht werden, können verschiedene Motive dahinter stecken. Es kann sein, dass der Veranstalter hofft,

- dass Sie endlich die (nicht vorhandene) Motivation in den Mitarbeitern wecken – und das in vielleicht nicht mehr als eineinhalb Stunden!
- dass die Mitarbeiter unterhalten werden,
- dass die Mitarbeiter etwas lernen und gleichzeitig unterhalten werden,
- dass die Veranstaltung aufgrund einer Firmenfusion zwei Firmenkulturen zusammenbringen soll,
- dass jemand von außen eine objektive Wahrheit zu einem Thema bringt, über das sich die internen Fachleute schon lange streiten, usw. usw.

Scheuen Sie sich nicht zu fragen, warum Sie engagiert wurden. Fragen Sie, was der Veranstalter damit bezweckt und was die sekundären Hoffnungen dahinter sind. Fragen Sie, ob die Firma schon jemanden anderen eingeladen hat, der zu einem ähnlichen Thema gesprochen hat (siehe auch Fragebogen).

Fragen Sie den Veranstalter, ob die Zuhörer geschickt werden oder nicht. Wenn Sie geschickt werden, von wem. Wenn z.B. Abteilungsleiter oder Manager ihre Mitarbeiter zu Ihrem Vortrag vergattern, empfehle ich Ihnen, auch mit diesen zu sprechen. Was sind ihre Motive, die Mitarbeiter zu schicken? Schicken sie sie alleine hin, oder werden sie sich den Vortrag auch anhören?

Zu welcher Branche gehören Ihre Zuhörer?

Machen Sie sich kundig, in welchem Umfeld Ihre Zuhörer zuhause sind. Sind es Naturwissenschaftler, sind es Techniker? Zu Menschen aus dem Sozialbereich, wie Therapeuten, Psychologen, Sozialarbeiter sprechen Sie sicherlich anders als zu Ingenieuren, Architekten und Buchhaltern. Sprechen Sie mit einigen Vertretern dieser Berufsgruppe im Vorhinein. Lernen Sie die Sorgen und die Probleme dieser Menschen kennen! Je mehr Sie auf die spezifischen Probleme Ihres Publikums eingehen, desto mehr fühlen sich diese verstanden!

Fragen Sie sich:

- Welcher Berufsgruppe gehören sie an?
- Was könnte das berufliche Motiv der Zuhörer sein, zu meinem Vortrag zu kommen?
- Welche Probleme könnten sie haben?
- Was interessiert diese Berufsgruppe?
- Was nützt dieser Berufsgruppe?

Wenn Sie vor den Angehörigen einer einzigen Firma sprechen, bitten Sie um Quartalsberichte, Presseausschnitte, um den Hintergrund besser kennen zu lernen (siehe auch den Fragebogen am Kapitelende). Sprechen Sie mit der Abteilung, die Sie eingeladen hat. Wie ist die wirtschaftliche Situation der Firma? Was sind die Bedürfnisse? In welcher Situation befindet sich die ganze Branche, in der die Firma positioniert ist? Welche Vortragenden sind in der Vergangenheit gut angekommen und warum?

In welchem Bundesland, in welcher Stadt sprechen Sie?

Was sind die aktuellen Themen dieser Gegend? Wenn die Zuhörer aus dem ganzen Land angereist kommen, könnten Sie auf örtliche Verhältnisse Bezug nehmen (den guten Wein, die Biergärten etc.)

Wie alt sind Ihre Zuhörer?

Überlegen Sie, in welcher Situation Ihre Zuhörer sind. Sind Sie nahe der Rente oder bauen sie gerade eine Familie auf? Was ist ihre berufliche Situation aufgrund ihres Alters? Je nach der Familien- und Lebenssituation des Publikums müssen Sie Ihren Vortrag adaptieren. Es hat keinen Sinn, Marlene Dietrich vor einer Gruppe von Hip Hop-Fans zu zitieren.

- Welche Art des Vortrags spricht diese Altersgruppe besonders an?
- Welche visuellen Hilfsmittel verwende ich?
- Welche Sprache ist passend?
- Welche Filmschauspieler, Filme, Musik, etc. kann ich als Illustration heranziehen?

Mehr Männer oder Frauen?

Hüten Sie sich, Blondinen- oder sonstige Witze über Frauen zu machen! Meine Agentur hatte mehrmals zwei ansonsten hervorragende Vortragende engagiert, beide aus dem ländlichen Bereich. Sie machten gerne banale Witzchen über Ehefrauen, Vorzimmerdrachen etc. Diese Witze kamen in Provinzstädten sehr gut an und auch die Frauen lachten mit – sie zeigten wohl dadurch den männlichen Nachbarn, dass sie keine gefährlichen

„Emanzen" sind. In der Großstadt ernteten die beiden nur Stirnrunzeln und Unverständnis – übrigens bei Frauen und Männern.

Fragebogen für den Veranstalter

bzw. Gesprächsleitfaden, um die Bedürfnisse, Wünsche der Zuhörer und den Hintergrund der Firma besser einschätzen zu können.

Ich, Fleur Sakura Wöss, halte am _____ einen Vortrag in Ihrer Firma. Um den Vortrag auf Ihre Bedürfnisse genau zuschneiden zu können, bitte ich Sie, mir einige Fragen zu beantworten. Manche Fragen habe ich schon selbst beantwortet. Ich bitte Sie zu checken, ob die Antwort richtig ist. Zu Anfang noch eine Bitte: Schicken Sie mir Material zu Ihrer Firma, wie zB die Links zu Ihrer Firmenzeitung, zu Pressemeldungen etc. an folgende Adresse:

_____

Bitte schicken Sie mir auch das Programm der gesamten Veranstaltung zu.

Titel des Vortrags _____

Datum _____

Beginn um _____ Uhr, Ende um _____ Uhr

Pausen wann? _____

Was ist unmittelbar vor meinem Vortrag?

_____

Was passiert nach meinem Vortrag?

_____

Was ist das Ziel der Gesamtveranstaltung?

Besondere Wünsche/Schwerpunkte für meinen Vortrag?

Gab es schon von anderen Experten einen Vortrag über ein ähnliches Thema?

Wenn ja, wer/worüber genau?

Welche Punkte dieses früheren Vortrags sind gut angekommen?

Über die Zuhörer

Anzahl der Teilnehmer ___% Männer ___% Frauen

Durchschnittsalter _____

Beruf/Bildungsstand _____

Angestellte/Freie Mitarbeiter _____% _____%

Nennen Sie mir bitte drei besonders einflussreiche Personen, die im Publikum sitzen werden. Ich möchte sie für meine Zuhörerrecherche kontaktieren.

1 _____ Tel.: _____
2 _____ Tel.: _____
3 _____ Tel.: _____

Details zu den Bedingungen

Nehmen die Teilnehmer freiwillig teil?

ja   nein

Müssen sie etwas bezahlen, sich einen Urlaubstag nehmen etc.?

ja   nein

Besonderheiten Ihres Betriebes (z.B. Gesundheitsprogramme, gemeinsame Freizeitaktivitäten, Familienförderung etc.)

Besondere Herausforderungen für Ihre Branche

Besondere Herausforderungen/Probleme innerhalb Ihrer Firma

Download der Checkliste möglich unter www.fleurwoess.com

Checkliste: Zeit, Ziel, Zuhöreranalyse

- ✓ Haben Sie sich Ihren Zeitplan aufgeschrieben?
- ✓ Was ist das Ziel Ihres Vortrags? Was wollen Sie mit dem Vortrag erreichen?
- ✓ Was ist der unmittelbare Nutzen Ihres Vortrags für Ihre Zuhörer?
- ✓ Nach Ihrem Vortrag werden Ihre Zuhörer Folgendes umsetzen können:
- ✓ Was erwarten Ihre Zuhörer von Ihnen?
- ✓ Welche berufliche und gesellschaftliche Position haben Ihre Zuhörer?
- ✓ Was ist ihr Bildungsstand, ihre Altersstruktur?
- ✓ Mit welchen Vorurteilen müssen Sie rechnen?
- ✓ Wofür interessieren sie sich besonders?
- ✓ Welche Fachausdrücke und Fremdwörter dürfen Sie ihnen zumuten?
- ✓ Was wissen sie schon?
- ✓ Was könnten Sie sie fragen?
- ✓ Wo haben sie Gemeinsamkeiten?

Download der Checkliste möglich unter www.fleurwoess.com

Die Stoffsammlung

„Mir brauchen Sie über Stoffsammlung nichts zu erzählen", sagte eine Biologin zu mir. „Schließlich ist es das Um und Auf dessen, was wir Wissenschaftler für unsere Arbeit lernen. Ich kenne alle Archive, Zeitschriften, Webseiten und Kongressberichte zu diesem und angrenzenden Themen." Ich hatte wohl ihre Ehre angekratzt.

Sie hatte natürlich Recht – aber auch Unrecht. Denn im nächsten Vortrag wollte sie über das Liebesleben der Regenwürmer sprechen. Das klingt für fachfremde Personen wie ein Witz, war aber keiner, sondern ihr bevorzugtes Spezialgebiet. Ich freute mich schon darauf. Als Laie dachte ich natürlich sogleich: Wie kann ich dieses Wissen für meinen Rosengarten umsetzen? Meine schnelle Gedankenkette war: Liebesleben der Regenwürmer – Regenwürmer sind im Garten nützlich – verbessern die Erde – ergo ist es wichtig, möglichst viele Regenwürmer zu haben – was kann ich tun, um das Liebesleben der Regenwürmer zu aktivieren – das werde ich sicherlich (auch) in einem wissenschaftlichen Vortrag erfahren.

Nach dem Abspulen meiner Gedankenkette fragte ich sie daher: „Haben Sie schon einmal mit einem Gärtner gesprochen?" Sie sah mich ganz erstaunt an, gemischt mit einem Quäntchen Entrüstung: „Nein." „Sehen Sie, dann war Ihre Stoffsammlung nicht vollständig", war meine Antwort.

Wenn Sie wie diese Wissenschaftlerin glauben, Sie wüssten bereits alles über Stoffsammlung, dann lesen Sie weiter.

Wie viel Material brauchen Sie, um genügend Stoff für Ihren Vortrag zu haben? Viel mehr, als Sie dann tatsächlich verarbeiten. In Bezug auf die Zeit erwähnte ich schon die Regel: Eine

Minute Redezeit braucht eine Stunde Vorbereitung. Die erfahrene, bereits verstorbene Vortragende Vera Birkenbihl empfiehlt, sich viel Hintergrundwissen über das Thema des Vortrags anzueignen. Wenn der Inhalt Ihres Vortrags die Größe einer Streichholzschachtel ausmacht, dann sollte Ihr Hintergrundwissen im Vergleich so groß sein wie ein Blatt DIN-A4-Papier. Das spielt für Ihre Sicherheit als Vortragende eine große Rolle, denn je mehr Wissen Sie gesammelt haben, desto größer ist der Vorsprung vor den anderen und desto gelassener sehen Sie auch der anschließenden Fragerunde entgegen.[9]

Wie gehen Sie Ihre Stoffsammlung an? Sie wissen, welches Thema Sie vortragen werden. Sie sind sich im Klaren, wer die Zuhörer sind und Sie haben noch mindestens zwei Monate Zeit, um Fakten für den Vortrag zusammenzutragen. Wie starten Sie am besten?

Legen Sie einen Recherche-Ordner an

Ihre informelle Recherche beginnt, sobald Sie zugesagt haben. Beschriften Sie einen Ordner mit Ihrem Thema und legen Sie ihn griffbereit zu Ihrem Schreibtisch (Natürlich sollten Sie auch in Ihrem Computer einen entsprechenden Ordner anlegen mit diesen Links, die oftmals sehr lange sind) Dorthinein schaufeln Sie alles, was Ihnen zu Ihrem Thema einfällt, auch Fakten, die möglicherweise nur am Rande nützlich sein könnten. Wenn Sie keine Zeit haben, einem Internetlink nachzugehen, dann legen Sie einfach einen Zettel in den Ordner mit dem Hinweis: „Link XY nachgehen". Zeitungsausschnitte, Gedankenfetzen, Zitate, Interviewnotizen, alles kommt dort wahllos hinein. Kurze

---
[9] Vgl. Birkenbihl, S. 109.

Hinweise schreibe ich auf Haftzettel. Die kann ich nach Thema dann später auf Blätter zusammen gruppieren. Oft hatte ich eine interessante Notiz in der Zeitung oder im Internet gelesen, die ich für einen Vortrag hätte brauchen können. Im Moment des Lesens war ich unsicher, wie ich das Material einbauen könnte, und habe die Notiz entweder doch weggeworfen oder mir schulternzuckend gedacht: „Wenn ich sie brauche, kann ich sie mir ja wieder aus dem Internet holen." Niemals jedoch führt mich meine vage Erinnerung wieder zur Quelle heran. Ich habe einfach vergessen, wo genau ich es gelesen habe. Oft ärgerte ich mich, weil ich später viel mehr Zeit aufwenden musste, meine damaligen Gedankengänge zu rekonstruieren oder das Material wieder zu suchen, als wenn ich es gleich in meinen Recherche-Ordner gelegt hätte. Je mehr Fakten und Notizen Sie in Ihrem Ordner haben, desto flüssiger wird Ihnen später das Schreiben des Vortrags von der Hand gehen. Je vollständiger der Werkzeugkasten, desto besser werden Sie Ihren Vortrag bauen können.

Betrachten Sie die Stoffsammlung als schöpferische und auch etwas chaotische Tätigkeit. Versuchen Sie noch nicht, eine Ordnung hineinzubringen. Je früher Sie ordnend eingreifen, desto eher grenzen Sie Ihren Gedankenfluss ein. Die Gedanken und das Material, das dahinter steht, sollten Sie jetzt noch nicht bewerten. Denken Sie zu diesem Zeipunkt nicht: „Das ist ein wichtiger Gedanke, der andere ist weniger wichtig." Besonders Menschen, die schon viel wissen und Erfahrung auf ihrem Gebiet haben, fällt es schwer, unwählerisch und unkritisch vorzugehen.

Später, wenn Sie ans Strukturieren und schriftliche Ausarbeiten gehen, werden Sie noch genug ordnen können. Dann sind Logik und analytisches Denken hilfreich. Im Stadium der Materialsammlung soll der kreative Prozess Ihnen helfen, möglichst unterschiedliche Ideen zu entwickeln, sodass daraus ein kreativer Vortrag entsteht. Kreativität erwächst vorerst einmal aus Nichtbewertung und Unordnung.

Was wäre, wenn Sie es anders machen? Wenn Sie sich nicht von Stöberlaune und Suchlust leiten lassen, sondern strikt nach den unbedingt nötigen Infos zu Ihrem Thema? Dann wäre Ihr Vortrag monoton und die Zuhörer würden schon nach fünf Minuten zum ersten Mal auf die Uhr schauen.

Beginnen Sie bei Ihren eigenen Ideen

Der allerwichtigste Teil Ihres Vortrages sind Ihre eigenen Gedanken über das Thema. Beginnen Sie an einem Tag, an dem Sie nicht unter Zeitdruck sind. Nehmen Sie ein leeres Blatt Papier und einen Stift und schreiben Sie alle Gedanken auf, die Ihnen zu Ihrem Thema in den Sinn kommen, ohne in irgendein Buch oder sonstige schriftlichen Aufzeichnungen zu schauen. Notieren Sie auch die unscheinbarste Idee. Eine meiner Klientinnen bedient sich übrigens gerne ihrer Füllfeder, weil sie das Gefühl hat, durch den Fluss der Tinte kämen auch ihre Ideen ins Fließen. Außerdem erhöhe es, sagt sie, ihre Aufmerksamkeit, denn ihre Ideen kämen ihr kostbarer vor, wenn sie die Füllfeder verwendet. Sehen Sie genügend Platz vor, denn für jedes Stichwort sollten Sie eine neue Zeile beginnen.

Nehmen Sie an, Sie halten einen Vortrag über „Neue Herausforderungen für die Stuhlproduktion in Europa". Sie setzen sich hin und sammeln Ideen für das Stichwort „Stuhl".

Beispiel für eine Ideensammlung

1. Warum hat der Stuhl vier Beine und eine Lehne?

2. Er ist stabil und bequem.
3. Wozu ist der Stuhl erfunden worden?
4. Gibt es Völker ohne Stühle?
5. Welche Ersatzmöglichkeiten?
6. Er ist aus Holz, Plastik, Metall.
7. Welches Material ist am preiswertesten?
8. Designerstühle
9. Polsterungen, Farben, Bequemlichkeit
10. Spezielle Bedürfnisse für Gartensessel
11. Wer produziert Stühle?
12. Produktion in Osteuropa?
13. Massenanfertigung
14. Was kostet die Herstellung?

Wir haben nun 14 Punkte aufgelistet. Aus jedem Punkt können sich weitere Beobachtungen und Fragestellungen ergeben. Manchmal fällt uns dann nichts mehr ein. Dann ist es hilfreich, einen Teilaspekt herauszunehmen – z.B. die Rückenlehne – und damit weiterzumachen. Sie können diese Art der Ideenfindung übrigens auch als „Trockenschwimmer"-Übung machen. Sehen Sie sich im Raum um und nehmen Sie einen beliebigen Gegenstand, wie z.B. einen Ofen, eine Gabel, einen Teppich. Schreiben Sie Ihre Liste. Hanteln Sie sich von einer Frage zur nächsten, von einer Assoziation zur nächsten. Sie setzen dadurch Ihren Kreativitätsprozess in Gang. Außerdem gewinnen Sie enormes Selbstvertrauen, dass Sie auch ohne Hilfe von außen in einer halben Stunde eine improvisierte Rede halten können.

Je mehr Ideen, desto origineller

Jack Foster, Kreativ-Direktor und Lektor für Werbung an der University of Southern California, hält seit Jahrzehnten Vorlesungen und Seminare über die Werbewirtschaft. Seine Studenten sollen auf ihren zukünftigen Beruf als „Kreative" vorbereitet werden. Dabei steht naturgemäß folgende Frage im Vordergrund: Wie komme ich auf gute, außergewöhnliche Ideen? In seinem Buch „Einfälle für alle Fälle" berichtet er von den Schwierigkeiten seiner Studenten, brauchbare Ideen zu produzieren.

Eine der Aufgaben, die Foster eine Zeit lang allen Studenten stellte, war über Nacht eine Werbewand für ein Schweizer Armeemesser zu entwerfen. Die meisten Studenten kamen am nächsten Morgen mit einem Entwurf, doch einige von ihnen erzählten, sie seien stundenlang gesessen, ohne dass ihnen etwas eingefallen wäre. Eines Tages ging Foster anders vor. Er verlangte nicht mehr einen einzigen Entwurf, sondern mindestens zehn von jedem Studenten. Zudem mussten sie die Entwürfe noch am selben Nachmittag bringen.

Tatsächlich hatte jeder nach der Mittagspause mindestens zehn Ideen, viele hatten noch mehr. Ein Student brachte gar 25 Vorschläge. Da erkannte Foster: Werden Menschen mit einem Problem konfrontiert, so suchen die meisten nach „der einzig richtigen Lösung", weil sie es so gelernt hatten. Ihr ganzes Schulleben hindurch mußten sie Aufgaben lösen, bei denen nur eine Antwort richtig war. Daher nehmen sie an, dass es auch bei allen Fragen und Problemen ihres (Berufs-) Lebens so ist. Wenn sie keine Lösung finden, die ihnen perfekt erscheint, werfen sie das Handtuch. Doch die meisten realen Probleme sind nicht wie Prüfungsfragen in der Schule. „Zumeist gibt es viele

Lösungsmöglichkeiten. Und sobald ich meine Studenten dazu brachte, diese Tatsache zu berücksichtigen, fanden sie zahlreiche Lösungen."[10]

Wenn Foster schon in den USA diese Erfahrungen gemacht hat, wie sehr gelten diese dann erst für uns? In unseren Schulsystemen wird in der Regel nur nach der vorgeblich einzig richtigen Antwort gefragt. Erinnern Sie sich noch, als Sie bei einer mündlichen Prüfung vor dem Lehrer standen und ins Schwitzen kamen, wenn er Sie zum Beispiel fragte: „Woran denken wir, wenn wir an den Rhein denken?" Alle Ihre Antwortversuche von „Schifffahrt" bis „Lorelei" schlugen fehl, weil ihnen die im Moment als einzig richtig akzeptierte Antwort nicht einfiel. Möglicherweise lautete sie: „Umweltproblematik". Keiner Ihrer Antwortvorschläge wurde honoriert, obwohl sie alle – in einem anderen Zusammenhang – richtig, vielleicht sogar genial gewesen wären. Die Lektion, die Sie dabei fürs Leben mitbekommen haben, heißt: Kreativ sein ist nicht erwünscht.

Albert Einstein wurde einmal gefragt, was ihn von einem normal intelligenten Menschen unterscheide. „Wenn ein Durchschnittsmensch nach einer Nadel im Heuhaufen suchen soll, dann hört er auf, sobald er eine Nadel gefunden hat. Ich aber würde weitersuchen, bis ich sämtliche möglichen Nadeln gefunden habe."

Dieser Ausspruch Albert Einsteins zeigt nicht nur, dass er große Ausdauer und zudem die Sicherheit hatte, nach der ersten Nadel gebe es noch weitere. Nein, es zeigt auch, dass er wusste, dass die Lösungen immer besser werden, je mehr Lösungmöglichkeiten man produziert.

---

[10] Foster & Corby, S. 50-51.

In unserer Informationsgesellschaft gibt es einen großen Bereich, der allen Menschen gemeinsam ist. Stellen Sie ihn sich als Blase vor – nennen wir sie kollektive Ideen-Blase. In dieser Blase sind alle Ideen, die gemeinhin zu einem Thema in den Köpfen der Menschen herumschwirren. Das sind die Fakten, die Sie in den Zeitungen lesen, im Fernsehen sehen, in populären Büchern erfahren, von Ihren Kollegen hören. Wenn Sie nun eine Ideensammlung aufschreiben wie z.B., was Ihnen zum Thema Stuhl einfällt, werden Ihnen die von vielen Menschen geteilten Gedanken zuallererst einfallen. Sie werden an die Stuhlformen denken, die in Europa üblich sind, Sie denken an die Möbeldesign-Ausstellung im Museum Moderner Kunst, möglicherweise erinnern Sie sich auch an das Möbelhaus am Stadtrand, in dem Sie Ihre ersten eigenen Stühle gekauft haben.

Das sind wahrscheinlich Gedankenassoziationen, die Sie mit vielen Menschen in Ihrer Umgebung teilen. Bleiben Sie aber am Thema dran und zwingen Sie sich, weiter und weiter zu denken, werden Ihre Ideen immer origineller werden. Dann überlegen Sie, wie Ihr Leben ohne Stühle aussähe, oder Sie erkundigen sich, wie die Menschen auf Papua-Neuguinea sitzen – oder Sie fragen sich, ob Sie einen Stuhl mit einer Leiter kombinieren können, oder wie ein Stuhl mit Kindern mitwachsen kann.

Ideen haben Flügel

Wenn meine Klienten zu mir kommen, rate ich ihnen, es ähnlich wie ich zu machen. Wenn ich ein neues Konzept ausarbeite, schließe ich mich in mein Ideenzimmer ein. Das ist nicht mein Büro, denn dort lenken mich tausend Dinge ab. Ich gehe am liebsten in meinen Wintergarten. Dort setze ich mich hin und denke nach. Ich schreibe alles auf, was mir in den Sinn kommt. Ich male Strichmännchen auf den Notizblock. Und dann stelle ich mir vor, dass in diesem Raum noch unzählige Ideen herumschwirren. Für mich ist es daher wichtig, dass ich die Tür geschlossen halte, um die Ideen nicht rauszulassen.

Ideen haben für mich Realität: Ich stelle sie mir vor wie kleine Putti – lachende Kindergesichter mit Flügeln dran. Manche fliegen im Raum herum, lassen sich an die Wände prallen und bewegen sich im Zickzack im Raum herum. Andere hängen erwartungsvoll in der äußersten Ecke des Raumes und warten neugierig darauf, ob es mir gelingt, sie zu erhaschen. Denn darum geht es: sie festzuhalten. Sie kennen sicherlich auch das Gefühl: Ha, jetzt gleich habe ich eine wunderbare Idee, ich will sie fassen – und weg ist sie. Entglitten. Da ich weiß, dass alle Ideen in meinem Ideenzimmer sind und ich sie nur fangen muss, fällt mir viel mehr ein. Halten Sie das ruhig für verrückt – Hauptsache, es funktioniert.

Meine geflügelten Ideen haben verschiedene Verhaltensweisen. Die herumschießenden könnten jene sein, die uns allen vertraut sind. Jene, die verschmitzt in der hintersten Ecke hocken und sich ruhig verhalten, könnten solche sein, die außerhalb der üblichen Gedankenwege liegen. Sie gilt es aufzuspüren und einzufangen.

Keine Informationsüberflutung am Anfang!

Wir verfügen heutzutage über wunderbare Hilfsmittel, die uns die Recherche leichter machen. Wir können Bücher und Zeitungsartikel aus dem Internet downloaden. In Sekundenschnelle holen wir uns die Daten aus Rechtsdatenbanken und Archiven auf unseren Schreibtisch. Internet, Videokanäle, Podcasts und Apps sind da, um Ihnen das Leben zu erleichtern und Zeit zu sparen. Sie sind nicht dazu da, dass Sie einen Riesenkopf bekommen und nicht mehr wissen, wie Sie die ganzen Daten ordnen sollen. Deshalb mein Rat: Fangen Sie bei der Recherche für Ihren Vortrag in Ihrem eigenen Kopf an. Holen Sie Ihre eigenen Ideen heraus, bevor Sie sich auf die Suche nach Informationen außerhalb Ihres Kopfes machen. Das ist viel zeitsparender und im Grund einfacher.

Machen Sie sich die Erfahrung des Werbeprofessors Jack Foster zunutze und nehmen Sie sich vor, mindestens 20 oder 30 oder 40 Ideen zu Ihrem Thema – unzensuriert – aufzuschreiben. Und: Heften Sie das Blatt mit Ihren Ideen ganz vorne in dem bereits für die Stoffsammlung angelegten Ordner ab.

Durch divergentes Denken zu originellen Inhalten

Sicherlich haben Sie im Laufe Ihres Lebens eine eigene Arbeitsmethode entwickelt, Themen zu recherchieren. Wahrscheinlich wissen Sie, woher Sie sich die Informationen in Ihrem Arbeitsgebiet beschaffen können. Schon in der Schule lernen wir, wo wir Material zu einem Thema suchen können. An den Universitäten wird in Basis-Seminaren gelehrt, welche Archive, Zeitschriften, Online-Datenbanken etc. für die Forschung nötig sind. Im Berufsleben sind es diese sicheren Bahnen, in denen wir uns auch für unsere Recherche bewegen.

Diese Art zu recherchieren ist grundlegend und notwendig. Sie liefert Ihnen das Gerüst für den Inhalt Ihres Vortrags. Für das „Fleisch", das „Sinnliche", Inspirierende an Ihrem Vortrag brauchen Sie noch andere Recherche-Methoden.

Ihr Denken wurde in der Schule und später auf der Universität in eine ganz bestimmte Richtung gelenkt. Dabei kam es meist darauf an, durch logisches Denken die beste – und meist einzige – Lösung zu finden. In der Fachsprache wird die dafür nötige Technik konvergentes Denken genannt. Konvergent bedeutet „sich annähern", „übereinstimmen". Die konvergente Lösung ist zugespitzt auf einen Punkt, es gibt nur eine einzige Lösung. Mit konvergentem Denken können Sie viele Problemstellungen sehr gut lösen. Schließlich sind auch Intelligenztests gewöhnlich so aufgebaut, dass nur eine einzige Lösung gefunden werden muss. Allerdings gilt heute Folgendes als gesichert: Kreativität unterscheidet sich von Intelligenz.

Howard Gardner, Psychologe an der Harvard University, der sich sehr intensiv der Erforschung von Kreativität gewidmet hat, bemerkt, dass konvergentes Denken, wie es in der Schule vorwiegend entwickelt wird, im späteren Leben nur in bestimmten Berufen Erfolg bringt. Nämlich in solchen, in denen die Menschen in einer Umgebung bleiben, die deutliche Ähnlichkeit mit der Schule hat, zum Beispiel in einem Büro oder einer Anwaltskanzlei – oder als Lehrer an der Schule.

Belege für diese These liefert eine berühmt gewordene Längsschnittstudie: Der Intelligenzforscher Lewis Terman ermittelte zu Beginn des 20. Jahrhunderts 1.500 kalifornische Kinder mit hohen IQ-Werten. Sie wurden ihr Leben lang von den Forschern beobachtet. Die meisten machten durchaus ihren Weg, kamen zu einem gewissen Wohlstand, lebten kultiviert und gesund. Durch kreative Höchstleistungen fielen jedoch nur wenige auf.

Das bedeutet, dass Sie durchaus gut fahren können, wenn Sie in den vernünftigen Bahnen bleiben. Ein Vortrag, der gut aufgebaut und logisch konsistent ist, kann die Anerkennung beim Publikum finden. Allerdings: Begeisterungsstürme wird er nicht auslösen, denn er wird in der kollektiven Ideen-Blase geblieben sein. Der zündende Funke in einem Vortrag – wenn wir vom Inhalt sprechen – entsteht dort, wo ein ungewöhnlicher Aspekt auftaucht. Das heißt: Wenn Sie bei der Vorbereitung „divergent" gedacht haben, wenn Sie eine eigenständige Idee oder Verknüpfung entwickelt haben. Denn ungewöhnliche, eigene Ideen sind so selten, dass sie sofort auffallen. Schon Christian Morgenstern sagte: „Ein wirklich eigener Gedanke ist immer noch so selten wie ein Goldstück im Rinnstein".

Das divergente Denken, das „auseinander strebende" Denken hilft in der Phase der Vortragsvorbereitung, neue Ideen in Ihrem Raum zu finden. Wer divergent denkt, findet unzählige Möglichkeiten, an ein Thema heranzugehen.

Schauen Sie über den Tellerrand hinaus

Interessiert Sie Geschichte? Für mich war Geschichte nur eine Aneinanderreihung von Fakten, die mit mir nichts zu tun hatte. Das blieb auch so, bis ich den Berliner Historiker Arthur E. Imhof kennen lernte. Imhof, Professor emeritus der FU Berlin, ist ein vielseitig interessierter Wissenschaftler. Wie brachte er Laien/Studenten eine Epoche nahe? Durch seine Neugier auf vielen Gebieten hatte er entdeckt, dass Gemälde, die üblicherweise nur von Kunsthistorikern analysiert und erforscht werden, eine reichhaltige Quelle für Historiker sein können.

Die Vorbereitung für einen Vortrag oder eine Vorlesung über das Kaufmannswesen des 16. Jahrhunderts sieht bei Imhof so aus: Er nimmt ein Gemälde von Hans Holbein dem Jüngeren, beispielsweise das Porträt des Hanse-Kaufmanns Georg Gisze, und befragt verschiedenste Experten dazu: einen Kunsthistoriker, der ihm den Gebrauch der Farben und die Symbolik einzelner Gegenstände auf dem betreffenden Bild erklärt, einen Botaniker, der über die abgebildeten Blumen und Kräuter und ihre Wirkung erzählt. Der dargestellte Rosmarinzweig wurde etwa als Mittel gegen die Pest verwendet. Daraus kann Imhof schließen, dass die Pest für Holbein und seine Zeitgenossen eine präsente Realität war. Weiters befragt er einen Kunstgewerbefachmann, der ihm über die Bedeutung und Herkunft des Orientteppichs auf dem Bild Auskunft gibt. Dieser weist ihn darauf hin, dass in diesen Teppichen arabische Kalligraphie eingewebt ist. Das führt ihn weiter zum nächsten Experten, einen Arabisten, der die Kalligraphie entziffert. Um das Bild als Quelle noch genauer zu erschließen, zeichnen Imhof und seine Studenten jedes Detail mit der Hand nach. Dadurch tauchen wiederum Fragen auf: Warum krabbelt der Käfer über die Birne? Wie bezeichnet man ihn? War er bei uns in Europa beheimatet? Diese Frage führt ihn in die Zoologie. Wir sehen: Jede Antwort führt zu neuen Fragem. So wird Geschichte lebendig, differenziert und vorstellbar.

Arthur E. Imhofs Arbeitsweise zeigt, dass Sie auch in Fachgebieten, die schon von Hunderten anderen Experten bearbeitet worden sind, neue Aspekte entdecken können, wenn Sie über den Tellerrand schauen. Die Sichtweise jeder Disziplin ist anders. Verknüpfen Sie zwei völlig verschiedene Bereiche, können überraschende Einsichten entstehen. Häufig sind sie im Nachhinein so klar, dass wir uns wundern, warum nicht schon jemand anderer längst draufgekommen ist.

Mihaly Csikszentmihalyi, Professor für Psychologie an der Universität von Chicago, hatte in den 1990ziger Jahren unzählige kreative Menschen aus vielen Berufen befragt und die Bedingungen, in denen neue kreative Ideen entstanden sind, untersucht. Er sagt, dass die meisten kreativen Leistungen auf der Verknüpfung unterschiedlicher Disziplinen beruhen, „und das macht den Zusammenbruch der Kommunikation zwischen den Disziplinen so gefährlich. Je unverständlicher und getrennter die Erkenntnisbereiche werden, desto unwahrscheinlicher wird die Entfaltung von Kreativität."[11]

Beschäftigen Sie sich daher auch mit Bereichen, die sonst in Ihrem Leben keinen Platz haben. Gehen Sie einmal ins Uhrenmuseum. Besuchen Sie ein Konzert, das sonst nur Teenager besuchen. Hören Sie sich einen Vortrag über Hieroglyphen an! Je mehr Sie Ihren Horizont erweitern, desto mehr wächst die Chance ungewöhnlicher Verknüpfungen. Wenn Sie meinen, Sie hätten keine Muße für zeitraubende außerberufliche Verrücktheiten, versuchen Sie, einen anderen Weg als gewohnt in die Arbeit zu fahren. Nehmen Sie ruhig einen Umweg und fünf Minuten mehr in Kauf. Fahren Sie mit dem Fahrrad statt mit dem Auto. Oder gehen Sie ein Stück zu Fuß. Und wenn Sie zu Fuß in die Nähe eines Kinderspielplatzes kommen, dann sticht Sie möglicherweise der Hafer. Sie sehen sich um, ob gerade niemand in der Nähe ist, klettern auf den Holzturm und rutschen die Kinderrutsche hinunter. Ich versuche, jeden Tag irgendetwas anders als sonst zu machen. Das nenne ich meine tägliche Verrücktheit. Ich habe die Erfahrung gemacht, dass ich neue Dinge entdecke und dass durch diese ungewöhnlichen Erfahrungen das Kind in mir erwacht. Diese neue Lust am Leben stimuliert kreative Energie.

Die tägliche Verrücktheit

Was hat das alles mit Ihrem Vortrag zu tun? Wir können uns das Gehirn vorstellen als eine große Straßenkarte. Da gibt es breite Straßen und schmale, Straßen, die sich kreuzen, und solche, die parallel laufen. Genauso laufen die neuronalen

---

[11] Csikszentmihalyi, S. 481.

Vernetzungen. Jeder Mensch hat eine unterschiedliche „Gehirnkarte". Denn jede Bewegung, jede Aktivität hat einen Einfluss darauf. Es werden dauernd neue neuronale Vernetzungen gebildet und bestehende vertieft und verbreitet. Diese Fähigkeit Ihres Gehirns, sich dauernd bis zu Ihrem Tod zu verändern, erlaubt es Ihnen, sich der Umwelt und neuen Bedingungen anzupassen.

Der Gehirnforscher John J. Ratey beschreibt sehr genau, wie gleich getaktete Neuronenströme zu einem zuverlässigeren Ergebnis führen – das bedeutet, je öfter Sie dieselben Handlungen und Gedanken wiederholen (sei es das Trainieren eines Tennisaufschlags oder das Auswendiglernen von Multiplikationstabellen), desto stärker fördern Sie die Bildung bestimmter Verknüpfungen und desto mehr „verdrahten" sich die neuronalen Schaltkreise im Gehirn, die für diese bestimmte Aufgabe zuständig sind. „Was nicht benutzt wird, geht verloren" ist die logische Schlussfolgerung: „Wenn Schaltkreise des Gehirns nicht trainiert werden, verlieren sie ihre Anpassungsfähigkeit, werden schwächer und können sogar gänzlich zugrunde gehen."[12]

Wenn Sie jeden Tag das Gleiche machen, die gleiche Art von Arbeit, die gleichen Gedanken denken, die gleichen Worte zu Ihrem Partner sagen und jeden Abend vor dem Fernseher hocken, dann bilden sich breite Autobahnen, auf denen die wiederholten Gedanken dahinrasen. Das macht es bequem, in der eigenen Routine zu bleiben. Wir müssen über nichts mehr nachdenken. Wir bleiben so noch sehr lange funktionsfähig. Die neuronalen Nebenstraßen und vielfältigen Vernetzungen werden jedoch abgebaut, eine nach der anderen, sodass die Gedankenwelt beständig ärmer wird.

---

[12] Ratey, S. 42.

Der Umkehrschluss ist daher erlaubt: Je mehr Fähigkeiten Sie sich aneignen, je mehr Interessengebiete Sie haben und je öfter Sie ungewöhnliche Impulse willkommen heißen, desto dichter wächst Ihr neuronales Netzwerk im Gehirn, desto kreativer und origineller wird Ihre Denkweise und – desto interessanter Ihr Vortrag.

Mihaly Csikszentmihalyi empfiehlt folgende vier Maßnahmen, um die persönliche Kreativität zu fördern:

1. *Staunen Sie jeden Tag.*
   Seien Sie offen für das, was die Welt Ihnen bietet, und bedenken Sie, dass das Leben ein Strom von Erfahrungen ist.
2. *Setzen Sie täglich jemanden in Erstaunen.*
   Geben Sie sich anders, als Sie sonst sind, sagen Sie etwas Unerwartetes, tun Sie eine mutige Ansicht kund oder stellen Sie eine außergewöhnliche Frage.
3. *Notieren Sie jeden Tag, was Sie erstaunt hat und wie Sie andere erstaunt haben.*
   Führen Sie ein Tagebuch. So gehen die denkwürdigsten, interessantesten und wichtigsten Ereignisse nicht verloren.
4. *Wenn Sie etwas interessiert, verfolgen Sie es weiter.*
   Meist sind wir zu beschäftigt, um etwas, das unsere Aufmerksamkeit erregt – etwa einen Gedanken, ein Lied oder eine Blume – weiter zu erforschen. Versuchen Sie jedoch, dieses Gefühl festzuhalten und in die Richtung Ihrer Aufmerksamkeit weiterzugehen. Es kann der Weg zu einer neuen Idee sein.[13]

Sie werden Ihre neuen Erfahrungen und Eindrücke, die Sie auf Grund der Ratschläge von Csikszentmihalyi gewonnen ha-

---

[13] Csikszentmihalyi S. 493-495.

ben, möglicherweise nicht alle in Ihrem nächsten Vortrag verwerten können. Sie knüpfen jedoch dadurch das Netz Ihrer neuronalen Schaltkreise enger – und vor allem machen Sie Ihr Leben reicher. Und ein reicheres Leben spiegelt sich in interessanteren Vorträgen wider. (Mehr zum Thema Kreativität finden Sie im Kapitel „Die kreative Arbeit").

Werden Sie zum Fragezeichen

Als Ideenfänger sind in Ihrer ersten Liste auch sicherlich Fragen aufgetaucht. Im obigen Beispiel waren von den 14 Punkten 9 Punkte als Fragen formuliert, z.B. Warum hat der Stuhl vier Beine und eine Lehne? Wozu ist der Stuhl erfunden worden? Gibt es Völker ohne Stühle? Fragen sind der wichtigste Inkubator für den kreativen Ideenprozess, denn sie führen uns weiter zu interessanten neuen Fragestellungen und Erkenntnissen.

Stellen Sie sich vor, Ihre Familie besäße in dritter Generation eine Tischlerei. Ihr Urgroßvater war im Dorf der Tischler gewesen, der für die lokale Schule Stühle gezimmert hatte. Ihr Großvater hatte sich gesellschaftlich und politisch engagiert und die Tischlerei zu einem größeren Betrieb ausgebaut, der Aufträge aus der ganzen Umgebung bekam. Ihr Vater hatte dann in den siebziger Jahren des 20. Jahrhunderts den Betrieb in eine moderne Fabrikation umgewandelt, die ergonomisch richtig gebaute Stühle für Schulen produzierte und sie europaweit exportierte. Wenn Sie als Sechsjähriger Ihren Vater gefragt hätten: „Vati, warum hat ein Stuhl vier Beine?", was glauben Sie, hätte er geantwortet? Höchstwahrscheinlich wäre er Ihnen über den Mund gefahren, und Sie hätten gelernt, keine „blöden" Fragen zu stellen. Kinderfragen sind jedoch die besten Wegweiser zu neuen Ideen.

Für Kinder ist die Welt noch voller Wunder. Sie stellen Beziehungen zwischen Dingen her, die für Erwachsene überhaupt nicht zusammenhängen. Ich erinnere mich an einen Spaziergang, den ich mit meinem damals achtjährigen Sohn Laurenz rund um eine mittelalterliche Stadtmauer machte. Es war ein strahlender Tag, und wir gingen im Halbschatten eines Buchen- und Ahornwaldes immer die Mauer entlang rund um die Stadt. Ich achtete nicht auf den Sonnenstand, doch Laurenz rief plötzlich aus: „Schau, die Sonne geht immer dorthin, wo wir sind. Sie verfolgt uns. Warum tut sie das?" Ich war perplex. Es war nicht der geeignete Augenblick, um über Kopernikus und Galilei zu sprechen und ich war ziemlich ratlos, was ich ihm darauf antworten sollte. Gleichzeitig war ich inspiriert und meinem Sohn für diese Frage dankbar, denn dadurch hatte er mir einen Blick in das innere Staunen des Kindes gewährt. Genau das meint Csikszentmihalyi, wenn er das Staunen als kreativitätssteigernd empfiehlt.

Begeben Sie sich auf die Jagd auf so genannte „unsinnige" Fragen. Denn das Wesen des kreativen Prozesses ist, das Vertraute als fremd zu betrachten. Und horchen Sie Kindern zu, wenn sie fragen: „Warum ist der Mond rund?", „Warum haben wir Zehen?". Von Kindern können Sie noch Fragen lernen, denn als Erwachsene haben wir es verlernt. Der amerikanische Kommunikationswissenschaftler Neil Postman bemerkte einmal treffend: „Kinder kommen als Fragezeichen zur Schule und verlassen sie als Punkte."

Albert Einstein hätte seine Entdeckungen nicht machen können, wenn er nicht in „kindlicher Art" gefragt hätte. Dazu sagte er: „Wenn ich mich also frage, woher es kommt, dass gerade ich die Relativitätstheorie gefunden habe, so scheint es an folgendem Umstand zu liegen: Der normale Erwachsene denkt nicht über Raum-Zeit-Probleme nach. Alles, was darüber nachzudenken ist, hat er nach seiner Meinung bereits in der frühen Kindheit getan. Ich dagegen habe mich derart langsam entwickelt, dass ich erst anfing, mich über Raum und Zeit zu wundern, als ich bereits erwachsen war. Naturgemäß bin ich dann tiefer in die Problematik eingedrungen als ein gewöhnliches Kind."[14]

Wenn Sie Ihren Vortrag vorbereiten, sind es genau diese „kindlichen" Fragen, die Ihren Gedankengängen Flügeln verleihen. Und: Wenn Ihnen selber keine Fragen einfallen, dann gehen Sie doch zu den Frage-Experten selber! Sprechen Sie mit Ihren Kindern, Neffen, Enkeln über Ihr Thema. Erklären Sie, womit Sie sich beschäftigen, und ermuntern Sie sie, so lange zu fragen, bis sie es wirklich verstanden haben. Sie werden staunen, welch originelle Ideen sich dabei entwickeln!

Ein Werbe- und Markenexperte verriet mir das Geheimnis, wie er Denkblockaden umschifft: „Wenn mir nicht gleich eine kreative Idee kommt, dann frage ich mich: ‚Was wäre mir als Fünfjähriger dazu eingefallen?'"

Zapfen Sie Ihr Netzwerk an

Eine andere gute Fundgrube für originelle Ideen haben Sie gleich bei der Hand. Es ist Ihr Bekanntenkreis! Wissen Sie, warum dieser so enorm hilfreich ist? Weil er aus Menschen besteht – genauso wie Ihr Publikum! Das klingt banal. Doch Ihre Freunde und Ihre Nachbarn werden großteils ganz ähnliche Fragen an Sie und Ihr Thema haben wie Ihr späteres Publikum! Fragen Sie jeden, der Ihnen über den Weg läuft: „Was halten Sie von …?" „Haben Sie schon Erfahrungen gemacht mit …?" „Was fällt dir ein zu dem Thema …?" Nützen Sie die Partys, After-Work-Clubs,

---

[14] Vgl. Gardner, S. 117.

Zusammentreffen mit Bekannten, um auf die verschiedensten Aspekte Ihres Themas aufmerksam zu werden.

Tipp für Ideenfindung bei Freunden

Veranstalten Sie einen Abend mit Ihren Freunden, an dem Sie das Thema Ihres Vortrags zum Blödeln anbieten. So unter dem Motto: Der, der die blödesten Ideen dazu produziert, bekommt eine Prämie. Ihre Freunde und Bekannten sind eine Fundgrube! Sie alle haben schon viel im Leben erfahren und gesehen. Geschichten, die ihnen passiert sind, die sie gehört und gelesen haben. Vielleicht fällt einer Freundin ein Liedtext dazu ein oder ein Film, den sie gesehen hat, der dieses Thema aufgreift. Seien Sie erfinderisch!

Periphere Bekannte sind übrigens als Gesprächspartner den engen Freunden vorzuziehen. Der Soziologe Mark Granovetter hat in seiner klassischen Studie „Getting a Job" Folgendes zutage gebracht.[15] Er fragte mehrere hundert Techniker aus der Bostoner Vorstadt Newton, die eben einen neuen Job angetreten hatten, wie sie zu diesem gekommen waren. 56 Prozent sagten, sie hätten den Job durch persönliche Beziehungen bekommen. Jemand hätte sie auf den Job aufmerksam gemacht. Es waren aber nicht Freunde gewesen, 84 Prozent, also die überwiegende Mehrheit, hatte einen Tipp von einem entfernten Bekannten bekommen. Warum?

Wir bewegen uns meist in sehr engen Bahnen. Wir kennen Arbeitskollegen, die oftmals ähnliche Interessen und Fachgebiete haben wie wir.

---

[15] Siehe Granovetter.

Wir treffen alte Studienkollegen, die ebenfalls meist in verwandten Gebieten tätig sind. Ihre engsten Freunde teilen Ihre Hobbys und Vorlieben. Menschen, die Sie nur am Rande kennen und mit denen Sie kaum etwas gemeinsam haben, leben naturgemäß in völlig anderen Welten. Sie lesen andere Bücher, sehen andere Filme, treffen andere Leute. Sie sind diejenigen, die Sie in eine neue, ungewöhnliche Richtung führen können.

Denken wir noch einmal am das Beispiel mit dem Stuhl. Sie sammeln Ideen zum Thema „Neue Herausforderungen für die Stuhlproduktion in Europa". Klarerweise werden Fachkollegen in sehr ähnlichen Bahnen denken wie Sie. Sie gehen von ihren Erfahrungen eines Stuhlproduzenten aus und sehen möglicherweise viele Probleme und wenig Chancen. Befragen Sie Ihre engsten Freunde, dann wird ihnen zum Stichwort „Stuhl" Ähnliches einfallen wie Ihnen als Privatperson. Wenn Ihr Lieblingssessel das Modell „Superleggera" von Gio Ponte ist, kann es sein, dass die meisten Ihrer Freunde ebenfalls italienische Designmöbel lieben wie Sie.

Rufen Sie doch mal das nette Mädchen an, das in der Grundschule immer vor Ihnen gesessen ist und inzwischen in Dänemark wohnt. Vielleicht erzählt sie Ihnen von dem Schaukelstuhl, der vor ihrem Kamin steht, und dem Plüschteddybären, der immer dabei sein muss. Ein anderer entfernter Bekannter erzählt Ihnen, er habe sich dem japanischen Minimalismus verschrieben und sein einziger Stuhl sei ein Büro-Drehsessel. Deuten diese Impulse nicht in völlig andere Richtungen? Sie bekommen so für Ihr Thema die Perspektiven unterschiedlichster Lebenswelten – und dadurch auch zukünftiger Möglichkeiten.

Telefonische Schnellrecherche

Besonders effizient ist es, Ihre Informanten einfach anzurufen. Bauen Sie Ihr Wissensnetzwerk kontinuierlich auf. Wann immer Sie jemanden treffen, der vielseitig interessiert ist und auf anderen Gebieten firm ist als Sie, werben Sie ihn für Ihr Wissensnetzwerk. Fragen Sie ihn oder sie, ob Sie ihn bei Gelegenheit auf die Schnelle anzapfen dürfen. Halten Sie die Telefonate kurz, dann werden Sie immer wieder mit Ihrer Anfrage willkommen sein.

Schreiben Sie die Antworten sofort auf. Notieren Sie auch Ihre eigenen Assoziationen und die neuen Fragen, die dadurch aufgeworfen wurden. Wenn Sie die erhaltenen Antworten nicht sofort Wort für Wort notieren, besteht die Gefahr, dass Sie sie später mit Ihrer eigenen Erfahrungswelt verfälschen. Und: Legen Sie alles in Ihrem Recherche Ordner ab.

Email-Schnellrecherche

Eine Journalistin, die jede Woche eine Geschichte schreiben muss, hat mich auf Ihre Wissensnetzwerk-Liste gesetzt. Per E-Mail und Social Media ist es möglich, viele Menschen zu bitten, bei der Recherche zu helfen. Der Vorteil gegenüber dem Telefonieren ist die Schnelligkeit. Der Nachteil, dass nur wenige sich die Mühe nehmen, zu antworten, und die Zwischentöne im Gespräch fehlen, die es am Telefon ermöglichen, nachzuhaken. Ebenso funktioniert es mit Facebook. Fragen Sie einfach in die Runde, sie werden staunen wie viele unterschiedliche Antworten Sie erhalten.

Die E-Mail-Recherche dieser Journalistin ist übrigens sehr erfolgreich. In ihren Geschichten tauchen stets unerwartete, interessante Gesprächspartner auf.

Befragen Sie Ihre Zuhörer

Sie halten Ihren Vortrag für Ihre Zuhörer. Sie möchten, dass Ihre Zuhörer möglichst viel von Ihrem Vortrag mitnehmen. Sie wollen die Fragen Ihrer Zuhörer beantworten? Wenn das auf Sie zutrifft, dann sollten Sie die Fragen der Zuhörer möglichst im Vorhinein kennen. Denn: Je genauer Sie die Erwartungen der Zuhörer erfüllen und über sie hinausgehen, desto erfolgreicher wird Ihr Auftritt sein.

Nun kennen Sie oft Ihre Zuhörer nicht persönlich. Was Sie jedoch wissen, weil Sie sich bereits mit Zuhörerrecherche beschäftigt haben (siehe oben), ist, welcher Berufsgruppe sie zugehörig sind. Oder welcher Nationalität. Oder welcher Altersgruppe. Nehmen Sie einmal an, Sie würden vor einem Publikum sprechen, das hauptsächlich aus Ingenieuren, also Technikern besteht. Ihr Thema wäre: „Ein neues Magnetfeldtherapiegerät im hochenergetischen Therapiebereich". Nun ist dieser Apparat eine Entwicklung der Energiemedizin und die Ihren Ingenieuren möglicherweise suspekt. Möglicherweise stoßen Sie auf Widerstände und Kritik. Umso wichtiger ist es in diesem Fall, Assoziationen, Vorurteile und auch das Wissen dieser Berufsgruppe abzutasten. Da hilft eine private kleine Umfrage unter Ingenieuren.

Jeder Mensch wird gerne um seine Meinung gefragt! Setzen Sie einen Fragebogen auf, in dem Sie fünf oder sechs Fragen – es sollten nicht zu viele sein – zu Ihrem Thema stellen. Die Fragen könnten sein: Wissen Sie etwas über Energiemedizin? Haben Sie schon etwas von Radionik gehört? Welche Assoziationen verbinden Sie damit? Glauben Sie, dass Menschen durch Energien geheilt werden können? Kennen Sie jemanden, der damit schon etwas zu tun hatte?

Überlegen Sie nun, welche Ingenieure Sie persönlich kennen. „Ich kenne keinen einzigen", könnte Ihre erste Reaktion sein. Das mag stimmen. Manche Menschen sind sehr kommunikativ und kennen viele Leute, andere beschränken sich auf einen kleineren Bekanntenkreis. Wussten Sie aber, dass eine Studie aus der Größe des menschlichen Gehirns geschlossen hat, dass jeder Mensch im Schnitt zu ca. 150 anderen Menschen eine sinnvolle Beziehung aufrechterhält?[16]

Vielleicht sind unter Ihren 150 Bekannten keine Ingenieure. Stellen Sie sich aber kurz vor, dass jeder Ihrer 150 Bekannten wiederum 150 Leute kennt. 150 × 150 = 22.500. Da haben Sie schon ein (theoretisches) Sample von 22.500 Personen! Sie könnten also an Ihre 150 Bekannten eine E-Mail schicken und sie fragen, ob sie einen Ingenieur kennen. Sie machen eine Umfrage und möchten gerne fünf Fragen an einen Fachmann stellen. Das dauert drei Minuten.

Ist das nicht faszinierend? Sie erschließen sich mit Ihren 150 Bekannten Zehntausende potenzielle Gesprächspartner! Je nachdem, wie gut Sie Ihre Bekanntschaften gepflegt haben, werden Sie eine kleinere oder größere Gruppe an Ingenieuren aus zweiter Hand geliefert bekommen. Nun haben Sie Ihr Probe-Publikum. Stellen Sie Ihre Fragen und hören Sie genau zu. Die Umfrage gibt Ihnen ein gutes Gerüst, um auch Zwischentöne herauszuhören. Vergessen Sie nicht, sich Notizen zu machen! Sie werden interessante Einzelheiten und neue

---

[16] Die Angabe bezieht sich auf die Forschung des britischen Anthropologen Robin Dunbar. Er entdeckte, dass die Größe der Gruppe, in der Tiere und auch Menschen leben, von der Relation des Neocortex zur gesamten Gehirnmasse abhängt. Bei Menschen hat er errechnet, dass sie mit maximal 150 Personen in einer sinnvollen gesellschaftlichen Beziehung stehen können. Robin Dunbar: „Neocortex size as a constraint on group size in primates", Journal of Human Evolution, 20 (1992), S. 469-493, zit. nach: Gladwell, S. 182.

Aspekte kennen lernen: Was sind die Probleme, die Ihr Zielpublikum am dringendsten lösen muss? Was könnte es sich von einem Vortrag wie dem Ihren erwarten? Wie könnte es ihn nützen?

Die „Was wäre, wenn"-Technik

Es gibt unzählige Kreativitätsübungen, die Personen aus der Werbebranche anwenden. Eine Technik, die mir schon oft geholfen hat, „anders herum" zu denken, ist die „Was wäre, wenn"-Übung. Die Idee dahinter ist, dass die Ideen zu fließen anfangen, wenn Sie Ihr Thema in andere Zusammenhänge stellen.

Fragen Sie sich: Ähnelt das Problem, das ich im Vortrag anspreche, anderen Problemen? Zum Beispiel: Was wäre, wenn mein Thema/Problem im Tierreich angesiedelt wäre, wenn ich es umgekehrt sähe, wenn es ein Computer wäre, wenn ein Kind es betrachten würde, wenn ein Amazonas-Indianer darüber nachdächte, wenn es im Mittelalter wäre usw. usw. und notieren Sie sich dazu Schlagwörter.

Nehmen Sie an, Sie hielten einen Vortrag über „Die Notwendigkeit von Nahrungsergänzungen in der heutigen Zeit". Das ist ein Thema, das innerhalb der Gesundheitsberufe heiß umstritten ist. Die Gegner sehen eine ausgewogene Mischkost als ideal an, die Befürworter bestreiten das zwar nicht, argumentieren aber meist, dass nur wenige Menschen sich so ernähren. Sie bräuchten so genannte Nahrungsergänzungen: Vitamine, Mineralstoffe, Pflanzeninhaltsstoffe. Nehmen Sie nun an, Sie seien selber Befürworter der Nahrungsergänzungen und suchten mit der „Was wäre, wenn"-Technik mögliche Argumente und Ideen, die über den normalen Tellerrand hinausweisen. (Neben der Frage sind mögliche Ideen notiert, die sich daraus ergeben.)

- Was wäre, wenn wir im Mittelalter lebten? – Wäre Salz als Nahrungsergänzung angesehen worden?
- Was wäre, wenn wir keine Menschen, sondern Löwen wären? – Wir bekämen die Vitamine und Mineralstoffe aus den Eingeweiden der Pflanzen fressenden Beute. Unser Körper würde Vitamin C außerdem selber produzieren.
- Was wäre, wenn Kinder Nahrungsergänzungen designen würden? – Würden sie aussehen wie M&M's, wie Smarties?
- Was wäre, wenn wir Smarties als Nahrungsergänzungen einnehmen müssten, zwei am Morgen und zwei am Abend? Würde der Absatz steigen oder fallen?
- Was wäre, wenn Sie eine Pflanze wären? – Ihre Nahrungsergänzung wäre der Dünger. – Es gibt Rosendünger, Azaleendünger. Genauso Nahrungsergänzungen für Alte, Kinder, Frauen, Männer, für Raucher, dicke Menschen, dünne Menschen.
- Was wäre, wenn Sie ein Auto wären? Nahrungsergänzung wäre dann ein besonders hochwertiges Motoröl. Besseres Öl führt, sind Autofans überzeugt, zu größerer Power und längerer Lebenserwartung für den Motor, Nahrungsergänzungen versprechen uns Menschen mehr Vitalität, weniger Müdigkeit. Neigen wir bei unserem teuren Auto zum Sparen, oder gönnen wir ihm das beste Öl, das an der Tankstelle zu haben ist?
- Was wäre, wenn Sie Bauer wären? Sie hätten die Möglichkeit, Gemüse und Obst ohne Transportwege, ohne Kunstdünger, ohne ausgelaugten Boden anzubauen. Nahrungsergänzung wäre in der Nahrung! Und Sie hätten mit Sicherheit weniger Stress!

- Was wäre, wenn Nahrungsergänzung einen anderen Namen hätte? Z.B. Lebensmittel? – Mittel-zum-Leben- „Pille"? – Verhütungsmittel gegen Krankheiten?
- Was wäre, wenn Nahrungsergänzungen einen eigenen Geschmack hätten? Aussehen würden wie Karotten oder wie eine Schwarzwälder Kirschtorte?
- Was wäre, wenn Sie Mineralwasser als Nahrungsergänzungsmittel bezeichnen würden? – Höhere Akzeptanz? – In Mineralwässern mit Geschmack sind jede Menge Zusatzmittel wie Zucker, Aspartam – Konservierungsmittel mit E-Nummern sind ebenfalls „Nahrungsergänzungen".

Sehen Sie, wie sich durch diese Gedankenspielereien neue Perspektiven eröffnen? Wie sich neue Bilder entwickeln, die Sie sofort in Ihren Vortrag einbauen können?

Tipp für Ihre "Was wäre wenn" Liste

Hier ist ein dringlicher Rat angebracht: Hören Sie nicht nach der dritten Zeile auf! Erfahrungsgemäß werden die Szenarien immer interessanter, je mehr wir uns ausdenken. Schreiben Sie daher mindestens zehn „Was wäre, wenn"-Fälle auf. Sie können gerne mehr schreiben. Zehn sollten es aber unbedingt sein.

Albert Einstein gelang übrigens durch diese Art des Fragens schon als Sechzehnjährigem die für ihn und die Wissenschaft zukunftsträchtigste Fragestellung: Was wäre, wenn man mit Lichtgeschwindigkeit einem Lichtstrahl nachliefe und ihn schließlich einholte?[17] Wir befinden uns mit dieser Methode also in bester Gesellschaft.

Die „Was wäre, wenn"-Technik können Sie auch anwenden, wenn Sie über die Dramaturgie Ihres Vortrags nachdenken. Was wäre, wenn Sie Ihren Vortrag völlig anders „verpacken" würden? Wenn Sie einen Dialog einbauen würden, wenn Sie ein Mini-Theaterstück voranstellen, eine sängerische Darbietung anhängen würden? (Näheres zur Dramaturgie siehe diese).

Die „Was wäre, wenn"-Übung

Stellen Sie in der nachfolgenden „Was wäre, wenn"-Übung Ihr Thema in einen anderen Zusammenhang. Entwickeln Sie spielerisch zehn verschiedene Szenarien und notieren Sie die sich daraus ergebenden Fragen.

Zum Beispiel: Was wäre, wenn mein Thema im Tierreich angesiedelt wäre, wenn ich es umgekehrt sähe, wenn es eine Krankheit wäre, wenn ein Kind/ein Greis es betrachten würde, wenn ein Pygmäe darüber nachdächte, wenn es in der griechischen Antike spielte usw.

Was wäre, wenn _____

Was wäre, wenn _____

Was wäre, wenn _____

Was wäre, wenn _____

Was wäre, wenn _____

---

[17] Vgl. zur Kreativität von Albert Einstein: Gardner, S. 116-171.

Was wäre, wenn _____

Was wäre, wenn _____

Was wäre, wenn _____

Was wäre, wenn _____

Der österreichische Seminarkabarettist Bernhard Ludwig wurde vor etlichen Jahren bekannt durch das Buch „Anleitung zum Herzinfarkt". Sein origineller Ansatz hätte mit der „Was wäre, wenn"-Technik gefunden worden sein können. Dahinter stand nämlich genau die Frage: „Was wäre, wenn – die Ratschläge zum gesunden Leben einmal total umgedreht würden?" Wenn der Rat wäre: Essen Sie möglichst viel Eisbein und Schweineschmalz und bewegen Sie sich möglichst wenig! Ludwig stellt sich an, als ob die Leser sich nichts sehnlicher wünschten als zu erfahren, wie sie möglichst schnell zu ihrem Herzinfarkt kommen könnten. Das Buch wurde zu einem Renner, so dass Ludwig aus demselben Stoff einen Vortrag entwickelte. Die Idee seines Seminarkabaretts war geboren. Sein Nachfolgeprogramm wurde später noch erfolgreicher und zum Dauerbrenner: „Anleitung zur sexuellen Unzufriedenheit". Er bezieht darin aktiv das Publikum mit ein und erntet mit seinen Übungen irdisches Gelächter, wenn er Frauen und Männer durch Summen abstimmen lässt, welche Praktiken sie im Geschlechtsleben mit ihrem Partner bevorzugen.

Zusätzliche Ideen, wo Sie Material für Ihren Vortrag finden

Bibliotheken

Städtische Bibliotheken, Universitätsbibliotheken, Bibliotheken von Standesvertretungen wie Kammern. Sie alle warten darauf, von Ihnen erschlossen zu werden. Oft geht das online von zu Hause aus. Ich gehe lieber persönlich hin, denn ich stöbere gern in verwandten Gebieten, durchblättere die Bücher und stoße dadurch auf wertvolle Informationen. Fragen Sie die Bibliothekarin oder den Bibliothekar. Sie sind meist sehr hilfsbereit und froh, mit ihrem Wissen weiterhelfen zu können.

Buchhandlungen

Buchhändler können oft Tipps geben. Besonders interessant sind Buchhandlungen mit antiquarischen Büchern. Dort finden Sie Material jenseits der heutigen geistigen Trampelpfade. Viele Themen waren schon einmal aktuell. Um wie viel interessanter ist es erst, wenn Sie eine passende Stelle aus einem hundert Jahre alten Buch ausgraben!

Online-Buchhandlungen

In Online-Buchhandlungen erhalten Sie einen Überblick, wer über Ihr Vortragsthema schon ein Buch veröffentlicht hat. Die Kurzbeschreibung des Buches und die Rezensenten-Meinung hilft Ihnen zu beurteilen, ob der Autor etwas zu sagen hat. Wenn ja, dann suchen Sie nach seiner Webseite.

Google

Surfen Sie im Internet und finden Sie brauchbare Seiten zu Ihrem Thema. Viele Fachleute haben nützliche Informationen auf ihren Seiten.

Abonnieren Sie Newsletter

Die meisten führenden Experten, die sich am freien Markt behaupten müssen, verschicken kontinuierlich Newsletter. Abonnieren Sie die besten. Sie profitieren von fremdem Wissen frei Haus.

Blogs

Die meisten Meinungsführer haben Newsletter, Blogs, Podcasts, Videokanäle, Facebook Seiten, etc. Lassen Sie sich von den Eintragungen, Meinungen und den geposteten Links inspirieren.

Online Zeitungsarchive

Die führenden Magazine und Tageszeitungen geben Ihnen online Zutritt zu ihren Archiven. Manche sind kostenpflichtig, meist sind sie leistbar.

Fragen Sie die Experten an der Universität

Universitätslehrer und Assistenten gehen wenig an die Öffentlichkeit, sind aber ein Reservoir an Wissen. Sie wissen, wer in Europa sich genau mit welchem Detailproblem beschäftigt, wo die Artikel publiziert wurden etc. Denken Sie daran, eine Gegenleistung für die Information zu geben. Dann gibt es auch ein zweites Mal ...

Halten Sie die Augen immer offen!

Wenn Sie im Wartezimmer eines Arztes sitzen, kann Ihnen genauso ein interessantes Zitat in einem Magazin entgegenspringen wie im Flugzeug. Halten Sie immer Ihr Notizbuch bereit, damit Sie sich etwas aufschreiben können.

Hören Sie sich Vorträge anderer Experten an

Selbst wenn Sie meinen, Sie wären den anderen haushoch überlegen. Sie können immer noch etwas lernen. Zumindest lernen Sie vom Publikum, was ihm gefällt und welche Fragen auftauchen.

Mindmapping: Die Kunst, Ihre Gedanken kreativ zu ordnen

Ken Blanchard, Autor des Bestsellers „Der Minuten-Manager", verwendet die Mindmapping-Methode, wenn er Vorträge und Reden ausarbeitet: „Wenn ich mir Sorgen mache, ob ich zu viel Material in einen Vortrag hineinpacke oder mir überlege, was ich in meiner Rede sagen soll, strukturiere ich mein Material mit Mindmapping. Ich schreibe das Thema in die Mitte eines Blatts Papier. Dann mache ich ein Brainstorming, was mir alles zu diesem Thema einfällt. Ich schreibe nur jeweils ein Wort für einen Gedanken auf. Ich umrahme jedes Wort mit Schnörkeln, nur so, weil es mir Spaß macht. Dann sehe ich mir die Ideen an und nummeriere sie in der Reihenfolge, in der ich sie bringen könnte."[18]

Was ist Mindmapping? Mindmapping ist eine Methode, Material zu ordnen und zu strukturieren, indem Sie beide Gehirnhälften optimal einsetzen. Es ist vor allem für Menschen geeignet, die mit der linksdominanten Methode der Gliederung in „erstens, zweitens, drittens" nicht recht vorankommen. Mit dem Mindmapping stellen Sie eine „Gedankenkarte" zusammen, mit der Sie Ihre Rede ausmalen können. Viele erstellen ihre Mindmaps nicht mit der Hand, sondern mit dem Computer.

---

[18] Walters, S. 86-87.

Die grundlegenden Prinzipien des Mind-Mapping

Formale Prinzipien

Auf einem Blatt Papier wird das zentrale Thema in die Blattmitte geschrieben. Vom Zentralbild gehen dickere, möglichst farbige Linien aus – das sind die Hauptgedanken. Weitere Gedankenlinien werden an die vorherige Linie angehängt. Statt eines Wortes kann man auch ein einfach dargestelltes Bild oder Symbol einsetzen, das regt das bildhafte Denken an.

Inhaltliche Prinzipien

Jeder Gedanke wird mit nur einem Schlüsselwort dargestellt. Ein gutes Schlüsselwort sollte auch nach langer Zeit an die Bedeutung erinnern. In der Mitte stehen die zentralen Themen, zu den Verästelungen hin werden die Gedanken spezifischer und ordnen sich den wichtigen Ideen unter. Zum Schluss kann die Reihenfolge nummeriert werden.

Checkliste: Recherche

- ✓ Schreiben Sie 20 (30, 40) eigene Ideen/Fragen zu Ihrem Thema nieder
  ....
- ✓ Folgende Personen werden Sie als „Fachleute" befragen
  ....
- ✓ Folgende Personen werden Sie als „Zuhörer" befragen
  ....
- ✓ Folgende Laien/Personen werden Sie zu Ihrem Thema befragen: Freunde, Entfernte Bekannte
  ....
- ✓ E-Mail-Rundbrief?
  ....
- ✓ Internet-Recherche?
  ....
- ✓ Welche Illustrationen zum Thema? Bilder?
  ....
- ✓ Bibliotheken, Archive, Datenbanken?
  ....
- ✓ Welche Randgebiete sind noch interessant?
  ....

Download der Checkliste möglich auf www.fleurwoess.com

Die kreative Arbeit

Erinnern Sie sich an das letzte Mal, als Sie animiert einem Vortrag zugehört haben? Was hat Sie dabei vor allem angeregt? Haben Sie sich dabei besonders angesprochen gefühlt, weil Sie neue Ideen, neue Aspekte entdeckt haben, vielleicht eine neue Sichtweise, die das Thema in einem völlig neuen Licht präsentiert hat? Möglicherweise dachten Sie: „Darauf wäre ich nie gekommen! Das ist ja wirklich interessant!" Einen Vortrag zu konzipieren ist Schwerarbeit. Sie brauchen dazu Konzentration, Sitzfleisch, enorm viele Informationen und Mut, auch in andere Richtungen zu denken. Wenn Sie wollen, dass Ihre Zuhörer aufmerksam zuhören, müssen Sie immer wieder Neues, Überraschendes bieten. Lösungen, an die sie noch nie gedacht haben, Querverbindungen zu anderen Dingen, die sie sich noch nie bewusst gemacht haben.

Wie entsteht Aufmerksamkeit? Wie halten Sie die Aufmerksamkeit Ihres Publikums aufrecht?

Neurologen haben die Bedingungen erforscht, die unsere Aufmerksamkeit wach halten. Dabei stehen zwei Faktoren im Vordergrund. John J. Ratey, Professor für Psychiatrie an der Harvard Medical School, schreibt in seinem Buch „Das menschliche Gehirn. Eine Gebrauchsanweisung" dazu: „Das Aufspüren von Neuheiten und das Streben nach Belohnung sind zwei wesentliche Antriebskräfte, die darüber bestimmen, worauf Sie Ihre Aufmerksamkeit lenken."[19]

---

[19] Ratey, S.142.

Beide Faktoren sind für Sie als Vortragende interessant. Das Streben nach Belohnung drückt sich im Nützlichkeitsfaktor für die Zuhörer aus.

Sie hören aufmerksam zu, wenn das Zuhören für sie persönlich Vorteile bringt. Das ist der Faktor, der schon im Abschnitt „Nutzen, Nutzen, Nutzen!" (siehe diesen) im Vordergrund stand. Der Faktor der Belohnung wird dann aktiviert, wenn sich die Zuhörer für sie nützliches, umsetzbares Wissen versprechen, etwas, wovon sie – möglichst unmittelbar – profitieren.

Immer etwas Neues

Die zweite Antriebskraft, die Ihre Zuhörer motiviert, fasziniert Ihrem Vortrag zu lauschen, ist, wenn sie etwas Neues erfahren.

Mir geht es so: Immer wenn ich eine neue Sichtweise von jemandem höre, spüre ich Schmetterlinge in meinem Bauch. Mein ganzes Inneres ist animiert und aufgeregt. Ich fühle mich inspiriert und hänge an des Redners Lippen. Wollen Sie nicht auch, dass Ihre Zuhörer Schmetterlinge im Bauch spüren und konzentriert mitdenken, wenn Sie über Ihr Thema sprechen? Dann überlegen Sie, welche neue Perspektive Sie Ihrem Publikum bieten können!

Ein Thema mit absolutem Neuigkeitswert ist allerdings selten. Jeder würde Ihnen gebannt zuhören, wenn Sie über den garantiert sicheren Geheimcode sprechen, der die Casinos dieser Welt knackt. Oder über die eben erst entdeckte – seriöse – Zauberformel, die Sie garantiert jung und schön erhält.

Meistens werden Sie jedoch nicht von der großen neuen Entdeckung sprechen, die die Welt revolutionieren wird, sondern über ein bereits bekanntes Thema. In diesem Fall sollten

Sie das Publikum immer wieder mit einer neuen Sichtweise überraschen, sodass Ihre Zuhörer nicht schlapp auf ihren Stühlen hängen, sondern kerzengerade am Sesselrand sitzen.

Diese ungewöhnlichen Perspektiven werden Sie entdecken und entwickeln, wenn Sie die Fakten für den Vortrag sammeln und die Argumentationslinie entwickeln. Dafür müssen Sie Ihr kreatives Potenzial wecken.

Das kreative Potenzial wecken

Kreativität ist nicht nur Wissenschaftlern wie Albert Einstein oder Künstlern wie Andy Warhol vorbehalten. Jeder Unternehmer, der vor einem schwierigen Problem steht, und jede Managerin, die einen Ausweg aus einer vertrackten Situation sucht, müssen ihre kreativen Kräfte wecken. Auch jeder, der eine gute Rede ausarbeiten will, braucht ein gerüttelt Maß an Kreativität, um sein Thema interessant aufzubereiten (für die Schmetterlinge im Bauch ...).

Kreative Ideen fallen nicht plötzlich wie Manna vom Himmel. Sie sind, wie bereits erwähnt, häufig eine bis dahin unbekannte Verknüpfung bekannter Ideen. Der Schriftsteller Arthur Koestler schreibt in seinem Buch „The Act of Creation" („Der schöpferische Akt"): „Kreative Originalität bedeutet nicht, dass man eine Reihe von Ideen aus dem Nichts kreiert oder ins Leben ruft, sondern entsteht eher aus einer Kombination von wohlbekannten Gedankenmustern – durch einen Prozess der wechselseitigen Befruchtung."[20]

---

[20] Arthur Koestler entwickelte seine Ideen zur Kreativität in seinem Buch: The Act of Creation. Hier zit. nach: Foster & Corby, S. 29.

Bekannt ist zum Beispiel der kreative Geistesblitz des Chemikers August Kekulé, der auf der Suche nach der Formel für die Struktur des Benzols war. Nach vielen fruchtlosen Versuchen, durch analytisches Denken zur Problemlösung zu gelangen, schlief er vor Erschöpfung an seinem Schreibtisch ein. Im Traum sah er eine Schlange, die nach ihrem Schwanz schnappte, wodurch sie einen Ring bildete, ein altes ägyptisches Symbol, das die Griechen Uróboros nannten. Er schreckte aus dem Schlaf auf und hatte plötzlich die große Ähnlichkeit zwischen der ringförmigen Schlange und den Atomen und Molekülen des Benzols vor Augen. Er hatte die Ringstruktur des Benzols entdeckt.

Dieses klassische Beispiel zeigt, wie zwei völlig unterschiedliche Dinge – die chemische Struktur und das Bild einer Schlange – zu einer neuen Entdeckung führen können. Ein Großteil des kreativen Denkens beinhaltet demnach, dass man zwei vorher getrennte Ideen miteinander verbindet und daraus etwas Neues macht.

Mit den Ideen spielen

Vor kurzem lief mir ein Bekannter über den Weg, der Produktdesigner ist. Ich nutzte die Gelegenheit, ihn zu fragen, wie er zu neuen Entwürfen für seine Produkte käme. Er sprühte gleich vor Begeisterung, da er eben in der Phase der Ideensammlung steckte: „Gerade jetzt entwickle ich eine neue Flasche für eine Scheuermilch. Ich zeichne wie verrückt alle möglichen Formen und probiere Unmögliches, Bizarres aus. Ganz durcheinander, übereinander usw. Wenn ich im Kaffeehaus sitze zeichne ich auf die Serviette, am Frühstückstisch auf die Cornflakes-Schachtel. Wenn ich viele Formen ausprobiert habe, ist es plötzlich da: Aus der Synthese des Bizarren mit dem Möglichen kommt die Lösung."

Können Sie sich an die erste Übung erinnern, in der Sie eine Liste von Ideen zu Ihrem Thema zusammenstellten, ohne diese zu bewerten? Die Offenheit des Geistes erlaubt es Ihnen, in getrennten Dingen ähnliche Muster zu erkennen und dadurch ungewöhnliche Sichtweisen zu entwickeln.

Allerdings gibt es noch ein Geheimnis, Ihre Kreativität zielgerichtet zu aktivieren. Entdecken Sie, wie Sie sich selbst am besten konditionieren, um Ihr kreatives Potenzial voll entfalten zu können.[21]

Der kreative Prozess

Seit etwa einem halben Jahrhundert befasst sich die Kreativitätsforschung intensiv damit, wie neue Ideen entstehen und unter welchen Bedingungen. Sie hat entdeckt, dass es Gesetzmäßigkeiten gibt, wie sich kreative Ideen entwickeln, egal ob im Kopf eines anerkannten Genies oder in einer Person, die eine Lösung für ein alltägliches Problem sucht. Diese Gesetzmäßigkeiten können Sie sich zunutze machen, wenn Sie einen guten Vortrag vorbereiten wollen. Wie alles Neue, das Sie erschaffen, erfordert es eine gehörige Portion Anstrengung und Einfallsreichtum, ein Thema so zu bearbeiten, dass Ihre individuellen Gedanken und Lösungen hineinfließen.

Es gibt zwei Voraussetzungen, den kreativen Prozess in Gang zu bringen. Die erste ist die Dringlichkeit, die Lösung zu einem Problem zu finden. Wenn Sie einen Vortrag vorbereiten

---

[21] Für weitere kreativitätsfördernde Übungen empfehle ich Ihnen das Buch von Roger von Oech, Der kreative Kick.

müssen, ist diese Voraussetzung automatisch gegeben. Die zweite ist: Sie brauchen Zeit. Denn Ihre Ideen brauchen eine gewisse Muße, um sich entwickeln zu können.

Sehen wir uns jetzt an, was Sie tun können, um Ihren Ideen zur Geburt zu verhelfen. Der Kreativitätsprozess läuft der Forschung nach in fünf Phasen ab:[22]

Vorbereitungsphase

Das ist die Phase, in der Sie sich mit der Stoffsammlung, Ihrem „Rohmaterial" beschäftigen. Zuallererst notieren Sie – wie im Kapitel „Die Stoffsammlung" gezeigt – alle Ideen, die Ihnen einfallen. Sie fangen Ihre geflügelten Ideen ein und denken jenseits der kollektiven Ideen-Blase. Sie durchforsten das Internet, Bibliotheken und Archive. Sie halten die Augen offen, ob es aktuelle Meldungen gibt, die für Ihr Thema relevant sind. Sie befragen Menschen, die Ihnen neue Sichtweisen erschließen. Sie füllen sich mit Informationen an. Parallel dazu überlegen Sie sich das Ziel und die Struktur des Vortrags. Sie schreiben eine Outline und versuchen, Ordnung in Ihr Material zu bringen. Sie entwickeln die wesentliche Botschaft Ihres Vortrags. Und Sie fangen an, Ihren Vortrag zu schreiben. Je komplexer und abstrakter das Thema, desto länger wird diese Phase dauern.

Die Vorbereitungsphase besteht aus:

- Informationssuche
- Interviews
- Strukturierung

---

[22] Basiert auf der Einteilung von Csikszentmihalyi, S. 119-120. Es gibt unterschiedliche Einteilungen von drei bis fünf Schritten. Sie beschreiben alle im Wesentlichen den gleichen Prozess.

Im Detail haben Sie diese Vorbereitungsschritte schon kennen gelernt.

Reifungs- oder Inkubationsphase

Nach der intensiven Beschäftigung mit Ihrem Vortrag sollten Sie eine Pause von einigen Tagen einlegen. Entspannen Sie sich. Beschäftigen Sie sich mit ganz anderen Dingen. Ackern Sie Ihr Gartenbeet um oder gehen Sie wandern. Besuchen Sie ein Konzert oder eine Ausstellung. Schalten Sie ab. Schaffen Sie Raum für geistiges Mäandern. Ihr Gehirn ist jetzt in besonderer Bereitschaft, Ihr Problem einmal von hier und einmal von dort zu sehen, um eine Lösung zu finden. In dieser Mußezeit delegieren Sie die Verarbeitung Ihres Materials an Ihr Unterbewusstsein. Die Griechen sprachen übrigens von Inspiration, weil sie dachten, dass die Menschen durch den Atem die göttlichen Ideen aus der Luft empfangen. Machen Sie es ebenso. Lassen Sie sich „in-spirieren" und planen Sie in ihrem Zeitplan Tage der Untätigkeit ein.

In dieser Phase geraten Ihre Ideen unterhalb der Schwelle der bewussten Wahrnehmung in heftige Bewegung – ungewöhnliche Verknüpfungen tauchen besonders häufig auf. Wenn Sie sich bewusst um die Lösung eines Problems bemühen – z.B. wie Sie den Vortrag strukturieren –, verarbeiten Sie Informationen auf lineare, logische Weise. Aber wenn die Gedanken frei in Ihrem Kopf herumschwirren können, ohne dass Sie sie in eine konkrete, genau festgelegte Richtung zwängen, können ganz neue und unerwartete Kombinationen entstehen.

Vergessen Sie nicht Ihre Ideen zu notieren

Die besten Ideen nützen nichts, wenn Sie sich nicht an sie erinnern können. Denn manche Ideen kommen im Schlaf. Halten Sie daher ein Notizbuch und einen Bleistift neben Ihrem Bett bereit. Oft erscheinen gute Ideen beim schnellen

Wandern oder beim Joggen. Halten Sie auch dabei einen Bleistiftstummel und einen Zettel bereit.

Diese zweite Phase nannte der deutsche Physiker und Philosoph Hermann Helmholtz „Tempelschlaf".[23] Das scheinbare Vergessen, dem dann – im dritten Schritt – die spontane Erleuchtung folgt. So wie es dem Chemiker Kekulé ergangen ist.

In der Inkubationsphase sollten Sie ...

- den Vortrag liegen lassen
- sich der Entspannung und Muße hingeben oder sich mit etwas ganz anderem beschäftigen,
- auf die guten Eingebungen warten

Einsicht

Das ist jener Moment, in dem Archimedes ins Bad stieg und „Héureka!" rief, weil die Teile seines Puzzles plötzlich ein Ganzes ergaben.[24] Aus dem „Nichts" entsteht plötzlich eine neue Idee. Das Unterbewusstsein hat Ihr Thema hin- und hergedreht. Die

---

[23] Foster & Corby S. 17. Tempelschlaf war ursprünglich im Altertum bei den Sumerern und Ägyptern eine Heilmethode. Körperlich und geistig kranke Menschen kamen in spezielle Tempel, um dort zu schlafen und gottgesandte Träume zu erhalten. Sie wurden im Schlaf von der Krankheit geheilt. Inkubation wird in der Psychologie der größtenteils unbewusst ablaufende Prozess der Neuorganisation von seelischem Material genannt (persönliche und intellektuelle Probleme), dem der Erlebenden die nachfolgende bewusste Problemlösung auf oft überraschende Weise erleichtert.

[24] Archimedes, griechischer Mathematiker und Mechaniker (285–212 v. Chr.), wurde berühmt mit dem Ausspruch „Héureka" (Ich habe es gefunden), als er in sein heißes Badewasser stieg. Der Überlieferung nach lief er danach nackt durch die Straßen von Syrakus und rief noch immer „Héureka, héureka!". Er hatte beim Eintauchen ins Badewasser beobachtet, wie das Wasser angestiegen war, und dadurch die Eingebung erlangt, wie er die Masse eines Körpers berechnen könnte.

neuronalen Vernetzungen haben gearbeitet und nun übermittelt es Ihnen eine Idee. Einfach so. Plötzlich erscheint die neue Idee mühelos und selbstverständlich, logisch. Sie fühlen einen Funken Erregung. Es erfolgt eine mentale Einsicht, der plötzliche Sprung über die Logik hinaus, jenseits aller gewöhnlichen Stufen zu normalen Lösungen. Kurz: Der Geistesblitz stellt sich ein.

Bewertung

Hier müssen Sie entscheiden, ob es sich um eine wertvolle, lohnende Einsicht handelt. Was werden meine Kollegen davon halten? Es ist die Phase der Selbstkritik, der Prüfung, Verifizierung. Sie prüfen die Lösung bzw. Ihren Gedankengang daraufhin, ob sie/er auch in der Realität funktioniert.

In der Phase der Bewertung ...

sollten Sie die neuen Ideen anhand der Realität überprüfen: Verstehen sie die Zuhörer? Sind sie logisch konsistent?

Ausarbeitung

Diese Phase dauert am längsten und erfordert die größte Anstrengung. Von dieser Phase sprach Edison, als er stöhnte, Kreativität bestehe aus ein Prozent Inspiration und 99 Prozent Transpiration. Zur Ausarbeitung gehört nicht nur das Niederschreiben des Vortrags. Nach dem Niederschreiben beginnt die Überlegung: Wie übersetze ich meinen Vortrag in eine Sprache, die mein Publikum versteht? Wie mache ich aus dem geschriebenen Text einen spannenden Vortrag? Wie beziehe ich mein Publikum ein?

In der Ausarbeitungsphase sollten Sie ...

Ihr Material bearbeiten und es in einen „ohrengerechten" spannenden Vortrag umwandeln.

Während Sie am Vortrag arbeiten, werden Sie feststellen, dass die einzelnen Phasen fließend ineinander übergehen. Sie beschäftigen sich immer wieder mit neuen Aufgabenstellungen, indem Sie über Teilaspekte des Themas nachdenken. Diese Phase wird meistens ständig durch Phasen der Inkubation und durch viele kleine Erleuchtungen unterbrochen. Der kreative Prozess vollzieht sich in der andauernden Abwechslung zwischen Recherche, Ausarbeitung und Tempelschlaf-Phasen. Mehrere Einsichten können mit Phasen der Inkubation, Bewertung und Ausarbeitung durchsetzt sein.

Bewegung hilft dem Denken auf die Sprünge

Haben Sie schon einmal eine Kollegin beobachtet, die konzentriert an einem Text gearbeitet hat? Haben Sie sich schon einmal gefragt, wie lange sie am Schreibtisch arbeiten kann, ohne dass sie aufsteht? Vielleicht haben Sie beobachtet, wie sie immer wieder zur Kaffeemaschine geht, um sich einen neuen Espresso zu holen – oder, wenn sie gesundheitsbewusst ist, zum Wasserspender? Haben Sie sich schon einmal gefragt, warum?

Beobachten Sie einmal ein fünfjähriges Kind, wenn es dem Papa eine Geschichte erzählt. Es macht ein wichtiges Gesicht, fängt an zu erzählen und läuft, während es redet, andauernd hin und her. Im Alter von sechs Jahren lernt es dann in der Schule stillzusitzen. Die Folge davon? Es verstummt über die Jahre, die

Redefreude nimmt ab – zumindest solange es ruhig auf dem Sessel bleiben muss.

Ist Ihnen schon aufgefallen, dass manche Redner nicht stillstehen können? Sie machen einen Schritt vor und einen Schritt zurück. Manche laufen die ganze Zuhörerreihe von links nach rechts und wiederum nach links. Die Köpfe der Zuhörer drehen sich dann im Tennisturnier-Rhythmus mit: links – rechts – links – rechts.

Diese drei Szenen haben eines gemeinsam: die Bewegung während des Denkens. Die Kollegin, die alle 20 Minuten aufsteht, um ihre Kaffeetasse neu zu füllen, das Kind, das die Geschichte erzählt, und der Redner ohne Manuskript, der seinem Denken durch seine Tennisturnier-Motorik weiterhilft.

Schon die alten Griechen wussten, dass Denken und Bewegung einander stützen. Die Philosophenschule der Peripatetiker nützte diesen Zusammenhang. Aristoteles und seine Schüler wandelten in der ersten uns bekannten Universität durch die Säulenhallen („Perípatos") und spannen während des Gehens ihre philosophischen Denkgebäude.[25] Wäre es nicht eine schöne Vorstellung, wenn die heutigen Universitätsprofessoren mit ihren Studenten durch die Arkaden des Universitätsgebäudes wandelten und dabei in Muße diskutierten?

---

[25] Aristoteles gründete im Jahre 335 v. Chr. die erste Bildungseinrichtung, die eine Universität genannt werden kann. Er mietete ein ehemaliges Gymnasion und die dazugehörigen Wandelhallen vom Staat und etablierte mehrere Studienrichtungen: darunter Ethik, Politik, Logik, Rhetorik (sic!), Literatur, Astronomie, Biologie, Physik, Metaphysik, Mathematik und Meteorologie. Nach Richardson, S. 119.

Gehen Sie! Laufen Sie!

Die Gehirnforscher wissen heute um die Zusammenhänge. Der Münchner Universitätsprofessor Ernst Pöppel spricht von der „allmählichen Verfertigung der Gedanken beim Gehen". Das heißt, dass sich Gedanken erst durch das Gehen entwickeln können! Vor allem Bewegungen rhythmischer Art, die sich in ihrem Ablauf wiederholen, sind besonders vorteilhaft für die Ausformung der Gedanken. Die körperliche Aktivität sollte jedoch nicht zu anspruchsvoll sein. Wenn es, etwa bei einer mehrstündigen Bergtour, zu anstrengend wird, denken Sie nur noch an Ihren leidenden Körper und versuchen, mit der Erschöpfung fertig zu werden. „Wann bewegen wir uns demnach wohl am freiesten in den uns aufgezwungen Grenzen unseres Bewusstseins? Offenbar dann, wenn wir uns mit jemandem, dem wir vertrauen, gehend auf den Weg machen und mit ihm sprechen", meint Pöppel und bestätigt von der modernen Gehirnforschung ausgehend die Methode von Aristoteles.[26]

Ohne Bewegung hätte das Gehirn gar nicht entstehen können. In der Evolution ist die Fähigkeit, sich zu bewegen, mit dem Denken eng verbunden. Das primäre motorische Zentrum ist wie das prämotorische Zentrum im Stirnlappen angesiedelt, „einem der fortgeschrittensten Teile des Gehirns, der auch für Denken und Planen zuständig ist. Er ermöglicht uns nachzudenken, zu beurteilen, Entscheidungen zu treffen ...", sagt der Hirnforscher John J. Ratey.[27]

Die motorischen und die kognitiven Funktionen laufen im Gehirn parallel. Das bedeutet für Sie: Wenn Sie Schwierigkei-

---

[26] Pöppel, S. 184-185.
[27] Ratey, S. 188.

ten haben, einen Gedanken zu entwickeln, dann bewegen Sie sich.

Genauso auch umgekehrt: Wenn Sie, etwa beim Aerobic, eine neue Bewegungsabfolge nicht schaffen, hilft es Ihnen, sie durchzudenken, um sie sich zu erarbeiten. Beim Denken hilft jegliche Art von Bewegung. Selbst die Lippenbewegungen, wenn Sie laut denken oder lesen, helfen Ihnen besser zu denken. Auch zwischendurch ein Musikinstrument zu spielen hilft. Albert Einstein spielte Geige, sprang dazwischen manchmal auf und notierte einen Einfall oder arbeitete an einer mathematischen Gleichung. „Menschen, die beim Nachdenken eine Melodie summen oder pfeifen, … benutzen motorische Programme im Gehirn, um auf ‚gedanklichen' Pfaden nach neuronalen Verbindungen zu suchen."[28]

Ich habe es mir daher zur Gewohnheit gemacht, während meiner Denkpausen zu wandern oder zu joggen. Oft hilft es, nur um die Ecke zu gehen und die Zeitung einzukaufen (Vorsicht: nicht lesen!) – und schon kommen die grauen Zellen wieder in Schwung.

Der Ort der Vorbereitungsarbeit

Spielt der Ort, an dem Sie an Ihrem Vortrag arbeiten, eine Rolle? Manche von Ihnen erinnern sich, dass Friedrich Schiller nur dann schöpferisch war, wenn in seiner Schreibtischlade überreife Äpfel gelagert waren. Der Geruch der angefaulten Äpfel inspirierte ihn zu seinen Dichtungen. In welcher Umgebung kommen Ihnen die besten Ideen? In seiner Untersuchung fragte Mihaly

---

[28] Ratey, S. 246-247.

Csikszentmihalyi kreative Menschen, wo ihr kreativer Prozess am besten in Gang käme. Das Muster, das sich aus den Antworten ergab, war folgendes:

In der Vorbereitungsphase, während Sie die Elemente zur Problemstellung und die Informationen sammeln, ist eine vertraute, geordnete Umgebung am besten, in der Sie sich ungestört von den Ablenkungen des „wirklichen" Lebens auf interessante Fragen konzentrieren können. Das bedeutet für die meisten der eigene Schreibtisch. Allerdings zu einer Tageszeit, zu der Sie nicht vom Alltagsgeschäft, von Telefonaten oder Kunden etc. gestört werden.

Während der nächsten Phase, in der die geistige Auseinandersetzung mit dem Problem reift, ohne dass es ins Bewusstsein drängt, ist eine andere Umgebung günstiger. „Die Ablenkung durch neuartige Stimuli, durch herrliche Landschaften, durch fremde Kulturen befreit das Denken aus den gewohnten Bahnen der linearen Logik und begünstigt die bewussten mentalen Prozesse, die zu neuartigen Ideenverknüpfungen führen." Ihr nächster Toskana- oder Bretagne-Aufenthalt ist daher solchen Überlegungen folgend rein „dienstlicher" Natur. Ob die Steuerbehörde der gleichen Meinung sein wird, steht auf einem anderen Blatt ... Gelangt man aufgrund der unerwarteten Verknüpfung zu einer Erkenntnis, ist die gewohnte Umgebung günstiger, um den Prozess zu beenden. „Die Bewertung und Ausarbeitung gedeiht besser in der nüchternen Atmosphäre (des Büros)."[29]

Kreativ sein bedeutet, mit Strukturen zu spielen und vorhandene Ideen neu zu kombinieren. Es bedeutet, nach verschiedenen Richtungen fortzuschreiten und dadurch mannigfaltige Antworten zu produzieren, die alle richtig und angemessen sein können.

---

[29] Csikszentmihalyi, S. 210-211.

Das divergente Denken, das die vielfältigen Ideen gebiert, braucht jedoch wieder die Unterstützung durch die klare Linearität der strukturierenden Gedanken.

So, nun haben Sie Ihren Recherche-Ordner wohl gefüllt. Sie haben Fachleute, potenzielle Zuhörer und Bekannte zu Ihrem Thema interviewt. Sie haben Ihre Fakten beieinander und noch alles mögliche aus anderen Quellen hinzugefügt. Sie haben die „Was wäre, wenn"-Technik angewandt und sind nun ungeduldig, all das in eine Ordnung zu bringen.

Ihre Kernbotschaft

Spätestens jetzt bestimmen Sie, was die Kernbotschaft Ihres Vortrages sein soll. Die Kernbotschaft ist Ihre Hauptaussage, das heißt das, was Sie Ihrem Publikum wirklich vermitteln wollen. Eines unserer früheren Beispiel-Themen war: „Neue Herausforderungen für die Stuhlproduktion in Europa". Dieser Titel eignet sich nicht für die Kernbotschaft. Erinnern Sie sich an Ihr Ziel, das Sie für Ihren Vortrag formuliert haben? Mit diesem Ziel hängt Ihre Kernbotschaft eng zusammen. Wenn Sie den Vortrag über die Stuhlproduktion vor einem Gremium Ihres Fachverbandes halten, könnte Ihr Ziel sein, dass sich die deutschen Stuhlproduzenten angesichts der starken außereuropäischen Konkurrenz zusammenschließen und damit die Marketingkosten senken. Das ist es, was Sie mit dem Vortrag erreichen wollen. Ihre Kernbotschaft ist also:

„Die Stuhlproduzenten in Deutschland sollten sich für gemeinsames Marketing und für den Rohstoffeinkauf zusammenschließen", oder noch kürzer und griffiger: „Deutsche Stuhlproduzenten, schließt euch zusammen!"

Wussten Sie, dass sich Zuhörer durchschnittlich nur 10 Prozent eines Vortrages merken? Werden diese 10 Prozent Ihre Kernbotschaft sein oder die Erinnerung: „Ah, das war der Kleine mit dem witzigen grünen Schlips, der immer mit dem Kopf wackelt?"

Deutliche Botschaften bleiben im Kopf hängen. Sind Sie sich im Klaren, welche Kernbotschaft Sie transportieren wollen, so ist die Wahrscheinlichkeit hoch, dass die Botschaft in die Köpfe Ihrer Zuhörer dringt. Überlegen Sie ganz genau, welcher Gedanke der wichtigste ist, welche Hauptaussage sich Ihre Zuhörer auf jeden Fall merken sollen.

Formulieren Sie Ihre Kernbotschaft oder Grundaussage in einem einzigen Satz

Beschränken Sie Ihre Kernbotschaft nur auf einen Hauptsatz ohne Nebensatz. Die komprimierte Form zwingt Sie, die kürzest mögliche Formulierung zu finden. Wiederholen Sie den Satz mehrmals während des Vortrags, dann bleibt er umso sicherer hängen. Der Kernsatz: „Deutsche Stuhlproduzenten, vereinigt euch!" eignet sich ebenso als letzter Satz, als allerletzter Appell an das Publikum, der sicher in den Köpfen bleibt und in Gesprächen in der Pause diskutiert werden wird.

Jetzt, da Sie Ihren Kernbotschaftssatz haben, sollten Sie ihn dauernd vor Augen behalten. Schreiben Sie die Kernbotschaft auf eine Karte und hängen Sie die Karte bei Ihrem Schreibtisch auf. Während der Arbeit an Ihrem Vortrag macht Ihnen dieser Satz immer wieder bewusst, worauf Sie hinauswollen.

Checkliste: Die kreative Arbeit

1. Vorbereitungsphase
- ✓ Haben Sie mit Ihren eigenen Ideen angefangen?
- ✓ Genügend „unsinnige" Fragen gestellt?
- ✓ Menschen mit unterschiedlichem Background befragt?
- ✓ Das Thema von verschiedenen Fachgebieten aus beleuchtet?
- ✓ Mit Ihren Ideen gespielt?
- ✓ Die „Was wäre, wenn"-Technik angewendet?

2. Reifungs- oder Inkubationsphase
- ✓ Das Thema einige Tage beiseite gelegt?
- ✓ Ihren Alltag umgestaltet? Neue Wege gegangen?
- ✓ Eine Reise gemacht?
- ✓ Jeden Tag an die „tägliche Verrücktheit" gedacht?
- ✓ Für Bewegung (Gehen, Laufen) gesorgt?

3. Einsicht
- ✓ Halten Sie das Notizbuch für Ihre Eingebungen bereit

4. Bewertung
- ✓ Ist die Idee brauchbar?
- ✓ Ist sie logisch?
- ✓ Passt sie in die Struktur Ihres Vortrags?

5. Ausarbeitung
- ✓ Arbeiten Sie an Ihrem gewohnten Arbeitsplatz?
- ✓ Ist die Struktur Ihres Vortrags klar?
- ✓ Ist während Ihrer Arbeit für Ruhe gesorgt?
- ✓ Das Kapitel „Den Vortrag lebendig gestalten" durchgearbeitet?

Download der Checkliste möglich auf www.fleurwoess.com

Die Struktur

Was haben Sie bis jetzt, wenn Sie meinen Anleitungen gefolgt sind, zur Vorbereitung Ihrer Rede getan? Sie haben sämtliche verfügbaren Informationen gesammelt und während der Stoffsammlung keine Bewertungen vorgenommen. Sie haben jede Idee notiert. Selbst wenn Sie meinten, dass eine Info sehr weit hergeholt war, haben Sie sie in Ihren Recherche-Ordner geheftet. Denn jede kleine Notiz könnte zusammen mit anderen Materialien im Mosaik eine neue Bedeutung erhalten. Sie haben nun genügend Stoff beisammen.

Jetzt geht es an die Strukturierung Ihres Materials. Gehen Sie Ihren Ordner durch, in dem Sie alle Hinweise, Gedanken und weiterführenden Fragen, Interviewrecherchen etc. gesammelt haben. Nehmen Sie eine Einteilung nach einzelnen Themenbereichen vor. Ich sortiere gerne innerhalb eines einzigen Ordners und teile die Themenbereiche durch beschriftete Einlegeblätter. Lesen Sie kursorisch alle Ihre Notizen durch und versuchen Sie sich ein Bild zu machen. Wenn Sie Ihr Material in der Gesamtheit ansehen, was springt Ihnen ins Auge? Welches Bild ergibt sich?

Nehmen Sie jetzt ein Blatt Papier und schreiben Sie das Bild, das sich vor Ihnen auftut, auf. Das könnten die einzelnen Themenbereiche sein, es können auch die Unterkapitel und Nebengedanken dabeistehen. Nehmen wir an, Sie haben neun Ideen auf Ihrem Papier notiert. Sehen Sie sie an. Sind manche Fakten anderen untergeordnet? Fassen Sie Gruppen von Ideen zusammen, die zusammengehören. Jetzt haben Sie einen Überblick, wie das Material aussieht. Setzen Sie die Ideen in Beziehung zu Ihrer Kernbotschaft. Was sind die wichtigsten Aussagen, die Ihre Kernbotschaft unterstützen?

Die drei wichtigsten Aussagen

Schreiben Sie die drei wichtigsten Aussagen Ihres Vortrags heraus. Für das Beispiel „Neue Herausforderungen für die Stuhlproduktion in Europa" wären das:

- Die Rohstoffkosten für Holz und die Kosten für Werbung und Marketing sind gestiegen und werden weiter steigen.
- Die neuen EU-Länder bieten durch die geringen Lohnkosten günstigere Produkte.
- Wenn wir uns zu einer Einkaufsgemeinschaft und einer gemeinsamen Werbeplattform zusammenschließen, sind wir wieder konkurrenzfähig.

Diese drei wichtigsten Aussagen werden die Hauptpunkte sein, um die herum Sie Ihre Argumente bauen werden.

Müssen es unbedingt drei sein? Nein, nicht unbedingt. Die Anzahl der Hauptpunkte kann je nach der Länge Ihres Vortrags und der Menge an Informationen, die Sie hineinpacken, variieren. Wenn Sie einen ganzen Tag zu einem Thema sprechen, können es auch mehr sein. Nehmen Sie aber allerhöchstens fünf Hauptpunkte. Denn mehr als fünf Punkte können die meisten Menschen nur schwer im Gedächtnis behalten.[30]

Meine Klienten sagen manchmal: „Ich habe ungeheuer viel Material und könnte zehn Stunden darüber sprechen. Ich kann all mein Wissen nicht auf drei Punkte reduzieren." Das mag sein. In einen Computer können Sie etliche Gigabyte Material eingeben und er wird sie wieder ausspucken können. Doch Ihre Zuhörer sind keine Computer. In einen Vortrag dürfen Sie viel weniger Material hineinpacken als in einen schriftlichen Arti-

---

[30] Siehe auch „Einzweidreivierfünfsechssieben ..."

kel. Denn jemand, der liest, kann die Sätze noch einmal lesen, wenn er etwas nicht verstanden hat, die Zuhörerin ist auf Ihre Worte angewiesen, und wenn diese vorbei sind, hat sie die Chance verpasst.

Schlagwörter

Komprimieren Sie nun diese drei Hauptaussagen auf Schlagwörter. Im Beispiel der Stuhlproduktion:

- Steigende Kosten (Rohstoffe, Werbeaufwand)
- Konkurrenz durch neue EU-Länder
- Zusammenschließen macht uns stark

Schlagwörter helfen Ihnen, Ihre Gedanken noch stärker auf die Hauptpunkte zu fokussieren. Für Ihre Zuhörer wird nun die Botschaft leicht durchschaubar. Sie sehen die wichtigsten Fakten auf einen Blick. Sehen Sie sich Ihre Materialsammlung noch einmal unter diesem neuen Blickwinkel an. Ordnen Sie die Themenbereiche nun übersichtlich, so dass sie in diese drei Hauptpunkte passen. Jetzt ist der Zeitpunkt, um manches auszusortieren. Ein Förster geht durch seine Wälder mit offenem Blick, welche Bäume Schutz vor dem Wild brauchen, welche schwächlich sind und anderen den Platz wegnehmen. Er entfernt das Unterholz, so dass die Bäume genug Platz rundum haben, um gut gedeihen zu können. Genauso ist es auch mit den Hauptpunkten Ihres Vortrags. „Durchforsten" Sie Ihre Argumente und lassen Sie die schwächeren weg.

Wenn Sie sich für die drei Hauptaussagen entschieden haben, konzentrieren Sie sich darauf, diese drei mit starken, erinnerungswürdigen Argumenten zu untermauern und dadurch die Aussagekraft zu verstärken. Jacob Rabinow, amerikanischer Erfinder und Besitzer von 200 Patenten, ein Mann also, der über das Schöpferische Bescheid wissen sollte, definiert den schöpferischen Prozess folgendermaßen:

Erstens: Man muss eine Menge Informationen haben. Das ist der Schritt der Stoffsammlung, wo Sie Ihren Recherche-Ordner füllen ohne zu bewerten.

Zweitens: Man muss neue Ideen entwickeln, weil man Freude daran hat. Der Spaß ist wichtig. Wenn Sie Spaß daran haben, sich eine Argumentationslinie auszudenken, dann wird Ihr Vortrag gut werden.

Drittens: Man muss die Fähigkeit haben, den Schrott auszusortieren. Das können Sie nicht von vorneherein. Sie müssen unzählige Ideen durchspielen, die Argumente prüfen, um herauszufinden, welche die stärksten sind.[31]

Woran erkennen Sie den „Schrott"?

Sie erkennen ihn zum Beispiel daran, dass der Gedanke zu kompliziert ist. Wenn eine Argumentationslinie nicht glasklar in den Kontext Ihres Vortrags passt, sollten Sie sie weglassen.

Die schlechten aussortieren

Linus C. Pauling, zweifacher Nobelpreisträger, feierte seinen sechzigsten Geburtstag. Da trat ein Student an ihn heran und fragte ihn: „Dr. Pauling, wie kommt man auf gute Ideen?" Er entgegnete: „Man sortiert die schlechten aus".[32] Pauling muss eine unglaubliche Anzahl an Ideen entwickelt haben, um ein so reiches Oeuvre (vier Bücher und 350 Artikel) hervorzubringen.

---

[31] Vgl. Csikszentmihalyi, S. 75-78.

[32] 1954 erhielt Pauling den Nobelpreis für Chemie, 1962 den Friedensnobelpreis. Zitat aus: Csikszentmihalyi, S. 171.

Der Aufbau des Vortrags

Die einfachste Gliederung: Das AHA-Schema

Als ich vor vielen Jahren einen meiner ersten Vorträge hielt, kam nach der Veranstaltung eine Kollegin zu mir und sagte: „Das hast du ja perfekt nach Schule gemacht. Du hast gesagt, was du sagen wirst, dann hast du es gesagt und dann sagtest du, was du gesagt hast." Ich war mir damals unsicher, ob sie es ironisch oder ernst gemeint hatte. Doch sie hatte Recht: Das einfachste Schema eines Vortrags ist: ankündigen, mitteilen, zusammenfassen. Oder als Abkürzung noch leichter zu merken: das AHA-Schema – Anfang, Hauptteil, Abschluss. Der Vorteil dieser Methode ist, dass sie einfach ist. Allerdings hilft sie Ihnen nicht, den Vortrag inhaltlich zu strukturieren, und Sie vergessen leicht, die Zuhörer in den Vortrag einzubeziehen.

Die AIDA-Formel für den „Verkauf" Ihrer Ideen

Die AIDA-Formel wurde ursprünglich für den Aufbau von Werbebriefen entwickelt. Der Sinn hinter dieser Struktur ist, dass die Zuhörer am Schluss aufgefordert werden, etwas zu tun, in einem Werbebrief ist wohl gemeint: ein Produkt zu kaufen.

Die AIDA-Gliederung ist sinnvoll, wenn Sie Ihre Zuhörer aufgrund Ihres Vortrags etwas tun sollen. Sollen Sie ein Produkt kaufen, wäre der Schlussappell: „Kaufen Sie daher XY." In vielen Fällen geht es jedoch nicht um den Verkauf eines bestimmten Produkts, sondern Sie wollen, dass die Zuhörer aktiv werden. Sie sollen sich beispielsweise für eine Spendenaktion engagieren, oder sie sollen umweltverträgliche Waschmittel verwenden, oder sie sollen für eine Beratung in Ihre Kanzlei kommen.

Erinnern Sie sich an das Beispiel der Stuhlproduzenten? Die Kernbotschaft lautete: „Schließen wir uns zusammen, gemeinsam sind wir stark." Das ist der Schlussappell, der die Aktion zum Zusammenschluss einleiten sollte. Nach dem Vortrag müssten die Stuhlproduzenten Deutschlands den dringenden Wunsch verspüren, sich sofort zusammenzusetzen und gemeinsame Strategien für den Einkauf der Rohstoffe und für konzertierte Werbemaßnahmen zu überlegen.

Die AIDA-Formel steht für „Aufmerksamkeit", „Interesse", „Dringlichkeit" und „Aktion". Nach der AIDA-Formel besteht ein Vortrag aus vier Teilen. Erstens dem Anfang, der Aufmerksamkeit erregen sollte. Im Abschnitt „Der gekonnte Anfang" lernen Sie verschiedenste Möglichkeiten kennen, wie Sie die Aufmerksamkeit Ihrer Zuhörer auf sich ziehen können.

Die Aufmerksamkeit währt jedoch nur wenige Minuten, wenn Sie es nicht schaffen, echtes Interesse zu wecken. Daher ist der nächste Teil: Interesse wecken.

Wenn das Interesse da ist, bereiten Sie sich auf den „Verkauf" Ihrer Idee vor. Erfolgreiche Verkäufer zeichnen sich dadurch aus, in den Kunden Bedürfnisse zu erzeugen, die ihnen vorher gar nicht bewusst waren. Der dritte Teil beschäftigt sich damit, in den „Zuhörer-Kunden" einen dringenden Wunsch zu erzeugen. Von diesem Wunsch geleitet, sollten sie im vierten Teil dazu gebracht werden, zur Aktion zu schreiten.

Die AIDA-Formel

- Aufmerksamkeit erzeugen
- Interesse wecken

- Dringenden Wunsch wecken
- Zur Aktion auffordern

Bei dieser Art der Gliederung ist es besonders wichtig, dass Sie sich im Vorhinein klar werden, was Ihre Kernbotschaft ist und wozu Sie Ihre Zuhörer auffordern. Sie müssen sich Ihrer selbst sicher sein, damit Sie genügend Dynamik aufbringen, authentisch Ihre Zuhörer zur Aktivität aufzurufen.

Die EVE-Gliederung zum zündenden Vortrag

Die EVE-Gliederung ist meine liebste Art, eine Rede aufzubauen. Warum? Weil sie es uns unmöglich macht, einen langweiligen Vortrag zu halten. Mit der EVE-Formel als Gerüst können Sie nicht vergessen, aus der Sicht der Zuhörer zu denken. Es ist die ideale Gliederung, den Vortrag psychologisch gut und zuhörerorientiert aufzubauen. Gleichzeitig ist sie sehr einfach. Wir müssen uns nur drei Punkte merken. Diese drei Punkte sind für den Aufbau des gesamten Vortrags nützlich und auch für die Gliederung der Hauptaussagen.[33]

Mit der EVE-Formel werden Sie weniger Zeit brauchen, Ihren Vortrag vorzubereiten, und das Zuhören wird Ihrem Publikum viel mehr Spaß bereiten. Denn mit dem klassischen Aufbau von Anfang – Hauptteil – Abschluss ist das Hauptaugenmerk auf dem Inhalt des Mittelteils. Mit der EVE-Formel richten Sie Ihre Aufmerksamkeit bereits bei der Vorbereitung auf die Art und Weise, wie Sie die Zuhörer aktivieren, damit Ihre Argumente in den Köpfen ankommen.

---

[33] Die EVE-Formel ist von mir aus dem Englischen für europäische Bedürfnisse adaptiert worden und stammt vom erfahrenen Redner Doug Malouf.

Bevor Sie die EVE-Formel anwenden können, müssen die drei wichtigen Arbeitsschritte, die wir weiter oben besprochen haben, schon vollzogen sein.

Erstens: Sie müssen die Kernbotschaft in einem Satz formuliert haben.

Zweitens: Sie müssen die drei (höchstens fünf) Hauptaussagen in jeweils einem Satz festgesetzt haben.

Drittens: Sie haben die drei Hauptpunkte bereits auf Schlagwörter reduziert.

Die EVE-Formel

- Erklären
- Verstärken
- Eigeninteresse ansprechen

Erklären: Zuallererst erklären Sie, worum es in der ersten Hauptaussage des Vortrags geht. Im Vortrag vor den Stuhlproduzenten waren dies die steigenden Kosten für Rohstoffe und Werbeaufwand. In diesem Stadium legen Sie die Zahlen auf den Tisch. Sie beschreiben den Istzustand zum Beispiel die aktuellen Preise für Holz und die Ausgaben der Firma für Werbung und PR.

Verstärken: In diesem Teil verstärken Sie Ihre Botschaft und veranschaulichen den Zuhörern, worum es geht. Hier wenden Sie alle verstärkenden Werkzeuge an, die es Ihrem Publikum erleichtert, sich die Fakten zu merken. Sie können Fallbeispiele verwenden, Zitate, Beweise, Berichte in Zeitschriften. Sie verwenden Tabellen, Folien, Merksätze usw. und Sie setzen Anekdoten, persönliche Erlebnisse und Beispiele aus der Vergangenheit ein (siehe "Den Vortrag lebendig gestalten")

Eigeninteresse ansprechen: Dieser dritte Punkt zwingt Sie, sich in die Lage Ihrer Zuhörer zu versetzen. Was interessiert sie an Ihrer Aussage? Was geht es sie an? Was können sie gebrauchen? Welchen Nutzen ziehen sie aus Ihren Argumenten? Was ist das Fazit für ihren Fachbereich, für ihr Geschäft, für ihre Dienstleistung? Dieses ist ein sehr wichtiger Punkt, der nach meiner Beobachtung in den meisten Vorträgen völlig außer Acht gelassen wird. Nicht in jedem Vortrag kann der Nutzen für den einzelnen Zuhörer klar definiert werden. Doch selbst in einem hochwissenschaftlichen Vortrag können Sie einen Bezug zum Nutzen in der realen Welt herstellen – wie etwa die Biologin, die im Vortrag über das Liebesleben der Regenwürmer auch den Nutzen für den Gärtner berücksichtigt. Manchmal geht der Nutzen über die Einzelperson hinaus. Sie können beispielsweise die Bedeutung für das Fachgebiet herausstreichen. Wenn Sie über die Bedeutung des Borkenkäfers für den Forstschutz sprechen, dann könnte der Punkt „Eigeninteresse" verschiedene Fragen aufwerfen: Was bedeutet das für Ihre Zuhörer als Wissenschaftler? Oder: Was bedeutet es für ihre Wälder? Oder für Kleingartenbesitzer? Oder: Was bedeutet das für uns als Spaziergänger durch den Wald? usw. usw.

Am einfachsten leiten Sie diesen Teil Ihres Vortrags mit dem Satz ein: „Und was bedeutet das jetzt für Sie?"

Diese Frage können Sie wörtlich so stellen. Oder Sie behalten sie als Standardfrage für den Punkt „Eigeninteresse" für sich. Jedenfalls habe ich die Erfahrung gemacht, dass mir diese Frage hilft, den richtigen Fokus für das Publikum zu finden.

Bob Pike, einer der bekanntesten Experten für kreative Konferenzen und Meetings in den USA, behauptet, dass ein durchschnittlicher Erwachsener neue Informationen nur in den ersten acht Vortragsminuten automatisch mit persönlicher Bedeutung belegt. Stellen Sie sich vor, wie viele Vorträge gehalten werden – 45 Minuten oder länger –, in denen mit keinem einzigen Wort erwähnt wird, was das Interesse der Zuhörer an diesem Thema sein könnte! Wie viele gestohlene Stunden des Zuhörerlebens wurden wohl schon in muffigen Sälen bei langweiligen Vorträgen verbracht! Sie haben als Vortragende eine enorme Verantwortung! Nämlich jene, Ihren Zuhörern etwas zurückzugeben als Dank für die Zeit, die sie für Sie aufgebracht haben. Vergessen Sie daher nicht, immer wieder die Bedeutung des Gesagten für den Zuhörer in Erinnerung zu rufen.

Wenn Sie die EVE-Formel auf die erste Hauptaussage angewendet haben, kommt die zweite Hauptaussage dran. Natürlich können Sie die drei Hauptaussagen wieder unterteilen in drei Unterkapitel. Und jedes Unterkapitel können Sie wiederum dreiteilen: erklären, worum es geht, verstärken und veranschaulichen und dann die Bedeutung für den Zuhörer herausstreichen.

Die Punkte der Leitgedanken können verschieden gewichtet sein. Der erste Leitgedanke stellt das Problem dar, der zweite die Lösung des gegenwärtigen Problems, der dritte die Zukunftsperspektive und den längerfristigen Nutzen.

EVE-Gliederung, Fallbeispiel

Angenommen, Ihr Vortrag hat den Sinn, die Vorteile eines neuen Computer-Betriebssystems darzustellen, dann könnte Ihre Gliederung etwa folgendermaßen aussehen:

- **Erstens: Das Problem** (erster Leitgedanke)

Erklären: Die EDV-Kosten für die Firma sind zu hoch.

Verstärken:

1. Illustration: Zahlen der Kosten, die die einzelnen Abteilungen für EDV ausgeben.

2. Die Steigerung der Kosten in den vergangenen Jahren
3. 40% der EDV-Kosten sind nur die Kosten für neue Computer-Programme der Mitarbeiter.

Eigeninteresse: Was bedeutet das für die Firma? Sinkende Einnahmen stehen steigenden EDV-Kosten gegenüber. EDV-Kosten nehmen einen viel größeren Anteil am Gesamtbudget ein. Es können deshalb nicht so viele zukunftsweisende Investitionen getätigt werden. Darum ist die Zukunft der Firma und der Arbeitsplätze gefährdet.

Der zweite Leitgedanke zeigt den Ausweg aus dem Problem, also die Maßnahme, die Sie setzen wollen, um das Problem zu lösen. Das könnte in diesem Fall das neue Betriebssystem sein, in dem keine Ausgaben für Lizenzen gezahlt werden müssen.

- **Zweitens: Die Lösung** (zweiter Leitgedanke)

Erklären: Das neue Betriebssystem erklären. Es fallen keine Lizenzgebühren an.

Verstärken: Die Gründe, die für dieses Betriebssystem sprechen. Weniger Kosten.

Mögliche Einwände vorwegnehmen und entkräften:

a) „Zu unbekannt." – Gegenargument: Gerade hat die Münchener Stadtregierung auf dieses System umgestellt. Wenn andere sich schon dafür entschieden haben, ist es bereits bewährt. Das System wurde von Technikern auf allen fünf Kontinenten in den vergangenen elf Jahren entwickelt und ist somit flexibel und stabil.

b) „Wir haben ein bewährtes EDV-System. Kann das neue in ein bestehendes System implantiert werden?" – Ja, aufzeigen, wie.

c) „Die Umstellungskosten werden zu hoch sein." – Mit Beispielen und Zahlen entkräften.

d) „Die Mitarbeiter sind schon jetzt am Rande der Kapazität. Sie werden dadurch zusätzlich belastet." – Lösungswege aufzeigen (z.B. durch die Stabilität des neuen Systems weniger Supportarbeiten).

Eigeninteresse ansprechen: Was würde die Umstellung für die Firma bedeuten? Für den einzelnen Mitarbeiter? Umstellung anfangs etwas mühsam, danach aber Entlastung, Sicherheit und Zeitersparnis. Bewährte Experten stehen den Mitarbeitern zur Seite etc.

- **Drittens: Die Lösung in der Zukunft beleuchten** (dritter Leitgedanke):

Erklären: Schildern Sie die Vorteile für die Zukunft.

Verstärken: Veranschaulichen Sie mit Zahlen die Kostenersparnis. Führen Sie Beispiele von anderen Firmen an, die umgestellt haben, z.B. die Stadt München.

Eigeninteresse ansprechen: Durch Kostenersparnis sind sinnvolle, zukunftsweisende Investitionen möglich. Die Firma kann gesund wachsen und die Jobs bleiben gesichert. Langfristig bietet das neue System für den einzelnen Mitarbeiter folgende Vorteile:

- mehr Zeit für die Konzentration auf die Unternehmensziele,

- weniger Ausfälle durch ausfallsichere Betriebssysteme,

- Sicherung der Arbeitsplätze: Kosteneinsparung durch Verringerung der Wartung und Supportkosten (TCO),
- Auslöschen des Viren- und Wurmbefalles,
- flexibleres Arbeiten (z.B. Teleworking)

Probieren Sie diese Gliederung. Ihr Vortrag wird die Zuhörer zum Mitdenken anregen und begeistern.

Die W-Gliederung für die 5-Minuten-Vorbereitung

Vor einiger Zeit war ich anlässlich einer Preisverleihung zu einer Podiumsdiskussion geladen. Das Thema war „In Search of Excellence". Zweimal war der Termin verschoben worden, deshalb hatte ich nur den letzten Brief aufgehoben, der den Tag, die Uhrzeit und den Ort auswies. Ich war eine halbe Stunde vorher dort, um mit dem Moderator noch den Verlauf der Diskussion absprechen zu können. Ich kam hin, 400 Personen waren angesagt. Vier Diskutanten-Stühle standen auf dem Podium. Der Moderator begrüßte mich und sagte: „Sie haben doch Ihr zehnminütiges Statement vorbereitet?" Ich war wie vom Donner gerührt. Ich hatte keine Ahnung gehabt, dass ich aufgefordert werden würde, zehn Minuten zusammenhängend zu sprechen! Was sollte ich tun? Ich hatte noch 15 Minuten Zeit, innerhalb des Trubels der letzten Vorbereitungen, des Stühlerückens und Mikrophon-Austarierens mir mein Statement zu überlegen. Das Material für das Statement musste aus dem eigenen Kopf kommen. Gott sei Dank hatte ich für diese Notlage meine Zauberformel im Ärmel, nämlich die zwei Fragesets, die es mir ermöglichen, in fünf Minuten eine passable Mini-Rede zu entwerfen.

Zauberformel eins: Die drei Fragen, die das Thema zeitlich beleuchten:

- Was war?
- Was ist?
- Was wird sein?

Meistens können Sie Fakten und Bilder abrufen, die vergangen sind. Dabei müssen es nicht unbedingt „objektive" Daten sein, denn die genauen Zahlen können Sie in fünf Minuten meist nicht besorgen. Denken Sie lieber daran, wie Sie selbst das Thema wahrgenommen haben. Oder wie Ihre Firma oder Ihr Fachbereich davon betroffen war. Gehen Sie dann zur Gegenwart über, zum Istzustand. Von dort ausgehend, geben Sie einen Ausblick auf die Zukunft anhand der jetzt gerade einsetzenden Trends. Und fertig ist Ihr Spontanvortrag.

Zauberformel zwei: Die sechs W-Fragen

| Was? | Wann? | Wie? |
| Wer? | Wo? | Warum? |

In meinem Fall der Podiumsdiskussion habe ich gefragt: Was bedeutet „In Search of Excellence"? Was bedeutet es für meine Arbeit? Was bedeutet der Begriff für meine Zuhörer, die alle aus der Tourismusbranche kommen? Woher kenne ich diesen Ausdruck? Wer hat diesen Begriff aufgebracht? Hier könnte ich über die Autoren Tom Peters und Bob Waterman erzählen, die sechs Millionen Bücher dieses Titels verkauft haben. Von Tom Peters, der die Management-Guru-Industrie in Gang gesetzt hat und heute 80.000 US$ pro Auftritt verdient. Hier könnte ich von meinen früheren Erfahrungen als Agentin sprechen, was die Leistung höchstbezahlter Redner ausmacht und wie sie selbst nach „Excellence" streben. Die letzten vier

Fragen sind der Umsetzung gewidmet: Wann und wo, in welchen Bereichen ist das Streben nach Höchstleistung sinnvoll? Wie können Sie sie verwirklichen? Warum ist das in der heutigen Zeit wichtig? Die Fragen sind dazu da, aus uns selbst Antworten zu schöpfen. Zweitens gliedern sie den Inhalt in Frage und Antwort. Diese Dialogform macht es Ihnen leichter, Ihren Vortrag lebendiger zu gestalten.

Mein Spontanvortrag, der mir so viel Stress bereitet hatte, wurde übrigens sehr lebendig, wenn auch nicht so elegant wie ein vorbereiteter. Meine eigenen Erfahrungen zu dem Thema interessierten das Publikum mehr als die vorbereiteten Worthülsen meiner Mit-Diskutanten.

Die Struktur erkennbar machen

Es gibt eine Reihe von Möglichkeiten, Ihren Vortrag zu gliedern. Ich habe sie nicht alle (erschöpfend) angeführt. Doch egal, ob Sie die AHA-, AIDA-, EVE oder W-Gliederung vorziehen, es muss Ihnen und dem Publikum klar sein, wie Ihr Vortrag strukturiert ist. Denn selbst wenn es Ihnen sonnenklar ist, wie Sie von einem Argument zum anderen schreiten, dem Publikum bleibt es oft verborgen, wie Sie von A nach B kommen. Menschen haben einen verschiedenen Sinn für Logik. Um es daher Ihren Zuhörern zu erleichtern, den roten Faden Ihres Vortrags zu erkennen, empfehle ich Ihnen, schrittweise immer wieder auf die Struktur hinzuweisen. Dazu gibt es zwei Möglichkeiten. Entweder nur verbal oder verbal und visuell.

Nur verbal: Vor jedem nächsten Schritt Ihrer Struktur machen Sie das Publikum darauf aufmerksam: „Bis jetzt habe ich über ... gesprochen, nun gehe ich zum nächsten Punkt über ..."

Verbal und visuell: Zusätzlich zur mündlichen Ankündigung machen Sie Ihren roten Faden sichtbar. Sie können das einfach auf ein Flipchart schreiben und in „Erstens", „Zweitens", „Drittens" unterteilen. Sie können aber auch anschaulichere Formen wählen. Zeichnen Sie zum Beispiel eine Landkarte vom „Start" bis zum „Ziel" mit verschiedenen Stationen. Oder einen Baum, angefangen mit Wurzeln über den soliden Stamm (z.b. Ihre Kernbotschaft) bis zu den Zweigen, Blättern, Früchten. Besonders eindringlich wirkt die Visualisierung, wenn sie unmittelbar mit dem Thema in einem Zusammenhang steht. Der Weg vom Start zum Ziel eignet sich für Projekte mit einem klaren Anfang oder Ende oder für einen Vortrag im Sportbereich.

Die Visualisierung macht es Ihrem Publikum möglich, sehr klar zu erkennen, wo Sie gerade sind, und hilft ihm, die Aussagen einzuordnen und einzuprägen. Nicht zuletzt können Raucher und Raucherinnen sich ausrechnen, wie lange der Vortrag noch dauert und wann sie – endlich – mit der nächsten Zigarettenpause rechnen dürfen.

Checkliste: Struktur

Ihre Kernbotschaft ist: _____

Die drei Grundaussagen Ihres Vortrags

1. _____

2. _____

3. _____

Die drei Grundaussagen auf drei Schlagwörter komprimiert

1. _____

2. _____

3. _____

Bauen Sie nun drei Mini-Vorträge rund um diese Schlagwörter nach der Struktur des EVE-Modells (Erklären – Verstärken – Eigeninteresse ansprechen). Notieren Sie die einzelnen Argumente und Ideen zu jedem Punkt.

1. Hauptaussage _____

1a. _____

1b. _____

1c. _____

2. Hauptaussage _____

2a. _____

2b. _____

2c. _____

3. Hauptaussage _____

3a. _____

3b. _____

3c. _____

Download der Checkliste möglich auf www.fleurwoess.com

Die Dramaturgie

Die ersten Minuten Ihres Vortrags sind die schwierigsten und die sensibelsten. Sie entscheiden, ob Sie die Türen in den Geist und die Herzen der Zuhörer aufschließen können. Denn nur bei geöffneten Türen wird Ihre Botschaft gehört. Selbst eine Gruppe von kritischen Naturwissenschaftlern können Sie für Ihr Thema nicht ausschließlich durch trockene Daten gewinnen. Auch bei ihnen müssen Sie zuerst das Tor des Gefühls öffnen.

Der gekonnte Anfang

Wenn Sie Kollegen Ihres Fachgebiets vor sich haben, wird es nicht so schwierig sein, sie für Ihr Thema zu begeistern. Da besteht nicht nur meist genügend gemeinsames Interesse, sie verstehen auch Ihre Sprache und die Erwartungen werden ziemlich klar sein.

Ganz anders ist es bei Vorträgen vor gemischtem Publikum. Ihre Zuhörerschaft hat wahrscheinlich verschieden starkes Interesse an Ihrem Thema. Die einen sitzen im Raum, weil es ihnen ihr Vorgesetzter nahe gelegt hat, die anderen sind aus Gefallen als Begleiter ihrer Partnerin oder ihres Partners dort, und wieder andere wegen des anschließenden Büffets.

Öffnen Sie das Gefühlstor

Ihre Aufgabe in den ersten Minuten ist es, alle aufmerksam und erwartungsvoll zu machen.

Der Anfang sollte

- die Zuhörer einstimmen und ihr Interesse wecken,
- Wohlwollen erzeugen,
- ein Gefühl der Gemeinsamkeit schaffen,
- Ihre Glaubwürdigkeit als Experte beweisen,
- Ihr Thema in einen Rahmen stellen.

Die Zuhörer einstimmen

In feinen Restaurants werden mehrere Speisenfolgen serviert. Die allererste heißt „Amuse-gueule". Diese Bezeichnung kommt wie viele Ausdrücke der Kochkunst aus dem Französischen und bedeutet „den Mund wässrig machen".[34] Amuse-gueules sind winzige Häppchen, die meist wunderbar anzusehen sind und dazu dienen, die Geschmacksknospen aufnahmebereit zu machen und den Hunger nach mehr zu wecken.

Genauso sollte der Anfang Ihres Vortrags sein.

Stellen Sie sich vor, in welcher Lage Ihr Publikum ist. Vielleicht hatte der eine zu Hause Streit mit seinen Kindern, die andere stand im Stau, der Dritte muss an seine bevorstehende Steuererklärung denken. Jeder, der vor Ihnen sitzt, ist noch in seiner Welt gefangen und daher wenig aufnahmebereit. Ihr Appetithappen ist dazu da, die Zuhörer im Vortragsraum ankommen zu lassen und ihre Ohren zu öffnen. Eine Geschichte, die über den japanischen Zen-Mönch Nan'in erzählt wird, veranschaulicht, dass ein Mensch nicht aufnahmebereit ist, wenn sein Kopf noch voller Ideen und Vorurteile über ein Thema ist.

---

[34] Wörtlich „die Kehle unterhalten, anregen" oder auch „den Gaumen kitzeln".

Mehr geht nicht hinein

Nan'in war im Japan des 19. Jahrhunderts ein berühmter Zen-Mönch. Eines Tages kündigte ein Universitätsprofessor seinen Besuch an. Er erzählte Nan'in, dass er an einer Enzyklopädie arbeite. Er sei beim letzten Band mit dem Buchstaben Z angekommen, müsse über Zen schreiben und wolle von Nan'in mehr darüber erfahren.[35]

Nan'in willigte ein. Als der Professor schließlich den Tempel Nan'ins besuchte, begrüßte ihn Nan'in und bereitete für beide Tee zu. Er servierte den Tee selbst und goss ein. Als die Tasse seines Besuchers voll war, fuhr er fort, Tee hineinzugießen und die Tasse ging über. Der Professor beobachtete das Überlaufen, bis er sich nicht mehr zurückhalten konnte: „Halt, halt, es läuft schon über! Mehr geht nicht hinein!"

„So wie diese Tasse", sagte Nan'in, „sind auch Sie voll mit Ihren eigenen Meinungen und Spekulationen. Wie kann ich Ihnen Zen zeigen, bevor Sie Ihre Tasse geleert haben?"

Genauso wie die Tasse des Professors sind auch die Köpfe unserer Zuhörer voll, bevor Sie überhaupt zu reden angefangen haben. Nicht nur die Alltagssorgen, sondern auch ihr früheres Wissen und Vorurteile über die Inhalte, über die Sie sprechen werden, sind in den Köpfen drinnen.

---

[35] Zen ist eine Meditationsform, die zum Ziel hat, den Geist frei zu machen vom Affengeschnatter der ständigen Gedanken.

Die Tasse leeren

Der Anfang Ihres Vortrags dient dazu, die „Tassen" leer zu machen und die Zuhörer in das Thema einzustimmen. Die üblichen Anfänge eignen sich dazu nicht.

95 Prozent aller Vorträge beginnen so:

„Sehr geehrte Damen und Herren, ich freue mich besonders/es ist mir eine große Ehre, heute vor Ihnen über … sprechen zu dürfen …"

Oder so:

„Das erste Bild, bitte." Dieser – einfallslose – Anfang hat sich mühelos aus der Zeit der Diapositive ins Zeitalter der Powerpoint-Präsentationen herübergerettet. Übrigens ist dies der häufigste Anfang in wissenschaftlichen Vorträgen …

Sobald Sie mit diesen üblichen Anfangssätzen beginnen, lehnen sich Ihre Zuhörer zurück und richten sich auf ihr Einstimmungsschläfchen ein. Das haben sie ja alle schon jahrzehntelang bei allen Tagungen, Meetings und Jubiläumsreden trainiert: Die Begrüßungen und höflichen Floskeln mit einem mild interessierten, abwesenden Lächeln zu ertragen und dabei ihren geistigen Film auf einen anderen Kanal zu zappen.

Beispiel eines originellen Anfangs:

Andreas Hacker, damals Vice President von McDonald's Europa, begann seinen Vortrag bei einer Siemens-Kundenveranstaltung so:

„Kürzlich habe ich in einer Untersuchung zum Thema Zuhörerverhalten Folgendes gelesen:

Bei Vorträgen, vor allem, wenn sie in verdunkelten Räumen stattfinden, hören im Schnitt 15 Prozent zu.

50 Prozent dösen vor sich hin.

10 Prozent schlafen und der Rest (also knapp 25 Prozent), besonders die Männer, gibt sich sexuellen Fantasien hin. Ich bedanke mich herzlich bei den 15 Prozent, und dem Rest wünsche ich noch viele angenehme Vorträge."[36]

Mit diesem Anfang ist das Publikum hellwach, denken Sie nicht auch? Welche Möglichkeiten gibt es also, den Anfang interessant zu machen?

11 Tore, um die Ohren, das Herz und den Geist Ihrer Zuhörer zu öffnen

Sofort ins Thema einsteigen

„Das Thema lautet ..." Wenn Sie so trocken und unverblümt Ihren Vortrag beginnen, wird Ihr Publikum sehr schnell die Ohren spitzen.

Sie können den unmittelbaren Einstieg aber auch so wie Altmeister Johann Wolfgang Goethe anlegen: „Sah ein Knab' ein Röslein stehen, Röslein auf der Heiden, war so jung und morgenschön ...". Dieser Einstieg führt in unübertreffbarer Einfachheit mitten ins Bild.

Persönliche Geschichte

Eine persönliche Geschichte am Anfang ist ein weicher, angenehmer Start. Eine Geschichte nimmt die Zuhörer gleich mit hinein in einen inneren Film. Sie ist meist anschaulich und daher leicht vorstellbar. Sie lüftet auch einen Zipfel des Vorhangs zur inneren Persönlichkeit des Vortragenden. Das befriedigt die Neugierde, die die Zuhörer oft der Person eines Vortragenden gegenüber hegen.

---

[36] Spitzbart, S. 45.

Vor einigen Jahren trat ein Redner auf, der über Bürokratie sprechen sollte. Er fing so an: „Ich komme gerade von einer Reise aus Asien zurück. Der lebendigste Eindruck, der mir blieb, waren die großen Heuschrecken, die auf einem mächtigen Baum saßen und die Blätter abfraßen, bis der Baum nur mehr ein Gerippe war. Ich bin überzeugt: Wenn Sie Bürokraten und Beamte auf den Baum der Industrie loslassen würden, wäre der Effekt genau der gleiche."[37]

Ein gewagter Vergleich, den er mit seiner persönlichen Erfahrung beim Reisen verband.

Nicht jede persönliche Geschichte muss provokant sein. Ein Biologe hatte seinen Vortrag in einem meiner Seminare über die Bedeutung von Insekten im Alltag vorbereitet. Er hatte den Vortrag schon im Kopf, stellte jedoch kurzfristig sein Konzept um und begann damit, was ihm am Abend vor dem Vortrag widerfahren war: „Als ich gestern Abend nach Hause kam, stürmte mir mein achtjähriger Sohn entgegen und rief: ‚Papa, Papa, der Tabakschwärmer fängt an zu schlüpfen!' Er nahm mich an der Hand und – tatsächlich: Der verpuppte Falter, den wir seit einiger Zeit in einer Plastikbox zum Beobachten zu Hause hatten, begann sich zu regen. Am nächsten Morgen war er geschlüpft."

Betonen Sie Gemeinsamkeiten

Unterhalten Sie sich nicht gerne mit einem Menschen, mit dem Sie Erfahrungen teilen? Mit jemandem, der genau wie Sie längere Zeit im Ausland war, oder der wie Sie Angeln liebt? Meistens beginnen Zweiergespräche damit, dass sich die Gesprächspartner gegenseitig auf Übereinstimmungen abtasten. Sobald dann gemeinsame Bekannte, Erfahrungen, Interessen festgestellt sind, ist auch eine gemeinsame menschliche Platt-

---

[37] Siehe Mears, S 46.

form gefunden. Ist diese Beziehungsebene hergestellt, dann können Sie auch auf der Sachebene viel leichter kommunizieren. Genauso ist es im Dialog mit Ihrem Publikum. Was haben Sie mit Ihren Zuhörern gemeinsam? In der Recherche vor Ihrem Vortrag haben Sie möglicherweise gemeinsame Interessen entdeckt (siehe „Zuhörerrecherche"). Wenn Ihr Publikum heterogen ist, bleibt Ihnen die Möglichkeit, Ihr Thema mit einer allgemein menschlichen Erfahrung zu verknüpfen. Zum Beispiel Erfahrungen in der Kindheit, in der Schule, mit Gefühlen wie Ehrgeiz, Freude, Zorn etc.

Bezug zum Ort

Städte, Gebäude, Straßen – sie alle haben eine Vergangenheit. Gibt es einen Bezug Ihres Themas zum Gebäude, in dem Ihr Vortrag stattfindet? Ist eine Straße in dieser Stadt nach einer Person benannt, die im Vortrag eine Rolle spielt? Der Bezug des Ortes zum Thema muss allerdings nachvollziehbar sein, sonst wirkt es aufgesetzt.

In einem meiner Seminare für Universitätslehrer begann ein Dozent so:

„Auf dem Weg zu diesem Hörsaal hängt die Bildergalerie aller Rektoren unserer Universität. Auch heute noch wird jeder neue Rektor in Öl porträtiert und neben dem Bild seines Vorgängers in diesem Korridor aufgehängt. Sie gehen mehrmals am Tag vorbei. Haben Sie sich schon einmal die Porträts angesehen? Wenn Sie das nächste Mal vorbeigehen, dann bleiben Sie bitte stehen und sehen Sie sich zwei Männer genau an. Es sind Felix Wachtl und Moritz Seitner. Sie hatten den ersten Lehrstuhl für Forstschutz an dieser Universität inne und waren weltweit unter den Ersten, die sich mit dem Zustand der Wälder überhaupt befasst haben. Deutschland und Österreich waren ja die Wiege der Wissenschaft vom Forstschutz ..."

In diesem Beispiel verband der Vortragende mehrere Faktoren optimal. Den Ort, d.h. die Bildergalerie, an der jeder auf dem Weg zum Hörsaal vorbei musste. Er bezog die Zuhörer ein und forderte sie auf, das nächste Mal doch genauer hinzusehen. Die beiden Männer hatten unmittelbar mit dem Thema des Vortrags „Forstschutz" zu tun. Und er regte den Stolz aller an, sich hier auf geschichtsträchtigem Boden zu befinden und gewissermaßen Nachfahren so bedeutender Pioniere zu sein.

Aktueller Bezug

Welchen aktuellen Bezug können Sie zu Ihrem Thema herstellen? Lesen Sie in den Tagen vor dem Vortrag die Zeitungen dahingehend durch.

Beispiel: „Die EU-Kommission wird aufgrund der neuen EU-Haushaltsordnung die finanzielle Unterstützung der Info-Points-Europa per 1. Januar des nächsten Jahres einstellen. Wieder eine Maßnahme, die die Kritik an der EU herausfordert. Damit sind wir schon beim Thema ..." Wenn Sie eine aktuelle Meldung oder Statistik zitieren wollen, heben Sie die Zeitung auf – am besten im Recherche-Ordner. Dann haben Sie den genauen Wortlaut und die genauen Zahlen, um Ihr Zitat zu belegen. Und Sie können die Zeitung dann auch noch wirklich herzeigen, als untrüglichen Beweis sozusagen.

Bezug zur Zeit

Ein bewährtes Mittel, einen zeitlichen Bezug herzustellen, ist, nachzuforschen, was an diesem Tag vor fünf Jahren, vor zehn Jahren etc. passiert ist. Manche Zeitungen drucken kuriose Meldungen aus der Zeit vor 50 oder 100 Jahren ab. Wenn Sie viele Vorträge halten, können Sie diese Meldungen auch sammeln. Weit einfacher ist es jedoch, einschlägige Lexika aufzuschlagen. Das bekannteste ist „Was geschah am ...?" des Harenberg Verlags. Jeder Tag des Jahres hat dort auf drei bis vier Seiten seine eigene Geschichte, etwa, wann Verträge unterzeichnet wurden, ein Musical uraufgeführt wurde, wer gestorben ist und wer geboren wurde. Es ist eine derartige Fülle von Meldungen, dass fast zu jedem Thema eine Brücke zu diesem Tag gebaut werden kann.

Ein Beispiel: „Heute vor 130 Jahren präsentierte Emil Berliner das erste Grammophon. Das stellte eine Sensation dar, die wochenlang diskutiert wurde. Denn zum ersten Mal war es möglich geworden, Musik und Text zu reproduzieren, ohne dass der Musiker oder Sprecher anwesend waren. Heute sind unsere Möglichkeiten fast unendlich geworden. Sie können mit Videobeamer und Computer, mit CDs und Smartphone, Ipods, Videos und Schallplatten Ton und Bild übertragen. Die Vielfalt der Möglichkeiten stellt uns heute vor besondere Herausforderungen. Genau darum wird es in der nächsten Stunde gehen: Wie setzen Sie die Technik als Unterstützung Ihres Vortrags ein?"

Kuriositäten

Sammeln Sie kuriose Meldungen. Einige Bücher stellen systematisch Geschichten und Nachrichten zusammen, die Sie am Anfang oder während des Vortrags verarbeiten können. Sie wecken Interesse und lassen die Zuhörer schmunzeln. Verwenden Sie etwa „Das populäre Lexikon der ersten Male" von Matthew Richardson.

In diesem Buch werden, nach 12 Sachgebieten geordnet, interessante erste Male beschrieben. Sie könnten bei Ihrer nächsten wissenschaftlichen Konferenz verarbeiten, dass die erste Expertentagung eine gigantische Veranstaltung war, die im Jahr 5 n. Chr. während der Zeit der Han-Dynastie von der chinesischen Regierung in Chang'an organisiert wurde. Es kamen Spezialisten aus praktisch allen Bereichen – alte Schriften und verschollene Literaturen, Astronomie, Kalenderwesen und Mathematik, Akustik und Musik, Philologie, Zauberei, Medizin und

Technik, Pharmazie und alte Sprachen –, „insgesamt mehrere tausend Delegierte. Um sie aus allen Teilen des Reiches herbeizuholen, stellte die Regierung offizielle Pferdekutschen zur Verfügung ..."[38]

Weitere Bücher, die ich gerne durchschmökere, sind: Isaac Asimovs „Buch der Tatsachen", das „Lexikon der populären Irrtümer" und „Die größten Pechvögel des Jahrhunderts". Halten Sie die Augen für ähnliche Anthologien offen!

Ein Zitat

Ein Zitat am Anfang kann ein schöner Auftakt sein. Es muss genau zum Thema passen und sicher vorgebracht werden. Innerhalb des Vortrags leiten Sie das Zitat mit einigen Worten ein (mehr darüber im Abschnitt „Zitate"). Das Gleiche empfehle ich auch am Anfang. Zum Beispiel: „Als ich gestern in dem Buch XY blätterte, stieß ich auf folgenden Satz von XY ..."

Wenn Sie sofort mit dem Zitat beginnen, kann es sein, dass Ihre Zuhörer ihre Ohren noch nicht geöffnet haben. Am Beginn sind die Zuhörer noch unaufmerksam, räuspern sich, kommen zu spät. Ein Zitat im ersten Satz kann die Wirkung der Aussage mindern. Das habe ich durch eine schmerzliche Redeerfahrung selbst lernen müssen.

Ich war eingeladen, eine Vernissage zu eröffnen, bei der ich drei Künstlerinnen vorstellen sollte. Ich freute mich schon, mit einem meiner Lieblingszitate von Lao Tse zu beginnen: „Was die Raupe das Ende der Welt nennt, nennt der Rest der Welt Schmetterling." Als ich mir die Rede zurechtlegte, ging ich von einer kleinen Gruppe von Zuhörern aus, die mir aufmerksam zuhört. Wie war es aber tatsächlich? Ich stand eingezwängt zwischen einer Trommlergruppe und einer Menschenmenge,

---

[38] Richardson, S. 128.

zu der von hinten immer mehr Besucher stießen und nach vorne drängten. Ich bin eher klein und hatte kein Podium. Niemand sah mich also. Die ganze Organisation war chaotisch und hektisch. Ich stand vor dem Mikrophon und sagte mein schönes Zitat. Außer zwei Personen, die unmittelbar in meiner Nähe standen, hatte es niemand gehört, denn das Mikrophon streikte. Ich versuchte nervös daran herumzudrehen, nach einem Aufquieken und der schlussendlichen Beruhigung des Verstärkers begann ich abermals: „Was die Raupe ..." Unruhe hinten und Zwischenrufe: „Wir hören nichts!" Beim dritten Anlauf funktionierte das vermaledeite Mikro nun endlich. Mir war aber die Lust auf das Zitat vergangen. Es zum dritten Mal zu wiederholen, kam mir dumm vor. Ich hatte nicht nur den Anfang, sondern die Contenance für die ganze Rede verloren.

Eine rhetorische Frage

Die rhetorische Frage am Anfang des Vortrags braucht Fingerspitzengefühl. Wird sie vom Publikum als rhetorische Frage aufgefasst? Wenn nicht, kann eine peinliche Pause entstehen.

Der amerikanische Ethnobotaniker Paul Cox eröffnete seinen Vortrag vor gemischt europäischem Publikum mit der Frage: „Wer von Ihnen weiß, auf welcher europäischen Banknote Carl von Linné abgebildet ist?" Er holte dabei seine Brieftasche heraus und suchte umständlich nach der Banknote. Gerade als er sie triumphierend in die Höhe halten wollte, meldete sich eine Schwedin mit der Antwort, dass Linné auf einer schwedischen Banknote abgebildet sei.

Eine rhetorische Frage bedarf aber gar keiner Antwort aus dem Publikum. Der Vortragende antwortet auf die Frage selbst. Das hätte Paul Cox wohl auch getan, wenn ihm die Dame aus dem Publikum nicht zuvorgekommen wäre.

Wenn Sie allerdings noch wenig Rederoutine haben, empfehle ich Ihnen, nicht mit einer Frage, auch nicht mit einer rein rhetorischen, anzufangen. Bei Fragen ins Publikum spielen die Sicherheit, mit der Sie sie vorbringen und das Timing eine große Rolle. Anfänger machen häufig eine zu lange Pause hinter der Frage und fühlen sich meistens etwas unwohl damit. Zudem könnte es ja sein, dass eine Frage Unruhe erzeugt oder die Zuhörer überfordert und sie an ihre Schulzeit erinnert. Rhetorische Fragen sind gut, aber erst, nachdem Sie mit dem Publikum warm geworden sind.

Ein Knalleffekt

Hans-Olaf Henkel sorgte vor einigen Jahren für einen Knalleffekt am Anfang seiner Rede. Der frühere Präsident des Bundesverbands der Deutschen Industrie und nachmalige Universitätsprofessor für Betriebswirtschaftslehre der Universität Mannheim hatte den Cicero Rednerpreis gewonnen. Am Vortragspult für die Dankesrede angekommen, nahm er sein Redemanuskript und – zerriss es. Die Anwesenden waren perplex. Und damit hatte er die Zuhörer genau dort, wo er sie haben wollte. Sie hingen den ganzen Vortrag lang gebannt an seinen Lippen – den er natürlich sehr gut einstudiert hatte.

Eine meiner Klientinnen, Maria Dallenheim, ist eine junge Yogalehrerin. Sie hat jahrelang in Indien bei einem Meister Yoga studiert und ist in ihrem Fach eine Expertin. Sie war zu mir gekommen, weil sie von einer Fitness-Studio-Kette als Yogatrainerin engagiert werden wollte. Sie müsse sich jedoch vorher vorstellen und bewähren, hatte es geheißen. Dabei war ihre Aufgabe nicht, eine Yogastunde vor einer Gruppe vorzuzeigen, sondern sie musste in einem riesigen Zelt auf der Bühne im Scheinwerferlicht vor mehr als tausend Menschen sprechen. Ihre Zuhörer bzw. auch Zuseher waren allesamt Trainer jener Fitness-

Studios, die dann aufgrund ihres Vortrages entscheiden sollten, ob sie als Lehrtrainerin für Yoga engagiert werden sollte.

Nun, so gut sie als Yogalehrerin war, reden ist nicht gerade das, was man beim Yoga vorrangig braucht. Dementsprechend groß war auch ihre Angst vor dem Auftritt. Selbst einer routinierten Rednerin würde es angesichts einer solchen Situation die Sprache verschlagen: eine Bühne – mehr als tausend Menschen vor ihr – Scheinwerfer.

Wir zerbrachen uns die Köpfe, wie sie die verzwickte Situation entschärfen und gleichzeitig einen guten, ungewöhnlichen Anfang finden könnte. Wir dachten nach: Was kann sie am besten? Was tut sie am liebsten? Auf meine Fragen hin bemerkte sie nachdenklich: „Eigentlich sitze ich gerne im Lotussitz einfach so da." Da fiel der Groschen! Ja, genau das sollte sie tun. Und so kam es, dass sie ihren Vortrag eine ganze Minute lang schweigend im Yogasitz auf der Bühne begann. Es war das, was sie am besten konnte. Es war mutig. Und das konzentrierte Atmen während dieser Minute beruhigte sie so weit, dass sie danach einen guten – hörbar guten – Redestart hinlegte. Die tausend Menschen waren eingestimmt und bereit zuzuhören.

Dieses Beispiel zeigt: Ein Knalleffekt kann auch ohne Ton stattfinden!

Kompliment ans Publikum

Ein Kompliment ans Publikum auszusprechen erfordert viel Feingefühl und ist nur bedingt empfehlenswert. Sparen Sie sich dieses Experiment daher für jene Zeit auf, in der sie schon routiniert sind. Der positive Aspekt dabei ist, dass sich das Publikum meist wirklich freut – vorausgesetzt, das Kompliment ist gekonnt und souverän ausgesprochen. Ich bin immer wieder beeindruckt, wie gut es dann beim Publikum ankommt.[39]

Beispiel: „Wir müssen, um den Wirtschaftsstandort Deutschland wieder in die Blüte zu bringen, mindestens um so viel besser sein, als wir teurer sind als andere. Ob wir dieses ehrgeizige Ziel erreichen können, entscheidet sich wesentlich an der Qualifikation unserer Führungskräfte. Welche Qualifikationen jetzt besonders gefragt sind, ist unser heutiges Thema. Sie sind gekommen, um sich für die neue Zeit zu wappnen. Ich gratuliere Ihnen, Ihnen liegt das Thema offenbar am Herzen ..."

Was bei Komplimenten problematisch sein kann, ist, dass sie ein hierarchisches Verhältnis widerspiegeln. Der Vortragende nimmt sich heraus, Lob auszuteilen. Dies kann sehr leicht als die Haltung eines Lehrers interpretiert werden, der glaubt, die (dümmeren) Schüler loben und tadeln zu dürfen. Alles, was an die Schule erinnert, müssen Sie jedoch tunlichst vermeiden – warum, das brauche ich wohl niemandem extra erklären!

Einer meiner Söhne studierte Medien-Informatik. Eines Abends kam er begeistert nach Hause, denn er hatte im Rahmen einer Informatik-Vorlesung einen interessanten Vortrag eines Regisseurs – also eines Künstlers, nicht eines Informatikers – gehört, dessen Inhalte ihn den ganzen Abend und den darauf folgenden Tag beschäftigten. Der Regisseur hatte so angefangen: „Ich bin erleichtert zu sehen, dass Sie ganz normal aussehen. Als ich erfuhr, dass ich vor Informatikern sprechen sollte, hatte ich mir dreiköpfige Monster erwartet ..." So kann sich ein Kompli-

---

[39] Übrigens: In einem Zweiergespräch können viele Menschen Komplimente nicht ohne Widerspruch hinnehmen. „Sie haben ein elegantes Kleid." – „Ach, das ist schon alt ..." Dadurch nimmt man sich selber oft die Freude am Kompliment. Als Zuhörer eines Vortrags können Sie nicht widersprechen, Sie müssen – schweigend – das Kompliment annehmen, und das gute Gefühl bleibt. Möglicherweise ist dies ein Grund für die positive Aufnahme.

ment auch anhören. Eine elegante Art, indirekt Komplimente auszuteilen, ist es, den Stolz der Zuhörer auf ihr Fachgebiet, ihr Land, ihre Firma, ihre Universität zu stärken. Leider haben viele Menschen in Deutschland und Österreich aufgrund der geschichtlichen Ereignisse zur Mitte des vorigen Jahrhunderts ein gebrochenes Verhältnis zum Stolz auf ihr Land. Umso mehr freut sich Ihr Publikum, wenn Sie auf etwas hinweisen, worauf es ohne Beigeschmack stolz sein kann. Dies können Sie zum Beispiel erreichen, wenn Sie die betreffende Berufsgruppe allgemein ansprechen, etwa: „Was ich an Physikern immer bewundert habe, ..."

Sie können auch der Stadt oder dem Bundesland ein Kompliment machen:

„Es ist kein Zufall, dass die Tagung zum Thema Innovation gerade in Hamburg stattfindet. Hamburg ist nicht nur das Tor zur Welt, sondern auch das Tor zum Universum. Hier befindet sich das modernste Planetarium der Welt ..."[40]

Schlafmittel-Begrüßungen

Kennen Sie die Begrüßungstiraden, die unweigerlich bei Eröffnungen, Konferenzen und diversen Ansprachen den Zuhörern signalisieren: Dieser Vortrag wird garantiert schrecklich langweilig und unterscheidet sich in keiner Weise von jenen, in denen Sie sanft zu schlummern pflegen?

Haben Sie Ähnliches schon gehört?

„Ich begrüße Sie herzlich, meine Damen und Herren ... Ganz besonders freue ich mich, den Herrn Kammervorsitzen-

---

[40] Viele weitere Beispiele für Anfänge finden Sie bei Michael Rossié: Wie fange ich meine Rede an? 100 Ideen für 1000 eigene Anfänge. C.H. Beck 2016

den Lemmermeier zu begrüßen, weiters Frau Direktor Diplomkauffrau Huber-Semmelmann. Nicht zuletzt darf ich auch Herrn ..." usw. usw.

Der erste Eindruck zählt

Die erste Minute prägt die Stimmung für den ganzen Vortrag. Geht es mit Begrüßungsorgien los, schließt das Publikum daraus, dass der weitere Vortrag auch konventionell und langweilig abläuft. Stellt die Rednerin oder der Redner jedoch gleich das aktuelle Problem an den Anfang, wecken sie die Zuhörer auf, denn dann vermitteln sie den Eindruck: Hier wird das Problem gleich an den Hörnern gepackt. Überlegen Sie Ihren Anfang daher genau – er ist der Schlüssel für den Erfolg der Rede.

Beispiel für den ersten Eindruck

„Die heutige Titelgeschichte in der Süddeutschen Zeitung meldet, dass zwei große Banken Mitarbeiter entlassen werden. Das heißt, dass wiederum 1.800 Menschen aus dem Bankengeschäft im März nächsten Jahres auf der Straße stehen werden. Damit unser Unternehmen ohne Personalkürzungen durch die wirtschaftliche Flaute taucht, braucht es ungewöhnliche Ideen und Maßnahmen. Darum sind wir heute zusammengekommen. Ich begrüße Sie herzlich, meine Damen und Herren ..."

So klingt die Begrüßung gleich eleganter. Sie haben die Zuhörer sofort auf das Thema eingestimmt und ihnen durch den aktuellen Bezug gezeigt, dass es höchste Eisenbahn ist, aktiv mitzuwirken.

Wenn es nur darum geht, die Zuhörer allgemein zu begrüßen, rate ich meinen Klienten und Klientinnen, ihren Vortrag nicht damit anzufangen. Beginnen Sie mit einem originellen

Anfang (siehe oben) und schließen Sie die Begrüßung erst nach Ihrem „Aufhänger" an.

Festansprachen

Bei Festansprachen mit Honoratioren können Sie oft nicht auf die Begrüßung einzelner Personen verzichten. Überlegen Sie, wen Sie unbedingt begrüßen müssen. Halten Sie die Zahl jener Personen jedoch klein. Das freut das Publikum, und bedenken Sie auch: Je weniger Gäste Sie hervorheben, desto weniger Fehler können Sie machen. Wenn Sie zehn Personen begrüßen, fühlt sich die elfte eher zurückgesetzt, als wenn Sie nur eine Person begrüßen.

Manche Rede hat den ausdrücklichen Zweck, Folgeaufträge zu sichern. Wie etwa bei dem Architekten, der bei der Spatenstich-Rede alle jene erwähnen muss, die bei dem Projekt mitgemacht haben und deren Wohlwollen er für das nächste Projekt braucht. In diesem Fall ist es selbstverständlich nötig, alle diese Personen zu erwähnen. Wenn Sie es dazu noch schaffen, diese Begrüßung auch für die übrigen Teilnehmer informativ und interessant zu gestalten, haben Sie gewonnen.

Die Zuhörer spitzten die Ohren

Vor kurzem bat mich mein Klient Siegfried Kiesling, eine Rede für ihn zu schreiben. Als Geschäftsführer eines großen Kugellagerwerks musste er bei einer Jubiläumsveranstaltung die Anwesenden begrüßen. Seine Rede begann so: „Jedes Unternehmen ist so gut wie die Menschen, die dazu gehören. Nicht Gebäude und Maschinen machen den Wert eines Unternehmens aus. Wertvoll an einem Unternehmen sind die Menschen, die dafür arbeiten, und der Geist, in dem sie es tun. Ich begrüße sehr herzlich unsere Jubilare, die bis zu 45 Jahre schon in unserem Unternehmen tätig sind. Um Sie, liebe Jubilare, heute zu ehren, sind zahlreiche

Gäste zu uns gekommen. Begrüßen Sie bitte mit mir den Aufsichtsratvorsitzenden Herr Dr. Wilfried Galinski, die Vorstände ..." Siegfried Kiesling rief mich einen Tag später an und berichtete: „Bei den ersten Worten merkte ich richtig, dass die Zuhörer aufmerksam aufhorchten. Sie dachten, ich hätte die Manuskriptseiten vertauscht und finge mit der zweiten Seite an. Sie blieben die ganze Rede über ‚bei mir' und gratulierten mir danach zu dem ungewöhnlichen Anfang. Selbst der Aufsichtsratsvorsitzende sagte: ‚Bravo.'"

Wenn Begrüßungsorgien unvermeidbar sind

Lassen Sie sich von Kinofilmen inspirieren! In vielen Filmen beginnt der Namensteil erst nach einer spannenden kleinen Geschichte im Vorspann. Da schwebt ein Paragleiter über der felsigen Wüste und springt direkt in einen fahrenden Jaguar. Ein Hubschrauber knattert über dem Auto, Schüsse fallen, hinter dem Auto eine anonyme Verfolgerin auf einem Motorrad. So fängt „Austin Powers 3" an – der Film war nicht ohne Grund ein Welterfolg. So machen Sie es in der Rede, wenn Sie vor die Begrüßung eine Geschichte stellen oder gleich mit dem Thema einsteigen. Der Film „Austin Powers 3" oder auch „Die fabelhafte Welt der Amelie" sind gute Beispiele für unser Begrüßungsproblem. Hier schafft der Vorspann um jede Person eine Szene (Austin Powers) bzw. charakterisiert die Person, die im Film vorkommt (Amelie). Da wird der Namensvorspann zu einem Erlebnis und zum Teil des Films!

Machen Sie die Begrüßung erlebbar, indem Sie kleine Geschichten rund um die einzelne Person spinnen. Erzählen Sie in zwei, drei Sätzen den Beitrag, den sie geleistet hat.

Einer meiner Klienten stellte die Begrüßung in die Situation hinein und zog sie noch dazu von hinten auf. Er sagte: „Mein Dank gilt zuallererst den Arbeitern, die unseren Messestand und die Beleuchtung aufgebaut haben. Gestern lag hier an dieser Stelle noch ein Kabelsalat, heute ruht das Licht perfekt auf unserem Bürgermeister. Ein herzliches Willkommen unserem Bürgermeister Dr. Schlaghammer!"

Ein anderes Beispiel, in dem die Gemeinsamkeit des Teams in den Vordergrund gestellt wird: „Vergangene Woche spielte unser Fußballverein FC Münchhausen gegen Schopfheim. Sie können sich sicher noch an das Spiel erinnern. Vor allem als Grunic das zweite Tor für uns geschossen hat. Kommt es nur auf den an, der das Tor schießt? Nein. In einer Fußballmannschaft kommt es auf jeden an: auf Stürmer, Mittelfeldspieler und auf den Tormann. Genauso spielte auch bei unserem Projekt jeder eine wichtige Rolle. Ich begrüße heute unseren ‚Tormann', Herrn Schleicher, der jeden Elfmeter unserer Konkurrenz gehalten hat. Unsere ‚Mittelfeldspielerin' Frau Himmelseder, die den Überblick in den hitzigsten Situationen behalten hat. Ihre Dynamik trieb uns voran. Gleichzeitig bremste sie die Ungestümen wie mich ein und lehrte mich, genauer zu passen. Herzlichen Dank, Frau Himmelseder!" usw.

In eine solche Begrüßung können Sie auch Zwischenfälle einflechten, die die Beteiligten im Nachhinein zum Schmunzeln bringen.

Apropos Teamgeist. Sie können schon in der Begrüßung in Ihrer Zuhörerschaft den Grundstein für Gemeinsamkeit und ein angenehmes Gesprächsklima nach dem Vortrag sorgen, wenn Sie einzelne Gruppen gegenseitig vorstellen: „Ich begrüße unsere Gäste aus Thailand. Sie bringen wunderbare Farbtupfer in unser Novemberklima. Auch unsere Neulinge, die erst zwei Wochen in der Firma sind, sitzen schon unter uns. Sie sind erkennbar an den blauen Namensetiketten. Beziehen Sie sie bitte in die Diskussion nach dem Impulsvortrag ein, frische Ideen sind willkommen!" usw. usw.

Die drei Schlüssel zur gelungenen Begrüßung

- Beginnen Sie nicht mit der Begrüßung, sondern mit einem interessanten Einstieg. Die Begrüßung kommt danach.
- Halten Sie die Zahl der Begrüßten klein.
- Bauen Sie persönliche Bemerkungen ein.

Soldaten kapitulierten vor Langrednern

„Kurze Ansprachen sind seit dem Wochenende in Baden (bei Wien) bei Festrednern Pflicht. ..... , etwa 400 Rekruten wurden angelobt', erinnert sich Vizebürgermeister Franz Geiger. Doch das lange Strammstehen in der warmen Halle tat den Jungmännern nicht gut. ‚Schon bei der Predigt ist der erste umgefallen', erzählen Zuschauer. Während der Rede eines Bundesheer-Offiziers klappten dann die Soldaten im Minutentakt zusammen. ... Doch die Festredner redeten und redeten. Bis es beinahe zum Eklat kam. ‚Aufhören', brüllten empörte Mütter ... Bumm. Und wieder ging ein Soldat zu Boden. Und wieder trat ein Festredner ans Pult. Nur Landtagsabgeordneter Helmut Doppler konnte dem erzürnten Publikum ein paar Lacher entlocken. Weil auch Damen unter den Rekruten waren, begrüßte er die Soldaten mit ‚Liebe Jungmänner und Jungfrauen ...'"[41]

Vorstellen der eigenen Person

Selbstverständlich will Ihr Publikum wissen, wer den zu erwartenden Vortrag hält. Ideal ist es, wenn Sie sich selbst nicht vorstellen müssen.

Welche Möglichkeiten gibt es?

---

[41] Bericht aus der Tageszeitung „Die Presse" vom 13. Feburar 2002.

- Der Veranstalter/Moderator stellt Sie vor.
- Sie bitten einen Kollegen, Sie vorzustellen.
- Sie haben einen Co-Referenten. Sie stellen einander gegenseitig vor.
- Die Eckpunkte Ihrer Biografie befinden sich in einem Handout oder Programm.

Sorgen Sie schon im Vorfeld dafür, dass Ihr Name irgendwo schriftlich niedergelegt ist. Namen sind Schall und Rauch, sagt man. Wenn er nur einmal mündlich erwähnt wird, wird er leicht vergessen. Wenn Sie wollen, dass das Publikum sich an Sie erinnert, muss es Ihren Namen schwarz auf weiß vor sich sehen.

Wenn Sie alle diese Möglichkeiten nicht haben, gilt das Gleiche wie für den Anfang: lieber ungewöhnlich als 08/15. Die Art und die Länge Ihrer Vorstellung hängt von der Länge Ihres Vortrags und vom Publikum ab. Bleiben Sie knapp und erwähnen Sie nur jene Fakten, die in diesem Rahmen und für Ihr Publikum wichtig sind. Vorrangig natürlich jene Tatsachen, die Ihre Glaubwürdigkeit und Expertentum unterstreichen. Sie können sagen: „Ich arbeite seit 15 Jahren am Max-Planck-Institut ..." Eleganter ist es, wenn Sie diese Aussage verpacken: „Während der 15 Jahre, die ich schon am Max-Planck-Institut arbeite, ist mir noch nie untergekommen ..."

Wenn Ihr Name im Programm angekündigt ist, müssen Sie ihn nicht explizit wiederholen. Das langweilt. Wenn Sie wollen, dass sich Ihr Publikum Ihren Namen merkt, dann bauen Sie ihn in den Vortrag ein. Die einfachste Variante ist die Wiedergabe eines Gesprächs: „Dann sagte doch der Chefredakteur zu mir: Frau Wöss, ..."

Hans-Uwe-Köhler[42], ein Redner, der Unterhaltung mit Motivation und Information verbindet, bezeichnet sich als „Enter-

---

[42] Verkaufstrainer und Autor mehrerer Bücher, z.B. Verkaufen ist wie Liebe.

trainer" und stellt das bei seiner Vorstellung gleich unter Beweis. Er präsentiert eine Folie, auf der Folgendes steht:

Hans-Uwe Köhler:	(Titel der Veranstaltung)
Idee:	Erfolgscoach
Kompetenz:	Internationaler Verkaufsexperte
Experte:	emotionale Kommunikation
Typ:	Friese & Fisch
Musik:	Country & Jazz
Sport:	Inline-Skating & Golf

Bei der Vorstellung gibt sich Köhler selbstironisch: „So nehme ich dem Ganzen die Peinlichkeit und bekomme Sympathiewerte", sagt er. Bei „internationaler Verkaufsexperte" merkt er etwa an: „Ich war schon mehrmals im Bayerischen Hof." Über seine Lieblingsmusik macht er den Scherz: „Ich liebe Dolly Parton – nur wegen der schönen Stimme."[43] Zum Thema Golf sagt er: „Ich spiele par, ein paar links und ein paar rechts." Köhler dazu: „Par bedeutet Handicap Null, das wäre ein absolut perfekter Spieler. Das bin ich ja nicht. Es interessiert niemanden, ob ich ein Handicap 24,7 habe. Wenn ich ein ‚paar links ein paar rechts' sage, wissen die Golfer, ich kenne mich aus und verstehen es als Witz."

So geleitet er das Publikum Punkt für Punkt mit witzigen Bemerkungen durch seine Selbstvorstellung. „Die Dosierung ist wichtig. Je nach Publikum variiere ich, was ich sage," meint er, und: „Die Selbstdarstellung darf nicht länger als 60, maximal 90 Sekunden dauern."

---

[43] Dolly Parton ist genauso für ihre Oberweite berühmt wie für ihre Stimme.

Stellen Sie Ihr Thema in einen Rahmen

Fachvorträge sind häufig reich an Details. Schließlich will der Experte zeigen, worauf er spezialisiert ist. Dabei leidet meistens die Einbettung in das größere Bild. Unser Gehirn ist jedoch wie ein Kasten mit Schubladen. Wenn Sie neue Informationen aufnehmen wollen, müssen Sie als Zuhörer zuerst wissen, in welche Schublade Sie diese Information hineingeben sollen. Deshalb ganz wichtig: Erklären Sie, welche Bedeutung Ihr Spezialthema im größeren Kontext hat. Je weniger Vorwissen Ihr Publikum mitbringt, desto mehr sollten Sie das Umfeld, in das Ihr Thema gebettet ist, erklären.

Doch selbst vor Kollegen und Fachleuten ist es günstig, sie nochmals daran zu erinnern, worum es im „großen Bild" geht. Fragen Sie sich: Welche Bedeutung hat Ihr Thema für Ihren Fachbereich, auf dem gegenwärtigen Stand der Forschung, für die Gesellschaft zum jetzigen Zeitpunkt, für das Alltagsleben der Menschen, um ein wichtiges Problem zu lösen, innerhalb der Vortragsreihe, für die wirtschaftliche Performance der Firma etc.

Bringen Sie Ihre Zuhörer zum Nicken

Nachdem Sie einen interessanten Einstieg gefunden und das Thema in den richtigen Rahmen gestellt haben, ist es für Sie günstig, Ihr Publikum in eine positive Stimmung zu bringen. Das empfiehlt sich vor allem dann, wenn Sie im späteren Verlauf des Vortrags kontroverse Argumente bringen. Um die Zuhörer aufnahmebereiter für Ihre Ideen zu machen, müssen Sie sie vorerst dazu bringen, ein paar Mal Ja zu dem zu sagen, was Sie vorbringen.

Kopfnicken beeinflusst die innere Einstellung

Eine Studie mit Studenten in den USA brachte verblüffende Ergebnisse, wie einfache Körperbewegungen auf den Menschen wirken. Den Studenten wurde gesagt, es ginge um eine Marktforschungsstudie einer Firma für Hightech-Kopfhörer. Sie sollten die Qualität der Kopfhörer testen, wenn sie in Bewegung seien, tanzten oder den Kopf rhythmisch bewegten. Es wurde ihnen Musik und dazwischen ein Radiokommentar vorgespielt, in dem die Meinung vertreten wurde, die Studiengebühren an ihrer Universität sollten von gegenwärtig 587 Dollar auf 750 Dollar pro Jahr erhöht werden. Einem Drittel der Studenten wurde gesagt, sie sollten während des Kommentars den Kopf kräftig nickend auf und ab bewegen. Dem zweiten Drittel wurde gesagt, sie sollten den Kopf energisch schütteln. Das dritte Drittel fungierte als Kontrollgruppe, deren Teilnehmer wurden aufgefordert, den Kopf nicht zu bewegen. Als der Test abgeschlossen war, bekamen alle Studenten einen kurzen Fragebogen, in dem sie nach ihrer Meinung zur Qualität der Songs und der Wirkung der Bewegung auf die Tonqualität gefragt wurden. Ganz am Ende bauten die Veranstalter des Tests die Frage ein, um die es ihnen in Wirklichkeit ging:

„Was ist Ihrer Meinung nach eine angemessene Summe für die jährlichen Studiengebühren?"

Die Antworten darauf sind schwer zu glauben. Die Studenten, die den Kopf nicht bewegt hatten, ließen sich von dem Kommentar nicht beeinflussen. Die Studiengebühr, die sie für angemessen hielten, waren die 587 Dollar, die sie bereits bezahlten. Diejenigen, die den Kopf geschüttelt hatten, wandten sich entschieden gegen die vorgeschlagene Erhöhung. Sie wollten, dass die Studiengebühren auf einen

Durchschnitt von 467 Dollar pro Jahr ermäßigt würden. Die Studenten, denen gesagt worden war, sie sollten nicken, fanden den Kommentar sehr überzeugend. Sie waren dafür, die Studiengebühr im Durchschnitt auf 646 Dollar anzuheben. Der einfache Akt des Kopfnickens, der doch vordergründig einem anderen Zweck gedient hatte, reichte aus, sie dazu zu bringen, eine Erhöhung zu empfehlen, die sie selbst Geld kosten würde.[43"]

Die Studie brachte zutage, dass Zuhörer, die zum Nicken gebracht werden, gegen ihre eigenen Interessen dem Gesagten zustimmen.

Was bedeutet das für uns als Vortragende? Wenn Sie Ihre Zuhörer für Ihre Argumente einnehmen wollen – auch gegen deren ursprüngliche Überzeugung –, dann brauchen Sie am Anfang Ihres Vortrags Argumente, denen sie leicht zustimmen. Das heißt, Sie bringen sie innerlich oder äußerlich zum Nicken. Sie können diese Reaktion verstärken, indem Sie selber nicken. Wenn dann die Argumentation auch sachlich gut aufgebaut ist, ist die Wahrscheinlichkeit, Zustimmung beim Publikum zu finden, viel größer.

---

[44] Die Studie wurde von Gary Wells, University of Alberta, und Richard Petty, University of Missouri, durchgeführt und veröffentlicht in: „The effects of overt head movements on persuasion", Basic and Applied Social Psychology 1, 3 (1980), S. 219-230, zit. nach: Gladwell, S. 83-85.

Der Hauptteil

Nach einem Ausspruch des verstorbenen Schauspielers Sir Peter Ustinov soll der Schlüssel zu einer guten Rede lauten: Man braucht einen genialen Anfang, einen genialen Schluss und möglichst wenig dazwischen.

Das heißt nicht, dass der Mittelteil unwichtig ist. Er ist schließlich jener Teil, der die Hauptinformation transportieren soll. Was Ustinov jedoch meint, ist die Wirkung eines Vortrags. Wenn der Anfang das Interesse genügend weckt und ein markanter Schluss den Zuhörern in Erinnerung bleibt, kann man in den Mittelteil auch Dinge hineinpacken, die nicht so spannend, aber notwendig sind.

Die Kunst eines guten Mittelteils besteht darin, die Zuhörer Schritt für Schritt durch Ihren Vortrag zu führen. Die Argumentation sollte logisch und klar aufgebaut sein.

So gliedern Sie den Hauptteil:

- Erklären Sie anfangs, wie Sie den Hauptteil gliedern werden – allerdings ohne inhaltlich etwas vorwegzunehmen. Machen Sie Ihre Zuhörer auf den gemeinsamen Weg neugierig. Für beide Teile ist es hilfreich, wenn Sie die Gliederung auf Papier oder Leinwand visualisieren.
- Jeder Schritt sollte sich auf den vorangegangenen beziehen. Die Argumentationslinie muss konsistent sein.
- Suchen Sie zuerst eine gemeinsame Basis. Beginnen Sie mit jenem Teil, der vom Publikum am ehesten akzeptiert wird. Womit kann sich das Publikum leicht identifizieren?

- Fassen Sie am Ende eines Hauptpunktes das Gesagte noch einmal zusammen. Diese Zusammenfassung weist schließlich zum nächsten Punkt hin. Das hilft den Zuhörern, die richtige geistige „Schublade" zu öffnen und Verknüpfungen herzustellen.
- Beziehen Sie sich während des Hauptteils immer wieder auf die Gliederung und sagen Sie, wo Sie sich gerade befinden. Vermeiden Sie Redewendungen wie „Jetzt komme ich zu Punkt zwei." Sagen Sie besser: „Der zweite Faktor, der unserer Branche Sorgen bereitet, sind die Rohstoffkosten." Die Zuhörer müssen zu jedem Zeitpunkt wissen, an welcher Stelle Ihres Vortrages anhand der angekündigten Gliederung Sie sich befinden.

Gehen Sie nach der Gliederung vor, für die Sie sich entschieden haben. Vergessen Sie nicht, sich immer wieder in die Lage der Zuhörer zu versetzen. Was bedeutet dieser Punkt für sie? Gibt es Anknüpfungspunkte mit den Erfahrungen und den Interessen der Zuhörer?

Wenn Sie die EVE-Gliederung verwenden, ist die Perspektive der Zuhörer schon eingebaut. Gestalten Sie auch den Hauptteil kurzweilig. Im Kapitel „Den Vortrag lebendig gestalten" finden Sie eine Menge Anregungen, wie Sie Ihre Botschaft veranschaulichen können und das Publikum bei der Stange halten.

Der eindrucksvolle Abschluss

Der Schluss eines Vortrags wird oft als der wichtigste Teil bezeichnet, der Anfang als der zweitwichtigste. Warum? Der Eindruck, den Sie am Schluss auf das Publikum machen, ist der bleibende. Mit dem Bild, das Sie am Ende des Vortrags im Kopf hinterlassen, gehen Ihre Zuhörer weg. Mit dem Gefühl, das Sie in deren Herzen hinterlassen haben, starten sie wieder in das Leben hinaus. Welches Bild sollen sie mitnehmen? Was sollen die Zuhörer aufgrund Ihres Vortrags tun, denken, fühlen? Gerade bei Fachvorträgen merkt man oft, dass die Redner froh sind, dass es vorbei ist. Sie sagen danke, packen ihr Manuskript zusammen und verlassen das Podium.

Der Danke-Zwang

Haben Sie sich schon einmal überlegt, warum sich Referenten bedanken?

Dafür gibt es zwei mögliche Gründe:

- Sie sind der Meinung, dass ihr Vortrag stinklangweilig war und bedanken sich, dass die Zuhörer ausgeharrt und nicht schon längst den Saal verlassen haben.
- Sie haben so oft „danke" am Ende eines Vortrags gehört, dass Sie glauben, es sei ein adäquater Schluss.

Sagen Sie nicht danke so wie Hunderte andere. Unterscheiden Sie sich! Wenn Ihr Vortrag gut und kurzweilig war, so verdient der Schluss besonderes Augenmerk. Er sollte den Höhepunkt Ihres Vortrags darstellen.

Überlegen Sie daher sehr genau, was Ihre letzten Worte sind. Wie nach einem guten Konzert oder Theaterstück sollten nach

Ihren Worten einige Sekunden der Atemlosigkeit vergehen, bevor der Applaus anfängt.

Es gibt zwischen Ihnen und dem Publikum einen unsichtbaren Dialog. Sie spüren genau, ob Sie die Zuhörer erreichen und ob sie mit Ihnen mitgehen. Die letzten Worte sind der krönende Abschluss dieses unsichtbaren Dialogs. Legen Sie daher noch einmal Ihr ganzes Gewicht hinein. Aktivieren Sie Ihre Begeisterung für Ihr Thema. Brennen Sie für das, was Sie entzünden wollen.

Wenn Ihre Zuhörer später zu Ihnen sagen: „Das war ein faszinierender Vortrag" oder „Durch Ihren Vortrag bin ich zum Nachdenken angeregt worden", „Das war das Beste, was ich bis heute gehört habe", ernten Sie die Früchte Ihrer Arbeit. Dass Ihr Vortrag angekommen ist, merken Sie, wenn unmittelbar danach Menschen auf Sie zukommen und mit Ihnen noch reden und diskutieren wollen. Dann haben Sie etwas bewegt.

So gestalten Sie einen guten Schluss

Es gibt verschiedene Möglichkeiten, einen fulminanten Schluss zu gestalten, einen, der dem Publikum in Erinnerung bleibt.

Spannen Sie einen Bogen zum Anfang

Greifen Sie den Anfang wieder auf. Wiederholen Sie ihn jedoch nicht wörtlich, sondern berücksichtigen Sie dabei, welchen Weg Sie inzwischen mit Ihren Zuhörern gegangen sind.

Der Schweizer Bundesrat Moritz Leuenberger wandte dies bei seinem Vortrag auf dem Symposium des Lucerne Festival an.

Beachten Sie den Anfang vor der Anrede. Das Thema war „Verführung", ich zitiere hier das Anfangs- und das Schlusswort:[45]

Anfang:

„Die Verführung als Thema einer Rede ließ mich spontan an Wilhelm Reich denken, an Elias Canettis ‚Masse und Macht', an ... Meine Damen und Herren, Sie wissen genau: Das ist geschwindelt. Beim Wort Verführung dachte ich zunächst an etwas Erotisches, das ich jetzt allerdings im Detail nicht preisgeben kann."

Schluss:

„In das Paradies gelangen wir nicht mehr. Der Apfel ist gepflückt. Aber wenn wir uns dem paradiesischen Frieden wenigstens nähern wollen, sollten wir den Apfel vom Baum der Erkenntnis des Guten und des Bösen wieder zurück in die Tiefkühltruhe legen. Es bleibt uns die Gewissheit, dass er von dort ja doch wieder herausgeholt wird. Denn ewig bleibt ... die Verführung."

Zusammenfassung der Kernbotschaft

Fassen Sie noch einmal kurz das Wesentliche Ihrer Botschaft zusammen. Zeigen Sie noch einmal die beste Folie. Oder stellen Sie für Ihre Zusammenfassung den Inhalt in anderer Form dar.

Eine meiner Klientinnen hatte einen Vortrag über ein musikgeschichtliches Thema zu halten. Ich empfahl ihr eine Zeitlinie: einen langen Strich. Ganz links hatte sie die Kithara als Symbol für die Instrumente des alten Griechenland gezeich-

---

[45] Am 6. Sept. 2002.

net, etwas mehr rechts über der Linie einen A-cappella-Chor für die Musik des Frühmittelalters, unter der Linie die „heidnischen" Musikinstrumente, die es parallel dazu gab. Wiederum rechts davon ein Zunftzeichen usw. So konnte sie in anderer Form noch einmal am Schluss verdeutlichen, was die wesentlichen Punkte des Vortrags gewesen waren.

Geschichte oder Zitat

Eine Geschichte oder ein Zitat am Schluss können statt einer Zusammenfassung Ihren wesentlichen Punkt illustrieren und auf die Gefühlsebene transportieren, um Ihre Botschaft noch stärker zu verankern (siehe dazu auch „Den Vortrag lebendig gestalten")

Appell

Wenn Ihr Ziel war, durch Ihren Vortrag die Menschen zu bewegen, ist ein Appell ein guter Schluss. Sie wollen, dass die Zuhörer aufgrund Ihres Vortrags etwas tun? Dann packen Sie diese Aufforderung noch einmal in den letzten Satz. Ein IT-Fachmann stellte zum Beispiel auf einem Kongress die Anwendung eines neu entwickelten Software-Programms vor. Er wollte sich und seine junge Firma in gutem Licht darstellen und seine Präsentation sollte eine indirekte Werbung sein. Im Publikum saßen mehrere Vertreter potenzieller Kundenfirmen. Er schloss mit dem Appell: „An meinem Beispiel konnten Sie sehen, dass sich dieses Software-Programm bei der Firma XY mit ihren vielen Außenstellen gut bewährt hat. Sollten Sie mit mir im Detail noch darüber sprechen wollen, stehe ich Ihnen beim anschließenden Essen zur Verfügung. Falls Sie schon jetzt den Kongress verlassen müssen, lade ich Sie ein, sich bei einem unverbindlichen kostenlosen Erstgespräch in meiner Firma ein Bild zu machen. Mahlzeit."

Ein Blick in die Zukunft

Der oben schon erwähnte Regisseur schloss seinen Vortrag vor den Informatik-Studenten so: „Sicher fragen Sie sich, warum ich vor Informatikern einen Vortrag halte. Ich bin kein Informatiker und vielleicht interessiert Sie Film überhaupt nicht. Aber wenn Sie in zehn Jahren mit Ihrer Software-Firma Millionen verdient haben und geschlaucht nachhause kommen, Ihre Schuhe ausziehen und sich vor den Fernseher setzen, um sich einen Film anzusehen, denken Sie sich vielleicht: ‚Warum mach ich nicht das?' Dann werden Sie sich an den Regisseur aus Ihrer Studienzeit erinnern, der Ihnen gesagt hat: ‚Machen Sie nur, was Sie wirklich wollen!'"

Überraschungseffekt

Aloyz Peterle, damals Ministerpräsident von Slowenien, beendete eine Festrede anlässlich des angekündigten Beitrittes zur EU folgendermaßen: Er griff spontan zur Mundharmonika und spielte eine Polka, um „den flotten Takt zu demonstrieren, mit dem Slowenien in die EU möchte". Das Publikum, so berichteten die Zeitungen, war schwer begeistert … Wolfgang Mitterer, einer meiner früheren Kunden und ein begnadeter Redner, hatte die neue Niederlassung einer großen Versicherung in Tschechien zu eröffnen. Im holzgetäfelten Saal saßen etwa 200 festlich gekleidete Menschen. Nach seiner Rede sagte er: „Und hiermit erkläre ich den tschechischen Markt für eröffnet" – zog aus dem Rednerpult eine Pistole, hielt sie in die Höhe und schoss.

Einen bleibenderen Eindruck hätte er nicht hinterlassen können!

Tipps für einen eindrucksvollen Abschluss

Hören Sie früher auf als geplant

Haben Sie es nicht auch schon erlebt, dass Sie sich als Zuhörer innerlich verabschiedeten, als ein Referent am Ende seiner Redezeit sagte: „Die Zeit ist zwar schon um, aber lassen Sie mich noch kurz skizzieren …" Da geht ein leiser Seufzer durch die Reihen der Zuhörer. Denn sie schließen mit Recht darauf, dass der Redner länger als geplant braucht. Um wie viel besser ist es, wenn der Vortragende oder die Rednerin pünktlich oder sogar früher aufhört. Die Zeit einzuhalten ist Zeichen von Professionalität.

Sie haben bei Ihrer Generalprobe – hoffentlich – die Zeit gestoppt, die Sie für den Vortrag brauchen. Planen Sie nicht, die ganze Redezeit auszunützen, sondern ziehen Sie zehn Prozent ab, das sind bei einem Vortrag von 45 Minuten ca. fünf Minuten.

Setzen Sie einen eindeutigen Schluss

Viele Menschen können keinen Schlusspunkt setzen. Sie sagen noch einen Satz hinzu und noch einen und dann ist der Effekt dahin. In ähnlicher Weise spricht man auch bei Verkäufern von abschlussschwachen Verkäufern. Sie investieren viel Zeit, um einen Termin beim Kunden zu bekommen, präsentieren ihr Produkt großartig. Wenn aber dann der Punkt gekommen ist, an dem der Kunde schon kaufbereit wäre, reden sie weiter und zerreden ihren ganzen Erfolg. Genauso ist es auch beim Vortrag. Er kann gründlich vorbereitet und bis zum Ende gut vorgetragen sein. Wenn Sie dann nicht effektvoll abschließen, ist die Wirkung verpufft.

Jochen Buchenbart, ein Journalist, hatte mit mir sein erstes Seminar besprochen und Teile daraus geprobt. Er sollte für Tourismusmanager einen zweitägigen Workshop halten zum Thema „Richtiger Umgang mit Journalisten". Das Seminar war ausgebucht, nicht zuletzt, weil der Veranstalter das Weiterbildungsseminar geschickt mit einem sportlichen Aufenthalt in der winterlichen Bergwelt der Alpen verbunden hat.

Jochen hatte das Seminar erfolgreich fast bis zum Ende gebracht. Es herrschte super Stimmung. Auch den Abschluss hatte er sich gut überlegt. Er beendete das Seminar mit dem Appell an die Touristiker, keine selbst gestrickte PR mehr zu machen, sondern professionellen Rat einzuholen.

Statt jedoch den Schluss Schluss sein zu lassen (und den Applaus einzuheimsen), fügte er hinzu: „Und da habe ich noch schriftliche Unterlagen für Sie mitgebracht …" und begann in seiner Tasche herumzukramen. Die Zuhörer scharrten mit den Stühlen und standen auf. Allgemeine Aufbruchsstimmung. In diesem Moment kam noch der Veranstalter zur Tür herein und rief: „Packt schnell zusammen, wir wollen noch Schi fahren gehen, bevor es dunkel wird!" Die Zuhörer zerstreuten sich und nahmen Jochen nicht mehr wahr. Ein Jahr später erzählte er: „Bis heute dauert dieses ungute Gefühl an, dass dieses Seminar kein richtiges Ende gefunden hatte. Ich hatte mich selber um den Applaus gebracht."

Bereiten Sie einen zweiten Schluss vor

Eine Zahnärztin und routinierte Vortragende war zur Schulung von Kollegen nach Berlin eingeladen worden. Zurückgekehrt erzählte sie: „Durch die Umstellung des Programms wurde mein Vortrag verschoben. Der Veranstalter bat mich um Nachsicht, denn ein Teil der Zuhörer musste zehn Minuten vor dem Ende den Vortragssaal verlassen, um an einem anderen Workshop teilnehmen zu können. Gott sei Dank hatte ich zusätzlich ein Fallbeispiel im Köcher, das sich als zweiter Abschluss eignete. So endete ich mit diesem Beispiel, bevor die erste Gruppe den Saal verlassen musste, und konnte mit meinem vorbereiteten Finale zehn Minuten später wie geplant abschließen."

Ein Fall wie dieser ist ziemlich häufig. Wenn Sie nach dem Vortrag noch eine Fragerunde anschließen, empfiehlt sich ebenfalls ein weiterer Schluss (siehe „Diskussions- und Frageteil").

Die fünf Todsünden am Start und im Finale

Keine Entschuldigungen

Sobald Sie vor Publikum stehen, sind Sie das Leittier. Ihre Zuhörer erwarten sich von Ihnen Führungsverhalten. Entschuldigungen bringen Sie dem Publikum nicht näher, wie viele fälschlicherweise annehmen, sondern entfernen Sie von ihm. Denn indem Sie sich als „Leittier" durch eine Entschuldigung schwächer machen, schwächen Sie indirekt auch die „Horde" damit.

Ob Sie gerade drei Stunden mit dem Flugzeug geflogen, im Stau gesteckt sind, nur zwei Stunden geschlafen haben oder ob Sie gerade vom Begräbnis Ihres Lieblingsdackels kommen – dem Publikum ist das ziemlich egal. Es ist gekommen, um Ihren Vortrag zu hören. Alles andere lenkt ab.

Zur Kategorie Entschuldigungen gehört auch folgende Bemerkung:

„Ich habe erst vor zwei Tagen erfahren, dass ich hier sprechen muss. Ich hatte daher fast keine Zeit der Vorbereitung. Ich werde mein Bestes versuchen ..."

Eine solche Aussage mindert das, was Sie sagen werden, herab. Das Publikum wird Sie um nichts wohlwollender beurteilen. Wenn Sie jedoch tatsächlich wenig Zeit zur Vorbereitung hatten und es erwähnen wollen, sagen Sie mittendrin etwas wie: „Die genaueren Zahlen können Sie im Bericht XY einsehen. Als ich vor zwei Tagen das Angebot bekam, zu Ihnen zu sprechen, sagte ich freudig zu. Das Material für Details zu beschaffen war mir dadurch leider nicht möglich ..."

Negative Aussagen

Ihr Publikum kommt meist mit einer angenehmen Erwartungshaltung in den Vortragssaal. Es ist Ihnen für gewöhnlich wohlwollend gesinnt und freut sich, etwas Interessantes zu erfahren. Zerstören Sie diese Erwartungshaltung nicht damit, dass Sie es gleich am Anfang mit negativen Aussagen und Anprangerungen verstören. Die gute Stimmung ist kaum wieder herstellbar.

„Bevor ich ..."-Sätze

„Bevor ich in unser Thema einsteige, lassen Sie mich noch kurz etwas zum Zeitplan sagen ..."

„Bevor ich beginne, eine Frage – hören Sie mich in der letzten Reihe auch noch?"

„Bevor ich zum eigentlichen Zweck meines Auftritts komme, möchte ich mich bei Herrn Direktor Dr. Unnütz bedanken, dass er mir die Gelegenheit gegeben hat, mein Anliegen vorzutragen ..."

„Bevor ich zum Schluss komme..."

Meiden Sie „Bevor ..."-Sätze. Sie lenken ab und schwächen die Durchschlagskraft der nachfolgenden Aussage.

Die unverknüpfte Einführung

Vortragende, die einen ungewöhnlichen Anfang setzen wollen, beginnen manchmal mit einer Geschichte (Zitat, Gedicht etc.), die zu weit vom tatsächlichen Thema entfernt ist. Selbst wenn die Verknüpfung erklärt wird, wird das Publikum mehr verwirrt als interessiert und kann im Nachhinein oft nicht mehr rekonstruieren, welchen Punkt die Anfangsgeschichte verdeutlichen sollte. Nehmen Sie daher nur solche interesseweckenden Beispiele, Geschichten etc., die in ursächlichem oder inhaltlichem Zusammenhang zu Ihrem Thema stehen und wirklich etwas veranschaulichen.

Keine Floskeln

„Ich hoffe, dass ich keine Fragen offen gelassen habe …"

„Ich hoffe, dass es mir gelungen ist, bei Ihnen ein bisschen Interesse zu wecken …"

„Nun darf ich den Vortrag mit den Worten schließen …"

„Danke für Ihre Aufmerksamkeit."

Diese Floskeln sind nicht ehrlich gemeint. Es sind Schlappi-Sätze und halbe Entschuldigungen dafür, dass keine Dynamik im Vortrag zu spüren war. Wenn Sie selber voll Begeisterung sind können Sie unmöglich mit solchen Worten enden.[46]

---

[46] Siehe auch „Kampf den Floskeln".

Checkliste: Anfang und Schluss

✓ Anfang
Ihr Tor, um die Ohren, das Herz und den Geist Ihrer Zuhörer zu öffnen: Persönliche Geschichte, Bezug zum Ort, aktueller Bezug, Bezug zur Zeit, Kuriositäten, Zitat, rhetorische Frage, Knalleffekt

_____

✓ Begrüßung

_____

✓ Thema in den Rahmen stellen

_____

✓ Schluss
Bogen zum Anfang spannen, Zusammenfassung der Kernbotschaft, Geschichte, Zitat, Appell, Ausblick auf die Zukunft, Überraschungseffekt

_____

✓ Zeit gestoppt?

✓ Zweiten Schluss vorbereitet?

✓ Ist der Schluss eindeutig?

Download der Checkliste möglich unter www.fleurwoess.com

Den Vortrag lebendig gestalten

Hilmar Hollenburg, ein Shiatsu-Therapeut und Ausbilder, ist ein wunderbarer Erzähler – solange er in der Gruppe mit seinen Schülern sitzt. Mit seiner ausdrucksstarken Gestik untermalt er seine lebendigen praxisnahen Geschichten. Wie verwandelt ist Hollenburg jedoch, wenn er vor einem Publikum sprechen muss, das er nicht kennt. Sobald er auf dem Podium steht, versteift sich seine Haltung, verschwinden seine ausdrucksvollen Bewegungen und seine Sprache wird hölzern, abstrakt und unverständlich. „Mein Gehirn ist wie eingefroren, wenn ich vor Menschen spreche. Ich bin blank, wie damals in der Schule, als ich Referate vortragen musste", erzählte Hollenburg während einem meiner Seminare.

Solange er in geschützter Runde spricht, fliegen ihm die Ideen nur so zu. Das unmittelbare Feedback seiner Schüler inspiriert ihn und er bemerkt an einem fragenden Augenpaar, wo er noch tiefer in die Materie eintauchen muss. Sobald er auf dem Podium steht, kann er nicht mehr unvorbereitet drauflosreden. Einerseits verliert er durch die Stress-Situation die Verbindung zum Strom seiner Ideen. Andererseits verlangt ein Vortrag eine völlig andere Vorbereitung, da der Inhalt ohne Feedback aus dem Publikum gestaltet sein muss. Die lebendige Vortragsweise muss für das größere Publikum regelrecht erarbeitet werden und folgt bestimmten Regeln.

Bevor Sie die Elemente des lebendigen Vortrags kennen lernen, lade ich Sie zu einem Ausflug in die Funktionsweise des menschlichen Gehirns ein. Schließlich besteht die Kunst des guten Vortragenden darin, jene Inhalte, die er im Gehirn hat, mit möglichst wenig Reibungsverlusten in den Kopf der Zuhörer zu verfrachten. Es geht also um die Kommunikation zwischen dem Kopf des Vortragenden und den Köpfen des Publikums. Daher stellt sich die Frage: Wie nimmt der Mensch Informationen auf?

Die beiden Hemisphären des Gehirns

Das menschliche Gehirn besteht aus zwei Gehirnhälften. Jede Gehirnhälfte hat – grob gesprochen – unterschiedliche Funktionen. Das Gehirn jedes Menschen ist einzigartig, da jede Erfahrung, jede Erinnerung eine spezielle Vernetzung der Neuronen im Gehirn bewirkt. Dementsprechend gibt es auch für die Dominanz der Gehirnhälften unterschiedliche Gewichtungen bei jedem Menschen. Es gibt aber gewisse Tendenzen innerhalb eines Kulturkreises. Menschen eines bestimmten Kulturkreises mit einer ähnlichen Lebensweise weisen ähnlich strukturierte Gehirne auf.

Vereinfacht gesagt ist die linke Gehirnhälfte die „akademische". Wir gebrauchen sie hauptsächlich für den sprachlichen Ausdruck, für Lesen und Schreiben. Weiters für alle logischen Abläufe, für Kategorisierungen und Strukturierungen, für Schlussfolgerungen und Analysen. Die linke Hälfte arbeitet linear, Schritt für Schritt. Menschen mit dominanter linker Gehirnhälfte betonen Details und gehen gerne „wissenschaftlich" vor. Sie lieben es, Regeln aufzustellen und Dinge zu klassifizieren. Ist einmal ein Problem klassifiziert, gilt es für sie schon als halb gelöst. Sie beherrschen meisterhaft die Wahrnehmung und Planung von Zeit. Schöpferische Prozesse sind hingegen in der rechten Gehirnhälfte zu Hause. Die rechte

Hemisphäre denkt in Bildern, Farben und Musik. Sie arbeitet assoziativ, sprunghaft, spontan, scheinbar chaotisch. Sie ist nicht für die Details, sondern für den Überblick, für das „große Bild" zuständig. Rechtshirndominante Menschen sind innovativ und kreativ, Regeln und Gesetzmäßigkeiten kümmern sie wenig. Sie sind häufig Künstler, Schriftsteller, Maler, Musiker, Werber. Sie lieben das Risiko und das Unvorhersehbare und denken und handeln primär zukunftsbezogen. Ihre vorzügliche Raumorientierung prädestiniert rechtshirndominante Menschen auch, Stadtplaner oder Architekten zu werden.

Die dominanten Funktionen der Gehirnhälften[47]

Linke Gehirnhälfte	Rechte Gehirnhälfte
logisch	divergierend
mathematisch	figurativ
linear, detailliert	symbolisch
Sprache, verbal	intuitiv, kreativ
kontrolliert	musikalisch
analytisch	emotional
ordnend	sprunghaft
dominierend	aufbauend
intellektuell	träumerisch
sequentiell	gleichzeitig
erinnert sich an Namen	erinnert sich an Gesichter

---

[47] Nach R. Spinola und F. D. Peschanel: Das Hirn-Dominanz-Instrument (HDI). Speyer 1988, aus: Ditko/Engelen, S. 50.

Die beiden Gehirnhälften haben zwar ihre Spezialisierungen, sie sind jedoch aufeinander angewiesen und auch verbunden. Die Verbindung ist der Gehirnbalken oder Corpus callosum, der ein komplexes Netz aus 300 Millionen Neuronen darstellt. Erst diese Verbindung ermöglicht es uns, ganzheitlich und effektiv zu denken.

Wahrnehmung wird nur durch die Verbindung der Gehirnhälften möglich

Roger Sperry, Nobelpreisträger für Medizin und Professor am Californian Institute of Technology, entdeckte die große Bedeutung dieser Verbindung. Er hatte Patienten mit schwerer Epilepsie behandelt, indem er die Verbindung zwischen den zwei Gehirnhälften, das Corpus callosum, durchschnitt. So konnte er verhindern, dass die epileptischen Anfälle auf das ganze Gehirn übergriffen. Nach der Trennung der Gehirnhälften bemerkte er, dass diese Patienten in der Wahrnehmung extrem behindert waren. Er gab ihnen zum Beispiel einen Apfel in die rechte Hand. Sie konnten ihn „Apfel" benennen und beschreiben (Funktion der linken Gehirnhälfte). Nahmen sie den Apfel hingegen in die linke Hand, konnten sie nicht mehr „Apfel" sagen. Sie konnten ihn zwar wahrnehmen und auch hingreifen (rechte Gehirnhälfte), die Sprache versagte ihnen jedoch.[48]

Für das optimale Verständnis und für die Wahrnehmung braucht der Mensch beide Gehirnhälften. Ein Schachspieler hat etwa die Muster vergangener Schachzüge in der rechten Gehirnhälfte gespeichert, die Regeln für das Spiel jedoch in den linken Schläfenlappen. Wenn Sie ein Lied hören, achtet die linke Hirnhälfte auf die Worte, während die rechte die Melodie verarbeitet. Bei fast allen Ihren Tätigkeiten sind beide Gehirnhälften

---

[48] Ditko/Engelen S. 40-41.

involviert, es gibt jedoch verschiedene „Lerntypen". Manche Menschen (bei denen die linke Hirnhälfte dominiert) ziehen es vor, linear, das heißt Schritt für Schritt zu lernen. Andere wiederum, bei denen die rechte Hirnhälfte dominiert, müssen sich zuerst einen Gesamteindruck verschaffen, sie brauchen den Überblick. Das sind die „ganzheitlichen" Lerner.

Linkshirnige Redner

Stellen Sie sich vor, eine linkshirndominante Wissenschaftlerin hält einen Vortrag. Sie wird zuallererst klarstellen, wie ihr Vortrag aufgebaut ist, und dann Schritt für Schritt einen Punkt nach dem anderen „abhaken". Ihre Ausdrucksweise ist knapp, abstrakt und dadurch etwas schwer verständlich. Sie rollt die vergangenen Untersuchungen zu ihrem Thema auf und setzt sie in Beziehung zu ihrer eigenen Zugangsweise.

Sie liebt es, ihre Argumente mit detaillierten Zahlen zu untermauern, und achtet darauf, dass jede Aussage logisch konsistent ist. Sie wirkt korrekt und etwas distanziert. Sie schließt ihren Vortrag zur vorgesehenen Zeit ab.

Rechtshirnige Redner

Nun kommt der rechtshirndominante Sprecher. Er ist Erfolgstrainer. Er verwickelt sein Publikum schon vor seinem Vortrag in Gespräche. Er fängt seinen Vortrag mit einer Geschichte an. Seine Sprache ist farbig, das Publikum taucht leicht in seine Bilderwelt ein. Er redet gerne und schmückt seine Beispiele aus. Manchmal wirkt er etwas langatmig und seine Zuhörer wissen nicht genau, wo seine Argumente hinführen. Er liebt es, von einer Idee zur nächsten zu springen und die Zukunftsperspektiven seines Themas zu betonen. Er wird mit seinem Vortrag nicht in der vorgegebenen Zeit fertig und überzieht seine Redezeit oder muss vom Inhalt Teile ungesagt lassen.

Bei beiden Vortragenden werden im Publikum Menschen sitzen, die begeistert zuhören und auch Menschen, die sich langweilen oder sogar ungehalten über die Vortragsweise sind. Warum? Die Wissenschaftlerin spricht eher Menschen an, die so wie sie vorwiegend logisch, Schritt für Schritt vorgehen. Der Trainer würde bei dem Publikum der Wissenschaftlerin vermutlich abblitzen und als oberflächlich und chaotisch gelten. Beide Reaktionen sagen aber nichts darüber aus, wie viel die Zuhörer von dem einen oder dem anderen Vortrag „mitnehmen". Der Lerneffekt ist nicht unbedingt abhängig von der positiven Aufnahme. Was können wir daraus schließen? Egal, zu welchem der beiden soeben vorgestellten Typen Sie gehören, sollten Sie Ihren Vortrag so präsentieren, dass Sie beide Gehirnhälften Ihrer Zuhörer ansprechen. Je besser die beiden Gehirnhälften vernetzt angesprochen werden, desto besser können sich die Zuhörer Ihre Inhalte merken – unabhängig davon, zu welchem Typus sie selbst gehören. Wenn zum Beispiel Worte mit Bildern zusammen präsentiert werden, merken sie sich den Inhalt besser, als wenn Sie nur ein Bild ohne Erklärung oder nur Worte ohne Bild bringen.

Mixen Sie!

In der europäischen Kultur werden hauptsächlich die Leistungen der linken Gehirnhälfte gefördert. Lesen und Schreiben, Mathematik, logische Abläufe und Schritt-für-Schritt-Arbeiten haben im deutschen Erziehungssystem eindeutig den Vorrang vor musischen, kreativen Fächern. Wenn im Schulsystem Stunden gekürzt werden, sind es nie die so genannten Hauptfächer, sondern immer jene, die die rechtshirnigen, kreativen Aktivitäten der Kinder entwickeln sollen: Musik, Zeichnen, handwerkliches Gestalten. Dabei ist erwiesen, dass sich die Leistungen der Schüler um 20 Prozent oder mehr in Fächern wie Mathematik verbessern, wenn sie ein Musikinstrument spielen oder malen.[49]

Auch die Forschungen von Robert Ornstein an der Stanford Universität haben Ähnliches zu Tage gebracht. Wird die „schwächere" Gehirnhälfte dazu gebracht, mit der stärkeren zusammenzuarbeiten, erreicht man eine Steigerung der Gesamtleistung.[50] Das bedeutet, dass Informationen, die mit beiden gut verbundenen Gehirnhälften aufgenommen werden, stärker im Gedächtnis verankert werden.

Die meisten Menschen im deutschsprachigen Kulturkreis, die Vorträge besuchen, haben mindestens 12 Schuljahre lang linkslastig ihr Gehirn trainiert. Das ist übrigens auch ein Grund, warum vielen Schülern das Lernen so verhasst ist. Je höher die Schulstufe, desto weniger gehirngerecht werden Inhalte von den Lehrern präsentiert. Grundschullehrer hingegen sind meistens gut geschult, beide Gehirnhälften anzusprechen. Da wird am Gegenstand gelernt und vieles bildhaft gemacht. Die Motorik wird genauso eingesetzt, wenn Schüler in Reimen lernen, durch Lieder Fremdsprachen nahe gebracht werden etc. Es scheint: Je höher die Klasse, desto schlechter die päda-

---

[49] Siehe die Forschungen von Gordon Shaw (UCLA, Irvine), z.B. in seinem Buch Keeping Mozart in Mind. Er fand 1999 in heraus, dass Kinder, die einige Monate Klavier gelernt und der Musik Mozarts zugehört hatten, ihre Mathematikergebnisse (Verhältnisgleichungen) um 27 Prozent verbessern konnten.

[50] Robert Ornstein und D. Sobel: The Healing Brain: Breakthrough Discoveries about How the Brain Keeps Us Healthy. Simon & Schuster, New York 1990, aus: Rose und Nicholl S. 49.

gogische Ausbildung der Lehrer. Der Gipfel der Nichtausbildung waren bis vor einigen Jahren die Universitäten.[51]

Was ist daher Ihre Aufgabe als Redner oder Rednerin? Sie müssen darauf achten, Ihre Inhalte möglichst gleichgewichtig strukturiert und bildhaft wiederzugeben. Je mehr Sie beide Gehirnhälften ansprechen, das heißt „vernetzt" sprechen, desto plastischer werden sich Ihre Zuhörer den Inhalt vorstellen können und desto besser werden sie ihn sich merken.

Vortragende sind Übersetzer

Wenn Sie Ihren Vortrag vorbereiten, verwenden Sie gewöhnlich verschiedene Quellen. Sie können von ihren eigenen Erfahrungen sprechen, von Dingen, die Sie aus zweiter Hand haben, oder Sie haben sich Ihren Inhalt aus schriftlichen Quellen erarbeitet.

Vorsicht bei schriftlichen Quellen. Wenn Sie die Quelle lesen und dann in Ihren Vortrag einarbeiten, ist dabei hauptsächlich die linke Gehirnhälfte aktiv. Die Gefahr ist groß, dass Sie die Schreibweise der schriftlichen Quelle unreflektiert übernehmen. Sie wollen aber bei den Zuhörern auch die meist „schwächere" rechte Gehirnhälfte aktivieren. Achten Sie daher besonders darauf, die gelesenen abstrakten Inhalte anschaulich zu machen. Die in diesem Buch vorgestellte EVE-Gliederung hilft Ihnen dabei, diese Veranschaulichung nicht zu vergessen.

---

[51] Seit einigen Jahren wird Hochschuldidaktik und Vortragstechnik auch in deutschen Landen für Lehrende der Universitäten angeboten. Bis jedoch die jungen Assistenten und Lehrbeauftragten, die diese Kurse belegen, die Mehrheit sind, braucht es wohl noch einige Jahrzehnte.

Bilder bleiben im Kopf

Wussten Sie, dass die Menschen 60 bis 80 Prozent des Gehörten am nächsten Tag schon vergessen haben? Und was dagegen hilft? Je mehr Sie veranschaulichen, desto lebendiger bleiben die Inhalte im Kopf Ihrer Zuhörer.

Erinnern Sie sich an Ihren Geschichtsunterricht! Was ist Ihnen noch lebendig vor Augen: das Trojanische Pferd oder die Schlacht bei den Thermopylen? Die meisten Menschen haben das Trojanische Pferd noch genau vor sich, auch wenn sie nicht mehr wissen, wann es genau gebaut wurde und worum es eigentlich im Trojanischen Krieg gegangen ist. Geschichtsinteressierte, die die Schlacht bei den Thermopylen genauso noch im Kopf haben, merken sich Geschichte meist durch die Geschichten, die dahinter stehen, also dadurch, dass sie sich selbst innere Bilder schaffen (oder sich an das Bild aus dem Geschichtsbuch halten, das die Statue des Spartaners Leonidas zeigt, die heute noch am Thermopylenpass in Mittelgriechenland steht).

Gesichter bleiben eher in Erinnerung

Kennen Sie die peinliche Situation, dass Sie jemanden treffen und seinen Namen vergessen haben? Das Gesicht sagt Ihnen etwas, Sie erinnern sich sogar noch, wo Sie diesen Menschen kennen gelernt haben, und nun graben Sie verzweifelt in Ihrem Gedächtnis, wie er heißt.

„Mein Gedächtnis ist ein Sieb", haben Sie dann möglicherweise entschuldigend zu sich selbst gesagt. Das geht jedem so. Denn wenn die Menschen nichts vergessen könnten, könnten sie nicht sinnvoll Informationen ordnen und neue aufnehmen. Vergessen hilft, Unnützes beiseite zu schieben. Trotzdem gibt es

Unterschiede, was Sie vergessen und was nicht – und das können Sie sich für die Vortragssituation zu Nutze machen.

Stellen Sie sich die vorige Situation umgekehrt vor: Jemand stellt Sie einer Person vor, die Sie schon einmal getroffen haben. Sie erinnern sich an den Namen, erkennen aber das Gesicht nicht wieder. Ist Ihnen das schon untergekommen? Vermutlich nicht.

Ein Gesicht bleibt in Erinnerung – über viele Jahre. Ein Name, der bei der Vorstellung einmal erwähnt wird, wird leicht vergessen. Das Gesicht steht für die bildhafte Erinnerung, der Name für das flüchtig Gehörte.

Ein Tipp am Rande für jene, die sich Namen schwer merken: Wird Ihnen eine unbekannte Person vorgestellt, wiederholen Sie in den ersten Minuten des Kennenlernens ihren Namen und prägen Sie ihn sich visuell ein – so, wie er auf der Visitenkarte steht. Dadurch setzen Sie gleich drei Sinneskanäle (gehört, selber ausgesprochen und gesehen) ein und Sie werden sich den Namen besser merken.

Ihr Vortrag gewinnt an Prägnanz und Klarheit, wenn Sie Ihre Inhalte bildhaft darstellen – je mehr, desto besser bleibt die Information in den Köpfen Ihrer Zuhörer hängen.

Zehn Tore ins bildhafte Denken

Visuelle Hilfsmittel

Die direkteste Art, Worte in Bilder zu kleiden, ist es, Bilder zu zeigen. Manche Vortragende lieben es, unentwegt Strichmännchen und einfache Grafiken auf das Flipchart zu malen. Gut so! Sie müssen dazu nicht unbedingt gut zeichnen können. Vieles wird visuell und räumlich dargestellt klarer. Ob Sie die spontane Chaos-Bildmethode bevorzugen, bei der die schnell skizzierten Zeichnungen ineinander greifen, oder die ordentliche Art – vor dem Vortrag vorbereitet, schön auf Flipchart gemalt –, beide Methoden helfen den Zuhörern, sich ein Bild zu machen. Je einfacher das Bild ist, desto besser eignet es sich zum Veranschaulichen. Eine Zeitlinie hilft zum Beispiel, zeitlich aufeinander folgende Ereignisse zu illustrieren.

Ein Beispiel aus der juristischen Praxis:

Hier geht es um die Frage, welche Personen haftungspflichtig sind, bzw. wer Anspruch auf Entschädigung hat.

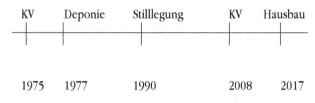

KV = Kaufvertrag

Erklärung zur Zeitlinie: Herr Müller erwirbt im Jahr 1975 ein Grundstück und betreibt auf diesem Grundstück ab dem Jahre 1977 eine Deponie. 1990 legt er die Deponie still und verkauft das Grundstück 2008 an Herrn Lohner. Herr Lohner plant, ein Haus zu errichten, und entdeckt im Jahr 2017, als er die Baugrube aushebt, dass dort giftige Fässer lagern. Wie verhält es sich mit der Haftung in diesem Fall? Wer kann was von wem aus welchem Rechtsgrund verlangen? Durch das genaue Aufzeichnen der Zeitlinie kann der Vortragende immer wieder auf einen bestimmten Zeitpunkt hinweisen, und die Zuhörer sind damit sofort „im Bild".

Übrigens: Der Mensch nimmt nicht nur Bilder bildhaft wahr. Sobald er lesen lernt, begreift er Wörter als Bilder. Das beschleunigt das Lesen, weil Bilder blitzschnell begriffen werden. Das bedeutet: Jedes Wort, jeden Satz, den Sie auf das Flipchart schreiben oder auf Folie zeigen, illustriert und unterstreicht Ihren Vortrag.

Wir lesen Wörter als Bilder

Lesen Sie folgenden Text laut vor: „Nach eienr Stidue der Cmabridge Uinverstiaet ist es eagl, in wlecher Reiehnfolge die Bchustebaen in Woeretrn vokrmomen. Es ist nur withcig, dsas der etrse und lettze Bchusatbe an der richtgien Stlele snid. Der Rset knan total falsch sein und man knan es onhe Porbelme leesn. Das ist, wiel das mneschilche Geihrn ncith jeden Bchustbaen liset, sodnern das Wrot als Gaznes."

Darstellungen auf Flipchart oder Powerpoint sind hilfreich, sofern sie das Gesagte unterstützen und nicht zum Selbstzweck werden (siehe die Tipps im Kapitel „Powerpoint und Flipchart").

Erzählen Sie aus dem Buch Ihres Lebens

Wollen Sie Ihre Präsentation auflockern und einen bestimmten Punkt hervorheben? Dazu eignet sich ein Erlebnis aus Ihrem eigenen Leben ideal. Warum? Eine Geschichte, die Sie selbst erlebt haben, steht farbig vor Ihrem geistigen Auge und ist daher leichter und spannender zu erzählen. Der Nebeneffekt ist, dass Ihre Körpersprache authentisch wirkt. Denn die Erfahrung, die Sie schildern, aktiviert Ihre inneren Bilder und somit auch Ihre Gefühle. Ihre Gestik und Mimik werden ausdrucksvoll und Sie brauchen keine Notizen, denn durch den inneren Film kennen Sie die Geschichte auswendig.

Zuhörer sind neugierig auf Begebenheiten aus Ihrem Leben. Fragen Sie sich, welche Ereignisse aus Ihrem Leben wert sind, berichtet zu werden.

Überlegen Sie: Welche Erlebnisse haben Sie in Ihrem Wesen verändert? Welche Ereignisse haben Sie tief bewegt? Worüber ärgern Sie sich immer wieder? Welche alltäglichen Vorgänge bereiten Ihnen immer wieder Probleme? Welche früheren Erfahrungen sind heute noch wichtig für Sie? Was haben Sie aus ihnen gelernt? Wer hat Ihnen diese Lektion beigebracht? Wie hat Ihnen diese Erkenntnis im Leben weitergeholfen? Wie passt diese Lektion in Ihren Vortrag hinein? Geben Sie diesen Erlebnissen aus Ihrem Leben neue Aktualität.

Finden Sie Bilder, die direkt die fünf Sinne Ihrer Zuhörer ansprechen. Wie fühlte sich das an? Was hörten Sie in diesem Moment? Dramatisieren Sie, übertreiben Sie! Ihre Zuhörer waren nicht dabei, unternehmen Sie alles, um sie ins Bild zu setzen. Helfen Sie Ihrem Publikum, sich Ihre Geschichte genauso lebendig auszumalen.

Vergessen Sie nicht, dass Rhythmus und Lautstärke für das Geschichtenerzählen wesentlich sind. Modulieren Sie Ihre Lautstärke, setzen Sie Pausen.

Mit Geschichten aus dem eigenen Leben können Sie Ihre Zuhörer am besten motivieren. Sie sind glaubhaft, denn Sie sind der Zeuge und Hauptdarsteller, Sie waren dabei.

Geschichten machen den Vortrag lebendig

Wenn mein Vater, der Dirigent Kurt Wöss, über seine Erfahrungen mit verschiedenen Orchestern sprach, erzählte er gerne folgende Geschichte: Er hatte bei einer Probe von Bruckners Achter Symphonie das Gewandhausorchester Leipzig auf die Unterschiede zwischen der österreichischen Bruckner-Tradition und der deutschen Auffassung hingewiesen. „In der folgenden Pause wandte sich einer der Orchestermusiker an mich und fragte ganz ernst, ob ich denn den Unterschied zwischen den Wiener und den Berliner Philharmonikern kenne. Schon wollte ich ein wenig verärgert ausholen, wollte etwa Stilfragen ins Treffen führen, da unterbrach mich der Mann: ‚Ein junger aufgeregter Herr, mit einem Geigenkasten unterm Arm, will zum Probespiel und fragt einen Berliner Polizisten: ‚Wie komme ich hier am schnellsten zu den Berliner Philharmonikern?' – Darauf der Polizist: ‚Üben, Junge, fleißig üben.' Und die gleiche Szene in Wien: Der Polizeibeamte überlegt eine Zeit lang und meint dann leise: ‚Haben S' denn Protektion? Kennen S' vielleicht den Herrn Professor?'"[52]

Eine Geschichte erzählen: Die älteste Kunst des Vortrags

Die ältesten Zeugnisse der Menschheit sind Epen. Das Gilgamesch-Epos und das Mahabh'arata-Epos sind Schilderungen mythischer Begebenheiten, die eine hohe und meist sehr genaue Erzählkunst erforderten. In Kulturen der mündlichen Überlieferung war alles Erzählte bildhaft, sonst hätten sich die Sänger und Dichter den Ablauf ihrer Geschichten nicht merken können![53]

---

[52] Kurt Wöss: "Als ich zu dirigieren vergaß … und andere Erlebnisse eines weltreisenden Dirigenten". OracPietsch 1983 S. 94.

[53] Zeugen der schriftlosen Kultur gibt es bis in den heutigen Sprachgebrauch. So stammt der Begriff Yoga aus der Zeit der schriftlosen indischen Kultur. Yoga (etymoloigsch verwandt mit dem "Joch", das zwei Ochsen miteinander verbindet) leitet sich vom Sanskrit-Verb "yuj", "verbinden", ab und bezeichnete ursprünglich die vorbereitenden Übungen der Konzentration (vermutlich

Ebenso ist die Bibel eine Abfolge von Geschichten. Die Kunst des Geschichtenerzählens ist eine grundlegende Fertigkeit jedes Menschen einer schriftlosen Kultur, die heute weitgehend verloren gegangen ist. Die Gutenachtgeschichte für Ihre Kinder ist meistens die einzige Gelegenheit, eine Geschichte zu erzählen. Dabei eignen sich Geschichten hervorragend, einen Punkt zu illustrieren. Sie können komplizierte Inhalte veranschaulichen, bleiben in Erinnerung und sind unterhaltsam.

Lesen Sie die Bibel einmal unter dem Gesichtspunkt, ob nicht eine Passage aus ihr Ihren Vortrag veranschaulichen könnte. Der Vorteil: Den meisten Menschen in Ihrem Kulturkreis sind die Geschichten des Neuen Testaments durch den Religionsunterricht bekannt. Wenn Sie die Geschichte noch einmal erzählen, greifen Sie daher auf Bekanntes zurück. Die Quintessenz kann jedoch eine andere, überraschende sein – so wecken Sie das Interesse Ihrer Zuhörer.

Kennen Sie die Geschichte mit dem Lahmen aus der Bibel? Zu Jesus kam ein Lahmer und verlangte, von ihm geheilt zu werden. Diese Geschichte hatte ein Vortragender aufgegriffen, um die Macht des Glaubens zu demonstrieren. Aus meinem früheren Religionsunterricht waren mir die Worte Jesu in Erinnerung: „Nimm dein Bett und geh. Dein Glaube hat dir geholfen." Ich hatte als Moral dieser Geschichte im Kopf: Glaube nur fest, dann wirst du geheilt. Der Vortragende sagte aber – vermutlich nach einer anderen Übersetzung: „Nach deinem Glauben wird dir geschehen." Er leitete aus der Geschichte ab, dass die Menschen nur das erhalten, was sie fähig sind zu glauben. Zuerst bräuchten sie eine Vision, die sie gänzlich verinnerlichen, tief in ihrem Inneren „glauben", und dann wird genau das

---

für die "Verbindung" mit dem Universum), die der Dichter vornahm, um ein Epos zu schaffen, das er später vortrug.

eintreten. Ein großer Unterschied und ein überraschender Aspekt der bekannten Geschichte.

Geschichtenerzählen will geübt werden. Malen Sie sich vorerst die Geschichte genau aus, die Sie erzählen wollen. Schaffen Sie sich Ihre inneren Bilder! Je bildhafter die Geschichte vor Ihren Augen steht, desto lebendiger werden Sie sie erzählen.

Nachdem Sie den inneren Film entwickelt haben, kommt die Zeit des Übens. Gute Geschichtenerzähler wiederholen ihre Geschichten bei jedem möglichen Anlass. Wann immer Sie einen Bekannten treffen, geben Sie Ihre Geschichte zum Besten. Auch wenn es Ihnen penetrant erscheint, machen Sie es den notorischen Erzählern nach. Je öfter Sie sie erzählen, desto besser werden Sie.

Nach der Geschichte kommt die Moral von der Geschichte! Die schönste Geschichte verliert ihren Sinn, wenn Sie nicht danach auf die Quintessenz hinweisen. Sagen Sie klar und deutlich, was Ihre Geschichte illustrieren soll. Was Sie genau meint und warum Sie sie erzählt haben.

Menschen sind Geschichtenerzähler

Vor zwei Millionen Jahren tauchte der Homo habilis im Süden und Osten Afrikas auf. Er stellte die ersten Steinwerkzeuge her. Vor 1,7 Millionen Jahren verwendete unser Vorfahr Homo erectus das Feuer und ging auf die Jagd. Vor 100.000 Jahren entwickelte der Homo sapiens sapiens Sprachwerkzeuge. Seit damals sprechen Menschen. Vor 5.000 Jahren wurden die ersten Schriften erfunden.

Das bedeutet, dass die Menschen 95.000 Jahre Geschichten erzählten, ohne dass diese niedergeschrieben waren.

Fallbeispiele

Fallbeispiele werden häufig im Gewand von Geschichten erzählt. Sie illustrieren einen bestimmten Sachverhalt. Rechtsanwälte erzählen von juristischen Fällen, die sie bearbeitet, Mediziner von Patienten, die sie behandelt haben, Verkäufer von Kunden, bei denen sie Erfolg hatten. Meistens steht ein Mensch im Mittelpunkt. Geben Sie diesem Menschen einen Namen, auch wenn er nicht der wirkliche ist. Das erleichtert das Verständnis. Sie erzählen zum Beispiel von einer unzufriedenen Kundin, die ein Smartphone reklamiert. Diese erwähnt dem Verkäufer gegenüber eine Freundin, die bei einer Konkurrenzfirma ein billigeres und angeblich leistungsfähigeres Handy erworben hat. Deren Mann hätte auch gesagt … usw. Spätestens beim Ehemann der Freundin ist die Sache zu umständlich geworden. Der Ehemann der Freundin der unzufriedenen Kundin hat gesagt … Das wird unklar und langweilig. Nennen Sie die Kundin gleich Frau Rockenschaub, dann fällt die Orientierung leichter.

Metaphern

Tagtäglich verwenden Sie Metaphern, ohne dass es Ihnen wahrscheinlich bewusst ist. Sie sagen „Der Konjunkturmotor springt an" oder Sie sprechen von der „Talfahrt der Wirtschaft" und empfinden die Steuerforderung des Finanzamts als „Schlag ins Gesicht".

Die ursprüngliche griechische Bedeutung von Metapher ist „Übertragung". Die Bedeutung eines Wortes wird auf ein anderes übertragen. Der Löwe ist zum Beispiel seit Homer die Metapher für einen kämpfenden Helden. Auch heute wird häufig das Bild „Er kämpfte wie ein Löwe" verwendet. Ein großer österreichischer Elektronikhändler wirbt – jetzt schon in zweiter Generation – mit dem Spruch „Tigern Sie zum Löwen!" Durch diese Metapher präsentiert sich diese Elektronikkette mit der Stärke des Löwen und mit dessen Unbesiegbarkeit.Mit dem Wortvergleich der Metapher transferieren Sie die Macht und die Assoziationen eines zweiten Bildes auf Ihr ursprüngliches Beispiel. Gleichzeitig vermitteln Sie dadurch dem Zuhörer eine neue Sicht der Dinge.[54]

„Werden Sie vom Zweizylinder zum Zwölfzylinder!" Dieser Appell eines Arztes führt seinem Publikum plastisch vor Augen, dass es seine körperliche Leistungsfähigkeit nicht voll ausnützt. Er greift mit dieser Metapher auf eine Analogie zurück, die seit René Descartes Allgemeingut geworden ist: Der menschliche Körper als Maschine. Als eine Maschine, die man pflegen und warten muss, deren Einzelteile ausgetauscht werden können und die reibungslos läuft, wenn sie richtig gewartet wird und Sie das richtige Benzin/Ernährung einfüllen. Das ist gerade für Auto-Verliebte – und seine Zuhörer sind überwiegend Männer – eine sehr verständliche und positiv besetzte Metapher. Vom Zweizylinder zum Zwölfzylinder bedeutet, sie könnten ihre körperliche Leistung versechsfachen, wenn sie nur den richtigen Treibstoff einfüllen und die „Maschine" ordentlich „tunen".

Sehen Sie, wie eine Metapher die Gedanken in eine bestimmte Richtung lenken kann?

Metaphern veranschaulichen nicht nur, sie schaffen auch Wirklichkeit.

Metaphern schaffen Wirklichkeit

Der amerikanische Präsident John F. Kennedy sagte schon in den sechziger Jahren: „Der Mensch ist immer noch der außer-

---

[54] Die „Was wäre, wenn"-Übung hilft Ihnen, entsprechende Metaphern für den Vortrag zu finden.

gewöhnlichste Computer von allen." Damit war er schon sehr früh einer, der die Metapher des Computers auf den Menschen bzw. auf das Gehirn anwandte. Computer sind ein tagtäglicher Bestandteil des menschlichen Lebens. Kein Wunder, wenn die Vergesslichkeit etwa damit verglichen wird, dass die Daten aus der Festplatte gelöscht worden sind. Mit dem Vergleich setzt man voraus, dass es zwischen dem Computer und dem Gehirn Ähnlichkeiten gibt.

Wenn man das menschliche Gehirn mit einem Computer gleichsetzt, liegt der Schluss nahe, dass sich der Mensch Dinge in der gleichen Weise merkt, wie ein Computer Daten speichert. Hirnforscher wenden sich jedoch gegen dieses Bild.

Der Nobelpreisträger und Neurobiologe Gerald Edelman zum Beispiel vergleicht das Gehirn mit einem Dschungel, da dieses Bild viel eher die innere Dynamik des Gehirns darstellt als der Computer, der von jemandem außerhalb programmiert und bedient werden muss.

Das Bild des Dschungels beschwört ganz andere Assoziationen herauf als das Bild des Computers. Der Münchener Gehirnforscher Ernst Pöppel prägte für einen anderen Aspekt des Gehirns wiederum folgende Metapher: „Auf dem Meer des unbewussten Denkens schwimmt ein kleines Segelboot."

Je nachdem, welche Metapher für das Gehirn verwendet wird, beleuchtet es einen unterschiedlichen Aspekt der Wirklichkeit.

So beeinflussen Sie mit den Bildern, die Sie für Ihre Metaphern verwenden, die damit verbundenen Gedanken. Durch die Wahl der Metapher steuern Sie Ihr Publikum auf subtile Weise. Es ist ein Unterschied, ob Sie vom Körper als Zwölfzylinder reden oder als Pflänzchen, das täglich gegossen werden muss.

Beispiele für Metaphern

Als in Österreich über den Ankauf neuer Abfangjäger debattiert wurde, berichteten die Zeitungen, dass die Abfangjäger zu nichts anderem nutze wären bei der Verletzung des österreichischen Luftraums, als illegal eingetretene Flugzeuge zu fotografieren.

Josef Cap, damals Abgeordneter zum österreichischen Nationalrat, kritisierte daraufhin im Parlament: „Die Abfangjäger fliegen als sündteure Fotoapparate durch die Gegend."[55]

„Wo andere einen Gartenschlauch haben, hat er Rückgrat." (Aussage eines Politikers über einen Minister der Gegenpartei)

„Politische Probleme sind wie Camembert: Wenn man sie lange liegen lässt, laufen sie einem davon." (Edgar Faure, mehrfacher Minister und französischer Ministerpräsident.)

„Politik ist Steilwandfahren. Man muss ständig Vollgas geben. Wer bremst, stürzt ab." (Klaus Kinkel, früherer deutscher Bundesminister.)

Die Wahl dieser Metaphern schafft nicht nur eine bestimmte Wirklichkeit. Sie erlaubt es dem Redner auch, sich von einer bedrohlichen Situation zu distanzieren. Die letzten beiden Bilder suggerieren nur eine bestimmte Handlungsmöglichkeit: „Sie müssen sofort die Probleme lösen, denn sonst laufen sie davon." Oder: „Ich muss dauernd mit Vollgas Politik machen, sonst stürzen wir allesamt ab."[56]

Achtung vor falschen Metaphern! Der österreichische Abgeordnete zum Nationalrat Peter Pilz gestand in der Zeitschrift

---

[55] Kronenzeitung, 22. Juni 2003.

[56] Vergleiche den informativen Abschnitt über Metaphern in Ditko und Engelen, S. 198-217

„profil": „Ich halte nichts von Schnittlauchpolitikern, die bereit sind, auf jeder Suppe zu tanzen." Da hatte er wohl zwei Wortbilder vermischt.

Metaphern richtig angewandt

- Hüten Sie sich vor falschen Wortbildern!
- Bedenken Sie, welche Assoziationen Sie mit Ihrer Metapher mittransportieren!
- Verwenden Sie möglichst ungewöhnliche, aber stimmige Metaphern!

Analogien

Die Analogie (oder das Gleichnis) ist der Metapher eng verwandt. Sie veranschaulicht, indem sie einen Vergleich zwischen zwei ähnlichen Dingen zieht.[57] Am leichtesten fällt es Ihnen, eine Analogie zu finden, wenn Sie sich folgenden unvollständigen Satz denken: „Das ist genauso wie …", oder „Das kann ich vergleichen mit …" Da die Menschen die Neigung haben, einen unvollendeten Satz sinnvoll zu ergänzen, fällt Ihnen so am schnellsten ein schönes bildhaftes Gleichnis ein.

Beispiel: Roland möchte zwei Freunde davon überzeugen, mit ihm einen Laden aufzumachen. Sie müssten jedoch genau wie er am Anfang investieren. Er wählt als Gleichnis eine Fahrt von München nach Regensburg. Er argumentiert: „Wenn Ihr mit mir den Laden aufmachen wollt, dann müsst Ihr euch zuallererst einmal im Klaren sein, ob Ihr das gleiche Ziel anstrebt wie

---

[57] Definition laut Fremdwörter-Duden: Metapher: „Sprachlicher Ausdruck, bei dem ein Wort, eine Wortgruppe aus seinem eigentlichen Bedeutungszusammenhang in einen anderen übertragen wird, ohne dass ein direkter Vergleich zwischen Bezeichnendem und Bezeichneten vorliegt." Analogie: „Entsprechung, Ähnlichkeit, Gleichheit von Verhältnissen, Übereinstimmung."

ich. Wenn Ihr eine Reise tut, dann fahrt Ihr ja auch nicht einfach ins Blaue und sagt, jetzt steigen wir mal ein, fahren 200 Kilometer und schauen dann, wo wir angekommen sind. Nein, Ihr werdet schon vor der Reise wissen, wo Ihr hinfahren wollt, und werdet das Ziel als ein erstrebenswertes ansehen. Wenn Ihr sagt, ja, wir wollen auch dorthin, wo Roland hin will, dann ist einmal das gemeinsame Ziel klar.

Stellt euch jetzt vor, unser Startpunkt ist München und unser Ziel Regensburg. Wenn wir das Ziel festgesetzt haben und zur Reise aufbrechen, brauchen wir als Voraussetzung ein Auto. Die Voraussetzungen für unsere berufliche Reise bringt Ihr schon mit. Ihr habt die richtige Ausbildung und berufliche Erfahrung. Wir setzen uns also am ersten Reisetag ins Auto. Um unsere Reise zu starten, brauchen wir Treibstoff, das heißt wir müssen Benzin kaufen. Wir alle müssen investieren, damit wir uns überhaupt auf den Weg machen können. Wenn wir alle zusammen am Anfang unsere Gelder zusammentun, werden wir zwar nicht bis nach Regensburg mit einem Tank kommen. Es wird auch Umleitungen und Staus geben, die wir vorher nicht einplanen können. Mut werden wir auf unserer Reise aber weitere Quellen finden, um unsere Reise bis zum Ziel zu schaffen."

Roland bringt mit dem Gleichnis von der Reise einen nachvollziehbaren Vergleich in seine Argumentation. Er stellt geschickt den unangenehmen Aspekt der Investition als notwendige Komponente zur Erreichung des gemeinsamen Ziels dar. Auch Sie können mit einer Analogie Ihren Zuhörern Ihre Argumente plausibel näher bringen.

Lebendige Sprache

Je bildlicher Ihre Sprache ist, desto leichter vorstellbar und desto lebendiger ist sie. Haben Sie einen akademischen Abschluss? Wenn ja, sind Sie im Nachteil. Je länger Sie die Schulbank gedrückt haben, desto mehr haben Sie sich vermutlich an abstrakte Sprache gewöhnt. Für Sie gilt ganz besonders: Achten Sie auf bildhafte Formulierungen und schreiben Sie sie auf.

Gehen Sie auf Fremdwort-Diät

Verwenden Sie Fremdwörter nur sparsam. Überschätzen Sie Ihr Publikum nicht! Selbst wenn Sie glauben, vor sehr gebildetem Publikum zu sprechen, ist nicht jedes Fremdwort verständlich.

In einem meiner Workshops für Universitätslehrer klagten zwei Teilnehmerinnen mehrere Male, dass sie ein Fremdwort nicht verstanden hatten, nämlich das Wort „Moratorium". Beide sprachen akzentfrei Deutsch, hatten in Österreich studiert, waren aber in Frankreich bzw. im Libanon aufgewachsen. Dadurch war ihr Wortschatz nicht ganz so reichhaltig wie jener der anderen einheimischen Universitätsprofessoren. Das zeigt: Ersetzen Sie Fremdwörter durch deutsche Begriffe. Erklären Sie nach einem Fremdwort, was es bedeutet. Nicht nur die Unverständlichkeit ist das Problem bei Fremdwörtern. Manche Menschen mögen verstehen, was Moratorium bedeutet. Nur verwenden sie dieses Wort so selten, dass sie kein Bild damit verbinden. „Gymnasium" ist auch nicht deutschen Ursprungs. Doch mit dem Wort Gymnasium verbinden Sie alle das Bild einer Schule, eines Schulgebäudes, der weiterführenden Bildung etc. Achten Sie daher beim Gebrauch der Fremdwörter, ob sie Bilder im Kopf erzeugen!

Vergleichen Sie diese beiden Sätze:

- Eine maturierte amorose Relation zweier geschlechtlich getrennter Komponenten verhält sich oxidationsresistent.
- Alte Liebe rostet nicht.

Die Bedeutung der beiden Sätze ist die gleiche. Doch nur der zweite Satz ist bildhaft.

Verwenden Sie aktive Formulierungen statt Passivsätze

Nicht so: „Das Beamtendeutsch wurde von findigen Ärmelschonerträgern entwickelt, damit das Verständnis von Wörtern nicht so schnell eine Erleichterung erfährt …"

Keine Floskeln und gestelzten Formulierungen!

Im deutschen Sprachraum sind die Menschen es schon gewohnt, gestelzte Sprache vom Podium zu hören. Die Reden der Politiker sind die einzigen, die in den Medien ausgestrahlt werden. Und so meint jeder mediengebildete Mensch, die Sprache der Politiker wäre die Sprache der öffentlichen Rede. Da sagt eine Lokalpolitikerin der Oppositionspartei:

„Damit ist doch der unwiderlegbare Beweis gebracht, dass die Regierung die Bevölkerung mit voller Absicht im Dunkeln lassen will!" Klingt doch ganz normal, oder? Stellen Sie sich jetzt vor, die gleiche Lokalpolitikerin sitzt mit ihrem Ehemann beim Abendessen und sagt: „Damit ist doch der unwiderlegbare Beweis gebracht, dass die Regierung die Bevölkerung mit voller Absicht im Dunkeln gelassen hat!" Jetzt erkennen Sie: Das ist keine Alltagssprache! Sie wirkt gestelzt.[58]

---

[58] Siehe auch „Kampf den Floskeln!"

Mehr Verben und weniger Hauptwörter

Die deutsche Sprache eignet sich ideal für Philosophen und für Juristen. Jedes Verb kann „verhauptwörtlicht" werden. Z.B.: „Die Einhebung des in Streit stehenden Betrages kann auf Antrag bis zur Erledigung der Berufung ausgesetzt werden." Wer einen solchen Satz als Zuhörer verstehen will, ist arm dran. Bleiben Sie beim normalen Alltagsdeutsch, dann kann nichts schief gehen.

Bauen Sie direkte Rede ein

Schauen Sie dem Volk aufs Maul! Stellen Sie sich zwei ältere Damen im Kaffeehaus vor. Sie sind ins Gespräch vertieft. Die eine sagt: „Stell dir vor, ich habe die Gabi getroffen. Erzählt sie mir, dass ihr Chef sie dauernd hin und her kommandiert: ‚Machen Sie doch Kaffee! Haben Sie den Akt noch immer nicht hervorgeholt!' Sagt sie: ‚Was soll ich machen? Ich kann mir das doch nicht auf die Dauer gefallen lassen! Meine Kollegin sagt auch: Gabi, du musst dich wehren.' Na, mir soll mein Chef kommen! Das traut er sich nie bei mir!"

Wie wäre die gleiche Situation in indirekter Rede?

Zwei ältere Damen sind ins Gespräch vertieft. Die eine erzählt von ihrem Treffen mit ihrer Freundin Gabi. Diese beschwert sich über ihren Chef, der sie dauernd herumkommandiert. Sie beklagt sich über ihre eigene Unentschiedenheit, weil sie nicht weiß, wie sie sich in dieser Situation verhalten soll. Auch ihre Kollegin ermutigte sie, sich zu wehren. Die ältere Dame sagt zu ihrer Gesprächspartnerin, dass sie sich ein solches Verhalten ihres Chefs verbitten würde.

Merken Sie, wie viel frischer und lebendiger die erste Variante mit direkter Rede wirkt?

Wenn Sie in Ihrem Vortrag ein Gespräch wiedergeben, dann kleiden Sie es in direkte Rede. Das wirkt unmittelbarer und bildhafter!

Konkret statt abstrakt

Abstrakte Sprache ist oft Schriftsprache und schwer vorstellbar. „Das neue Produkt bietet vielfältigen Anwender-, Lieferanten und Unternehmernutzen." So steht es im Katalog oder im betriebsinternen Tätigkeitsbericht. Ein Zuhörer kann sich sicherlich nur mit Mühe etwas darunter vorstellen. Stattdessen könnten Sie sagen: „Das neue Produkt ist für die Kunden besonders leicht zu bedienen, seine Verpackung ist gut stapelbar und daher für Lieferanten und Verkaufsstellen Platz sparend. Unser Unternehmen kann sich dadurch im Camcorder-Bereich neu positionieren."

Apropos konkret: Zitieren Sie genau, wo Sie Ihre Kenntnisse herleiten, und haben Sie die Quellen bei Anfrage auch bei der Hand. „Studien haben ergeben …" wirkt schwammig, ungenau und nicht sehr vertrauenswürdig. Besser ist: „In der Studie, die Gary Wells im Jahre 2017 durchgeführt hatte …" Wenn Sie die Zahlen nur ungenau im Kopf haben, empfehle ich trotzdem, sicher aufzutreten und die geschätzte Zahl als Fakt zu sagen. Wenn es wichtig ist, können Sie die Zahl einem Interessenten korrigiert nachreichen.

Plinius: Wer riskiert, gewinnt

„Ich habe auf einen an sich korrekten und vernünftigen Redner Ihrer Zeit, dem es an Erhabenheit und Schmuck fehlt, nicht eben unpassend, wie ich meine, das Bonmot geprägt: ‚Sein einziger Fehler ist, dass er keine Fehler hat.' Ein Redner muss sich doch erheben, aufschwingen, bisweilen übersprudeln, sich hinreißen lassen und oft bis an den Rand des Abgrunds gehen, denn meist liegen die Höhen und

Gipfel dicht am Abgrund. Gefahrloser ist der Weg in der Ebene, aber niedriger und gemeiner; häufiger kommt zu Fall, wer läuft, als wer kriecht, aber Letzterer findet, auch wenn er nicht ausgleitet, keine Anerkennung, der andre immerhin, wenn er fällt. Wie bei andern Künsten, so ist es ja auch bei der Beredsamkeit: Nichts empfiehlt sie mehr als das Gewagte. Denk' an die Seiltänzer, die auf einem Seil emporklimmen: Welche Beifallsstürme erregen sie, wenn sie jeden Augenblick zu fallen scheinen! Es wird eben am meisten bestaunt, was besonders unerwartet, besonders gefährlich und, wie die Griechen es prägnanter ausdrücken, riskant ist."[59]

Vermeiden Sie das Wörtchen „man"

Das Wort „man" schafft Distanz und klingt hölzern. Gewöhnen Sie sich stattdessen an, konkret anzugeben, wer was gemacht hat.

Beispiel: Statt „Man hat in einer Studie festgestellt ..." sagen Sie lieber: „Der Psychologe Gordon Shaw von der University of California hat in einer Studie festgestellt ..."

Bauen Sie absichtlich Fehler ein

Gewiefte und routinierte Redner wissen, dass ihr Publikum keine Perfektion will. Der Vortragende soll menschliche Züge zeigen. Deshalb bauen sie absichtlich Versprecher ein. Hans-Uwe Köhler sagte zu mir: „Das Publikum akzeptiert jeden Versprecher. Ich sage z.B. statt statistisches Bundesamt ‚buddhistisches Standesamt'. Das amüsiert sie immer."

Ein Redner, den ich schon fünfmal über einen Fonds sprechen hörte, der die Erforschung der seltenen Kinderkrankheit

---

[59] Plinius der Jüngere, Briefe. 9. Buch 24. Brief „C. Plinius grüßt seinen Sabinianus".

Epidermolysis Bulosa finanziert, wird auch noch beim sechsten Mal ganz sicher sagen: „Epidylosibalusi oder so ähnlich ...", und damit seinem Publikum die Beruhigung verschaffen, auch sie müssten sich so etwas Kompliziertes nicht merken.

Zahlen veranschaulichen

Zahlen und Statistiken lösen bei vielen Menschen Seufzen aus. Sie haben ein gestörtes Verhältnis zur Mathematik. Tatsächlich werden Zahlen oft benützt, um Meinungen zu manipulieren und Äpfel mit Birnen zu vergleichen. Misstrauen gegenüber Statistiken und was sie beweisen wollen ist daher grundsätzlich verständlich, und sie halten es mit der folgenden Definition: „Ein Statistiker ist einer, der seinen Kopf ins Backrohr steckt und seine Füße ins Gefrierfach und sagt: ‚Im Durchschnitt fühle ich mich sehr wohl.'"

Weil es so viele Menschen mit einem gespannten Verhältnis zu Zahlen gibt, ist es für Sie umso wichtiger, Ihre Zahlen vorstellbar zu machen. Die folgenden Beispiele werden Ihnen dabei helfen.

Vor kurzem bat mich eine Klientin, sie bei der Vorbereitung eines Vortrags über einen früher sehr bekannten Komponisten und Musikpädagogen zu unterstützen. Der Mann war jahrzehntelang in Deutschland tätig gewesen und musste als Jude 1933 in die USA fliehen. Zwischen 1888 und 1950 hatte er jeden Tag die Geschehnisse in ein Tagebuch eingetragen – insgesamt 75 Bände schlummern heute noch ungelesen in einem Archiv. Nun ist das ein einmaliges kulturpolitisches Zeugnis und wohl von unschätzbarem historischem Wert. Es gibt aber einen Haken: Seine Schrift ist fast unlesbar, da in Gabelsberger Stenographie und noch dazu teilweise in Englisch niedergeschrieben.

Der Vortrag meiner Klientin sollte unter anderem unterstreichen, wie schade es wäre – ja nachgerade unfassbar –, dass dieses wichtige Dokument noch nicht entziffert sei. Meine Klientin hatte sich im Archiv einen Überblick verschafft und sich auch die eine oder andere Zeile selbst vorgenommen. Ich fragte sie daher, wie lange sie gebraucht habe, eine Zeile des Manuskripts zu entziffern. Sie sagte: Eine halbe Stunde. Ich rechnete daraufhin nach. Eine Seite hat 20 Zeilen und ein Band durchschnittlich 80 Seiten. Multipliziert man das mit der Anzahl der Bände, bekommt man 120.000 Zeilen, die zu entziffern wären. Braucht eine Zeile eine halbe Stunde zum Entziffern, säße ein Archivar 60.000 Stunden an der Arbeit. Bei einer durchschnittlichen Arbeitszeit von 1.872 Stunden jährlich würde der Bearbeiter 32 Jahre hindurch täglich 8 Stunden nichts anderes tun, als dieses Tagebuch zu entziffern. Hält man sich das vor Augen, wird die Feststellung – „Unfassbar, dass es noch nicht bearbeitet ist" – relativiert.

Vieles wird erst richtig vorstellbar, wenn man es in Zahlen fasst. Aber vor allem müssen Sie sie in einen Ihren Zuhörern verständlichen Rahmen stellen! Gerade wenn Zahlen nicht bildhaft auf einer Folie oder einem Handout nachzulesen sind, ist das Denken der Zuhörer zu langsam, um die Zahlen tatsächlich zu begreifen. Waren es nun Millionen oder Milliarden? Die Rednerin ist schon längst beim nächsten Gedanken und die Wirkung der zitierten Zahl daher verloren.

Versuchen Sie deshalb, die Zahl in ein Bild zu fassen. Sagen Sie beispielsweise: „Diese 75 Ordner nebeneinander gereiht würden zwei Bücherschränke in der üblichen Größe von 0,9 × 1,8 Meter füllen." Oder: „Übereinandergestapelt wären das zwei Stöße bis zur Decke."

Zahlen zusammenfassen

Sie ermöglichen Ihrem Publikum besser zu verstehen, wenn Sie Zahlen zusammenfassen. Die Zahl 24 ist zwei Dutzend. 500 Kilo fünf Zentner. Beachten Sie auch, dass mitunter die Darstellung der Zahl einen Unterschied macht, ob sie als größer oder kleiner empfunden wird. Was ist Ihrem Gefühl nach schwerer? 500 Kilo, fünf Zentner oder eine halbe Tonne? Gewöhnlich kommt Ihnen eine halbe Tonne schwerer vor als 500 Kilo. Wenn Sie sagen, Ihr Rolls Royce wiegt zwei Tonnen, schaffen Sie ein anderes Bild, als wenn Sie sagen, er bringt solide 1.995 Kilogramm Sicherheit auf die Straße.

Zahlen auf kleinere Einheiten herunterbrechen

Im November 2003 wurde in den Medien berichtet, dass J. K. Rowling für ihr neues Buch „Harry Potter und der Orden des Phönix" in dem halben Jahr seit Erscheinen 182.000 Euro verdient habe. Das bedeute laut Zeitungsbericht, J. K. Rowling bekomme 566 Euro für jedes Wort des Buches!

Wilfried Leven begann seine Antrittsvorlesung an der Universität Trier zum Thema „Wie viel Werbung braucht eine Marke?" mit folgendem Rechenbeispiel:

„69 Milliarden, das ist die Zahl 69 mit 9 Nullen dahinter. Um bis zu dieser Zahl zu zählen, muss man ununterbrochen ca. 1000 Jahre zählen. Hätte also ein Jünger Jesu zu zählen begonnen, wäre er fertig geworden, während die ersten Kreuzritter das Heilige Land eroberten. Oder: Hätte Otto II. (973-983) einen Knappen mit dem Zählen beauftragt, wäre der zum Ende der Kohl-Ära (1998) fertig gewesen. 69 Milliarden US $ ist der geschätzte Wert allein der Marke Coca-Cola."

Wissen Sie, wie viel eine Milliarde Euro ist? Um eine Milliarde Euro zu besitzen, müssten Sie 18 Jahre lang Woche für Woche eine Million Euro im Lotto gewinnen.

Eine Fabrik hatte dieses Jahr 515.903 Vergaser produziert. Davon waren 12.583 Ausschussware. Das sind 2,4 Prozent. Das bedeutet: Von 100 Vergasern sind mehr als 2 wertlos und daher nicht zu verkaufen. Oder anders ausgedrückt: Jeder 50. Vergaser ist Schrott.

Wenn Sie über die jährliche Verkehrstoten-Statistik sprechen, können Sie sagen: 90.000 Menschen sterben auf Deutschlands Straßen. Oder: Jeden Tag sterben 247 Menschen auf Deutschlands Straßen.

Zahlen in Zusammenhang mit dem Publikum bringen

Noch direkter ist es, wenn Sie die Zahl auf die Zahl der Zuhörer umsetzen: „100.000 Menschen sterben jedes Jahr in unserem Land an Herzinfarkt. Das bedeutet, dass von den Menschen, die hier in diesem Saal sitzen, fünf dieses Jahr an Herzinfarkt sterben werden."

Noch ein Tipp in punkto Zahlen: Sagen Sie die exakte Zahl und keine abgerundete. Das heißt: zum Beispiel 504.324 und nicht 500.000. Die genaue Zahl wirkt viel glaubwürdiger.

Zitate

Zitate im Sinn von „geflügelte Worte" geben einem Vortrag Würze. Am besten, Sie verwenden Zitate neben persönlich erlebten Geschichten und Fallbeispielen, um Ihren Vortrag aufzulockern und ihn schmackhaft zu machen. Zitate geben unsere Aussagen kurz und prägnant wieder. Die konzentrierte Aussagekraft, mit wenigen Worten das Wesentliche auszusagen, hat den besten Zitaten geholfen, die Jahrhunderte zu überleben. Eine Zitatensammlung wie die „Geflügelten Worte" von Georg Büchmann ist seit eineinhalb Jahrhunderten ein Bestseller. 1864 zum ersten Mal publiziert, liegt das Werk heute bereits in der 42. Auflage vor.[60]

Funktionen und Wirkungen von Zitaten

Veranschaulichung

Oft ist ein Zitat in ein Bild gekleidet, das den Inhalt besonders begreifbar macht. Der italienische Regisseur Federico Fellini sagte: „Gesichter sind die Lesebücher des Lebens", ein anschauliches Bild, das einen überraschenden Aha-Effekt bietet.

Unterstützung der eigenen Gedanken

Was Sie mit vielen Worten erklären, mag jemand anderer schon geschliffener formuliert haben. Wozu sich abplagen, wenn Ihr Gedanke schon woanders gelungen formuliert wurde? Wenn Sie zitieren, geht es nicht darum, einen eigenen Gedanken durch einen fremden zu ersetzen. Nein, die eigenen Gedanken sollen durch die pointierte Formulierung eines anderen unterstützt und verdeutlicht werden. Die Klarheit der eigenen Worte erfährt durch das Zitat eine erhöhte Prägnanz.

Die eigene Meinung gewinnt an Gewicht

Anerkannte Autoritäten verstärken Ihre Aussagen. Je unbestrittener die Autorität der Person, desto eher akzeptiert Ihr Publikum die Aussage. Aber Achtung: Sie müssen genau wis-

---

[60] Der Begriff „geflügelte Worte" stammt von Büchmann selbst, der dieses Wortbild von Homer übernommen hatte. Homer wollte mit diesem, in der „Ilias" 46-mal und in der „Odyssee" 58-mal vorkommenden Ausdruck épea pteróenta den unsichtbaren, eiligen Weg des gesprochenen Wortes zum Ohr des Hörenden veranschaulichen. Büchmann hingegen definierte das geflügelte Wort als eines, das sich auf einen bestimmten literarischen oder historischen Ausgangspunkt zurückführen lässt.

sen, auf welchem Parkett Sie sich befinden. Wie sehr die – vermeintlich – allgemeine Anerkennung vom kulturellen Kontext abhängt, konnte vor der Vereinigung von West und Ostdeutschland sehr gut studiert werden. Wenn im Osten marxistische Autoritäten zur Untermauerung einer Aussage herhielten, stieß dies im Westen mit vorhersagbarer Sicherheit auf blankes Unverständnis. Umgekehrt wird es wohl genauso gewesen sein.

Bücher und Datenbanken, die uns die Mühe abgenommen haben, Zitate selbst zu sammeln, sind meist sehr praktisch nach Fachgebieten geordnet. Sie können leicht nachschlagen, welche Zitate zum Beispiel zum Thema „Sicherheit" existieren. Aber die Zitatensammlungen sind ein zufälliges Sammelsurium dessen, was von Personen unterschiedlicher Interessengebiete zusammengetragen wurde. Sie stützen sich auf frühere Sammlungen, auf „Sager der Woche", die in Zeitungen wöchentlich erscheinen, und auf Aussagen von TV-Moderatoren, die möglicherweise am nächsten Tag schon ihre Show und damit ihre Autorität eingebüßt haben.

Autoritäten sind heutzutage oft kurzlebig. Ein Zitat des früheren deutschen Politikers Ludwig Erhart wird junge Leute, die ihn nicht gekannt haben, kaum vom Stuhl reißen. Für sie ist eine Fernsehmoderatorin wie Sandra Meischberger eine anerkanntere Autorität. Meischberger kann morgen wiederum nur mehr eine Erinnerung sein, wenn sie von der Bildfläche verschwindet.

Überlegen Sie genau, wen Sie zitieren und welche Wirkung der Autor auf das Publikum haben könnte.

Prüfen Sie daher: Ist die Autorität zeitlos? Die Zitate einiger bekannter Persönlichkeiten haben die Jahrhunderte überlebt. Zitate von Seneca, Demokrit, Marc Aurel und Madame de Curie werden voraussichtlich auch in fünfzig Jahren als autoritativ anerkannt sein. Der Ausspruch von Augustinus: „In dir muss brennen, was du in anderen entzünden willst", zeigt den Zuhörern die Allgemeingültigkeit, denn dieser Ausspruch gilt heute für die überzeugende Rede genauso. So wird unterstrichen, dass das Zitat eine zeitlose Wahrheit wiedergibt.[61]

Passt der Autor für Ihr Publikum? Können Ihre Zuhörer sich mit dem Zitierten identifizieren? Wenn Sie Noam Chomsky vor Sprachwissenschaftlern zitieren und Brian Tracy vor Verkäufern, dann ist die Wirkung richtig. Wenn Sie Brian Tracy vor Sprachwissenschaftlern und Noam Chomsky vor Verkäufern zitieren, ernten Sie wahrscheinlich nur Achselzucken, selbst wenn Sie erklären, wer der Autor ist. Das obige Zitat von Augustinus wird in einem Kreis von Christen wohlwollend aufgenommen werden, eine Gruppe von Atheisten wird das gleiche Zitat nicht so schätzen.

Stammt der Zitierte aus Ihrem Kulturkreis? Ein Zitat der Hopi-Indianer mag im Kreis naturverbundener Grüner am richtigen Platz sein, Maschinenbau-Ingenieure würden sich wahrscheinlich wundern. Sie haben keine passenden Assoziationen zu Hopi-Indianern und reihen sie möglicherweise neben Sioux-Indianer und Apachen in die Stämme der Karl May-Helden. Ein Zitat des Chinesen Lao Tse könnte in christlicher Runde Befremden auslösen. Stellen Sie jedoch Lao Tse und einen Christen nebeneinander, betonen Sie die Allgemeingültigkeit ihrer Aussage. Lao Tse sagt: „Die Wahrheit kommt mit wenigen Worten aus." Der gleichen Meinung war auch Martin Luther, von

---

[61] Aber Vorsicht! Viele "Zitate" sind einfach falsch wie Martin Rasper in seinem Buch "'No Sports' hat Churchill nie gesagt - Das Buch der falschen Zitate" am Beispiel vieler bekannter Zitate nachweist. Wenn Sie das Zitat nicht selbst in einem Originalwerk gelesen oder es selbst gehört haben sagen Sie lieber: "Angeblich hat schon XY gesagt ...".

dem der Ausspruch überliefert ist: „Wahrheit macht nicht viele Worte."

Geschäftsleute beziehen ihr Wissen heute häufig aus Büchern aus dem Ausland. Besonders die amerikanischen Management- und How-to Bücher sind beliebte Quellen der Business-Weisheit. Aus diesem Grund fußen viele Seminare, die sich an Business-Leute wenden, auf US-Quellen. Auch wenn US-Amerikaner uns äußerlich gleichen und wir uns gut mit ihnen verständigen können, ist es doch ein anderer Kulturkreis mit einer eigenen Tradition. Für sie sind Henry David Thoreau und Peter Senge geläufige Namen.[62] Für ein durchschnittliches deutschsprachiges Publikum gehören diese beiden Namen aber ganz sicher nicht zur Allgemeinbildung. Bringen Sie einen Ausspruch von einem Unbekannten, verliert das Zitat die gewünschte Wirkung.

Zitate bieten Abwechslung

Wenn Sie ein Zitat in Ihrem Vortrag bringen, bekommt Ihre Stimme einen anderen Klang. Der gleichförmige Rhythmus der Sätze wird kontrapunktiert, Sie ändern die Betonung. Ihr Vortrag gewinnt an Frische.

Zitate zeigen Ihre Bildung

Im 19. Jahrhundert und bis in die 60er Jahre des 20. Jahrhunderts hinein war es ein Zeichen der Bildung, gescheite Zitate einzubauen. Zitate waren Symbole der Gelehrsamkeit. Der Vortragende zitierte, um seine Belesenheit zu demonstrieren

---

[62] Henry David Thoreau, amerikanischer Schriftsteller aus dem 19. Jahrhundert, der mit seinem Buch "Walden" bekannt geworden ist. Er war einer der frühen Vertreter der „Zurück zur Natur"-Bewegung. Peter M. Senge, Professor am MIT (Massachusetts Institute of Technology), wurde mit Büchern wie "Die fünfte Disziplin. Kunst und Praxis der lernenden Organisation" in Managementkreisen bekannt.

und den Zuhörern implizit zu zeigen: „Schaut her, wie gescheit ich bin."

Heute wird dieser Hochmut des Redners kaum mehr vom Publikum akzeptiert. Nur mehr dort, wo der Herr Doktor und der Herr Hochwürden noch etwas gelten und die „kleinen Leute" ihre Unbildung nicht durch vorlautes Nachfragen offenbaren wollen. Im Geschäftsleben und auf Fachkongressen wird die Arroganz eines angeberischen Redners, mit hochtrabenden Zitaten um sich zu werfen, nur schwerlich verziehen. Übertreiben Sie es nicht mit dem Zitate- und Namedropping.

Hände weg von fremdsprachigen Zitaten!

Ein beliebter Rhetorik-Trainer machte gerne folgenden Witz: „Die alten Lateiner sagten schon, ‚Mens sana in Campari Soda'". Er spielte auf das bekannte lateinische Zitat an: „Mens sana in corpore sano" (ein gesunder Geist in einem gesunden Körper[63]) und verdrehte den zweiten Teil zu Campari Soda. Ich beobachtete jedes Mal die Reaktionen der Seminarteilnehmer. Obwohl die meisten Teilnehmer Akademiker waren, bei denen eine gewisse Bildung vorauszusetzen ist, erntete dieser Satz nur bei einer kleinen Anzahl von Menschen ein Schmunzeln. Warum wohl? Vielleicht war es einfach nicht witzig genug. Vielleicht war der Grund auch, dass Latein und Griechisch heute kein Teil der Allgemeinbildung mehr sind. Das humanistische Gymnasium hat ausgedient. Man mag es beklagen, doch wird heute jemand viel eher als Hinterwäldler angesehen, wenn er den letzten

---

[63] Meist missverstandenes Zitat aus Iuvenal, Satiren X 356. Es heißt eigentlich: „...orandum est, ut sit mens sana in corpore sano" (... man bitte [die Götter] nur um körperliche Gesundheit und gesunden Menschenverstand). Aus: Wörterbuch der Antike, Stuttgart 1976.

Youtube-Hit nicht kennt, als wenn er den französischen Spruch „Honni soit qui mal y pense" nicht versteht.[64]

Wenn Sie als Vortragender ein lateinisches oder französisches oder auch nur ein englisches Zitat bringen, dann kann es nur zwei gute Gründe geben:

Es muss entweder einleuchtend sein, warum Sie in der fremden Sprache zitieren. Ein Historiker, der über Caesars Schlachten spricht, kann durchaus „veni, vidi, vici" (Ich kam, ich sah, ich siegte) auf Latein sagen. Oder aber es ist verständlich. Die Zuhörer sind mit der Sprache und mit dem Fachgebiet, aus dem das Zitat stammt, vertraut.

Doch selbst wenn einer der beiden Gründe zutrifft, empfehle ich, das Zitat noch einmal ins Deutsche zu übersetzen. Denn auch wenn Ihre Zuhörer „veni, vidi, vici" aus Asterix kennen, gibt ihnen die Wiederholung Zeit nachzudenken. Und jene anderen, die nicht so sattelfest im Lateinischen sind, werden dankbar sein.

Bedenken Sie: Selbst wenn es Ihr Ziel ist, als Vortragende mit Ihrem Wissen zu punkten, wird heute ein fremdsprachiges Zitat als Arroganz ausgelegt. Ihre Aufgabe ist es, für die Zuhörer zu sprechen. Tun Sie das nicht, haben Sie keine mehr. Die Zeiten der Kanzel-und Kathederreden sind endgültig vorbei. Gott sei Dank!

So wenden Sie Zitate an

Ein Fremdgedanke, den Sie plötzlich mitten in Ihren Text einstreuen, kann unmotiviert und fehl am Platz wirken. Er zerreißt den Gedankenfluss der Zuhörer, die Ihre Sprache gewöhnt sind, und verwirrt sie eher, als dass er etwas erklärt.

---

[64] Auf Deutsch: „Schande über den, der darüber Schlechtes denkt."

Um zu einem Glanzlicht Ihres Vortrags zu werden, bedarf das Zitat der Vorbereitung und der Nachbereitung.

Die richtige Aufbereitung des Zitats:

- Den Inhalt in eigenen Worten formulieren
- Zitieren
- Erklärung und Auslegung des Zitats

Ein Zitat sollte nie einen neuen Gedanken einführen. Bereiten Sie mit einigen Sätzen die Aussage des Zitats vor. Das Zitat stellt dann den Höhepunkt der eigenen Darlegung dar.

Das Zitat als Höhepunkt

Angenommen, Sie hätten vor einer Gruppe von Ausbildern darzulegen, wie wichtig es ist, dass sie an die Inhalte glauben, die sie „verkaufen". Sie wollen ein abschreckendes und ein anregendes Beispiel bringen und Ihre Worte mit dem Zitat einer anerkannten Autorität absichern. Ihre Rede könnte dann etwa so lauten:

Die Themenwahl für Ihren Vortrag hat viel mit Ihrer persönlichen Überzeugungskraft zu tun. Stellen Sie sich vor, Ihr Chef hätte Ihnen angeordnet, über etwas zu sprechen, das Ihnen in der tiefsten Seele zuwider ist. Sie wissen, Sie müssen es tun, aber alles in Ihnen sträubt sich dagegen. Außerdem glauben Sie, dass es Ihre Zuhörer überhaupt nicht interessiert. Meinen Sie, dass Sie mit Ihrem Vortrag bei den Zuhörern viel Echo finden werden?

Stellen Sie sich nun das Gegenteil vor. Angenommen, Sie sind begeisterter Naturfotograf und werden eingeladen, vor anderen naturbegeisterten Menschen einen Vortrag zu halten. Sie sprechen über Ihre herrlichen Schmetterlingsaufnahmen und erzählen, wie schön die

Flügelzeichnungen des Wanderfalters ‚Monarch' wären. Ihre Stimme glüht vor Leidenschaft.

Hört Ihnen Ihr Publikum jetzt gebannt zu? Höchstwahrscheinlich. Es ist schwer, sich der Begeisterung eines Vortragenden zu entziehen.

Wenn Sie als Vortragender wollen, dass Ihre Zuhörer von Ihrem Vortrag mitgerissen werden, dann müssen Sie selber begeistert sein. Schon der Kirchenlehrer Augustinus sagte: "In dir muss brennen, was du in anderen entzünden willst."

Dürfen Sie ein Zitat verändern?

Meist ist ein Zitat schon die kürzeste, prägnante Form. Wenn Sie jedoch eine kleine grammatikalische Anpassung in Ihrem Gedankenzusammenhang vornehmen, ist das nicht schlimm. Denn es geht ja um die Botschaft und nicht um pedantische Wortklauberei. Andererseits sollte die Prägnanz der Aussage erhalten bleiben. Schon der amerikanische Schriftsteller Mark Twain sagte: „Der Unterschied zwischen dem richtigen Wort und dem beinahe richtigen ist derselbe wie zwischen einem Blitz und dem Glühwürmchen." Die Wirkung eines Zitats liegt häufig in der Wahl der Worte, in der geschliffenen Formulierung.

Wenn Sie nicht ganz sicher sind, ob Sie den Wortlaut des Zitats in freier Rede exakt wiedergeben können, schreiben Sie es wörtlich auf – mit dem Namen des Autors. Denn manchen Vortragenden passiert es, dass sie den falschen Urheber des Zitats nennen. Bemerkt das ein Zuhörer und sagt den richtigen Namen, ist das erstens peinlich, zweitens leidet der gesamte Wahrheitsgehalt des Vortrags. Die Zuhörer könnten sich denken: „Wenn nicht einmal ein Zitat richtig wiedergegeben wird, wer weiß, wie viel von all dem anderen stimmt, was uns da erzählt wird?"

Erklären Sie, wer der Autor ist

Den Autor des Zitats sollten Sie also – richtig – dazusagen.

Sollen Sie erklären, wer der Zitierte ist? Ja, in 99 Prozent der Fälle. Das hundertste Prozent ist der seltene Fall, in dem Ihr Publikum eine homogene Gruppe darstellt, in der jeder Einzelne die gleiche Fachausbildung genossen hat und der Zitierte eine bekannte Persönlichkeit des Fachs ist. In einer Gruppe von Fachärzten, die sich mit Infektionskrankheiten beschäftigen, müssen Sie nicht erklären, wer Robert Koch war. Wenn jedoch auch nur eine Person im Publikum sitzen könnte, die den Urheber Ihres Zitats nicht kennt, sollten Sie einige Erläuterungen zur Person geben. Niemand will sich eingestehen, dass er ungebildet ist. Viele sind jedoch tatsächlich nur mangelhaft allgemein gebildet. (Ich erinnere mich an eine kürzlich durchgeführte Umfrage, in der angeblich 20 Prozent der befragten Deutschen meinten, die Sonne kreise um die Erde …). Andererseits kann niemand andauernd aufmerksam lauschen. Gleitet die Konzentration des Zuhörers oder der Zuhörerin nur kurz ab, ist der Name schon erwähnt worden und es gibt keine Gelegenheit mehr, die Konzentrationsschwäche auszugleichen. Der Betroffene ärgert sich, hört dadurch wieder nur mehr halb hin und driftet noch einmal ab. Manche Zuhörer haben möglicherweise Verständnisschwierigkeiten – weil sie Ihre lokale Sprachfärbung nur schwer verstehen, weil Sie undeutlich sprechen oder die Akustik im Saal schlecht ist. Ihnen hilft ebenfalls die Erklärung, wer der Zitierte ist. Sie können z.B. sagen: „Wie schon Robert Koch, der Nobelpreisträger und Entdecker des Tuberkulosebakteriums, meinte: …" Nicht jedes Zitat stammt von einem bekannten und verstorbenen Menschen. Sie könnten auch eine Aussage aus einer Zeitung nehmen. In diesem Fall verstärken Sie die Wirkung, wenn Sie die Zeitung mitnehmen und herzeigen. Eine zweite Möglichkeit ist es, die Cover-Seite eines Magazins in Ihre Folien zu kopieren und das Zitat dazuzuhängen. Medien werden (noch immer) als glaubwürdige Quelle angesehen.

Nachbereiten des Zitats

Das Nachbereiten des Zitats ist der wichtigste Part. Wenn Sie nicht weiter Bezug auf die Aussage des Zitats nehmen, verpufft seine Wirkung und wird vergessen. Erstens wissen die Zuhörer nicht immer, wie sie ein Zitat interpretieren sollen. Manche Zitate sind vieldeutig auslegbar. Zweitens müssen Sie Ihrem Publikum Zeit lassen, die Aussage zu verdauen und in die richtige „Hirn"-Schublade zu legen. Das braucht Zeit. Wiederholen Sie daher in anderen Worten noch einmal, was Sie mit dem Zitat meinen. Oder knüpfen Sie an das Zitat die Konsequenzen an. Im Beispiel des Augustinus-Zitats könnte das sein: „Was bedeutet das nun für Sie als Vortragende? Entdecken Sie Ihre Begeisterung für Ihr Vortragsthema! Fangen Sie mit jenem Aspekt an, für den Sie brennen!"

Wie viele Zitate?

Zitate entheben Sie nicht, Ihre Gedanken in eigenen Worten zu formulieren. Ein Zitat erklärt nichts, es ist ein Show- und Aha-Effekt. Und: Es ist aus fremder Feder.

Wenn Sie zu viele Zitate aneinander reihen, gewinnt das Publikum den Eindruck, dass Sie selber gar nichts zu sagen haben. Es tritt das Gegenteil von dem ein, was Sie bezwecken. Statt Ihre Gedanken zu unterstützen, um sie brillanter und gewichtiger aussehen zu lassen, winken die Zuhörer nur mehr ab. Denn die Sprache der Zitate ist meistens nicht Umgangssprache. Sie leben von einem ungewöhnlichen Bild oder einer besonders geschliffenen Formulierung. Wenn zu viele Zitate hintereinander gereiht werden, ist das anstrengend für die Zuhörer, weil sie sich dauernd auf einen anderen Sprachstil einstellen müssen.

Ich habe einen Managementtrainer einige Male den gleichen Inhalt vortragen gehört. Jedes Mal hatte er seinen Vortrag etwas verbessert. Jedes Mal nahm er noch ein Zitat dazu, um einen Punkt zu illustrieren. Er hatte seine Zitate immer auf Folie. Das erleichterte das Verständnis und so mancher Zuhörer war wohl froh darüber. Beim fünften Mal hatte er schon so viele Zitate in den Vortrag eingebaut, dass es nur mehr ein Folien-Stakkato auf dem Beamer war, unterbrochen von einigen seiner Worte. Er hatte es übertrieben. Die Zitate wurden zum Hauptteil des Vortrags, er wurde zur Randfigur.

Beim sechsten Mal dachte ich mir: „O Gott, wie wird es jetzt werden?" Siehe da, er hatte die Zahl der Zitate halbiert, und der Rhythmus des Vortrags war wieder hergestellt. Ein wohlmeinender Zuhörer hat ihn wohl darauf aufmerksam gemacht.

Was tun, wenn Sie jemand des falschen Zitierens bezichtigt?

Als seriöser Vortragender müssen Sie wissen, wer was – möglichst auch wo – gesagt hat. Gerade bei Zitaten gibt es oft verschiedene Quellenangaben. Was tun? Sie könnten nur sehr selten ein Zitat einstreuen, wenn Sie nur exakt belegte verwenden würden. Auch in Zitatensammlungen wird meist nur der Autor genannt und nicht das Buch, aus dem der Ausspruch stammt. Ich würde mir keine grauen Haare wachsen lassen, empfehle Ihnen aber, sich dort, wo Sie es rekonstruieren können, die Quelle zu notieren.

Manchmal wird ein und dasselbe Zitat zwei verschiedenen Personen zugeschrieben. Der amerikanische Schriftsteller Mark Twain hat einmal gesagt: „Eine gute Rede hat einen guten Anfang und ein gutes Ende – und beide sollten möglichst dicht beieinander liegen." Sir Peter Ustinov, britischer Schauspieler, wird mit folgendem Ausspruch zitiert:

„Der Schlüssel zu einer guten Rede lautet: Man braucht einen genialen Anfang, einen genialen Schluss und möglichst wenig dazwischen." Wahrscheinlich handelt es sich um das gleiche Zitat, einmal von Mark Twain geschrieben, dann von Peter Ustinov übernommen und die Zwischenträger haben es unterschiedlich ins Deutsche übersetzt. Aber wissen Sie, ob Mark Twain wirklich der Urheber war? Vielleicht stammt es ursprünglich von Voltaire oder von Cicero?

Wenn also ein Zuhörer ganz genau wissen will, woher ein Zitat stammt, oder behauptet, das Zitat stamme von jemandem anderen: Was tun Sie? Bedanken Sie sich für den Hinweis – gleich im Plenum. Sagen Sie, dass Sie bis jetzt der Meinung gewesen wären, die von Ihnen zitierte Stelle gehe auf XY zurück. Sagen Sie, Sie werden der Sache auf den Grund gehen. Der Betreffende solle Ihnen seine Visitenkarte geben, die strittige Frage auf die Rückseite schreiben. Sie würden sich innerhalb der nächsten 14 Tage mit dem Resultat Ihrer Recherchen bei ihm melden.

Werden Sie zum Zitatenjäger

Es gibt viele Zitatensammlungen, Websites, Geschenkbücher mit Zitaten fürs Büro, für die Liebe, für einzelne Tierkreiszeichen etc. und andere Hilfsmittel, interessante Aussprüche zu finden. Gehen Sie ins Internet und lassen Sie sich das tägliche Zitat von www.zitate.eu schicken. Schreiben Sie sich jene Sprüche heraus, die Sie für Ihre Vorträge brauchen können. Legen Sie sich ein eigenes Notizbuch dafür an. Ich habe auf meinem Tisch ein kleines schwarzes Büchlein mit Gummizug liegen. Immer wenn ich einen Text lese und eine Passage gefällt mir besonders gut, schreibe ich sie händisch in das Notizbuch ein. Mir bereitet es Vergnügen, hie und da darin zu blättern und mir vorzustellen, in welchem Vortrag ich ein Zitat gebrauchen könnte. Das

Praktische an dieser Methode ist, dass ich das Büchlein überallhin mitnehmen kann.

Weit rationeller und moderner ist es, Zitate am Computer zu speichern. Wenn Sie einen Laptop oder ein iPad oder ähnliches besitzen und dadurch digital auch auf Reisen Daten speichern können, ist das sicherlich eine gute Methode. So können Sie mit Suchfunktion nach Stichworten in Ihrer Sammlung suchen und bekommen sehr schnell eine „Antwort". Ich bleibe trotzdem bei meinem altmodischen Notizbüchlein ...

Kampf den Floskeln!

Floskeln sind Redensarten, die ohne nachzudenken verwendet werden. Ihre Bedeutung wird selten hinterfragt, und oft sagen sie schlicht gar nichts mehr aus: Standardformulierungen aus dem Sprachkatalog, Sprachschrott, Wortgeklingel. Politiker sind üblicherweise Meister in diesem Blabla, denn wer nichts sagt, kann nicht darauf festgenagelt werden. Verantwortungsvolle Redner, denen ihre Zuhörer am Herzen liegen, sollten Floskeln vermeiden. Sie sind eine Beleidigung der Intelligenz der Zuhörer. Der Rhetoriktrainer Gerhard Reichel fasst sie unter dem Begriff Papierkorbsätze zusammen.[65] Hier ein Auszug aus seiner Liste der häufigsten Papierkorbsätze:

- „Es ist mir eine besondere Ehre ..."
- „Ich habe das Vergnügen ..."
- "Lassen Sie mich kurz ..."
- „Ich freue mich, dass Sie so zahlreich gekommen sind ..."
- „Darf ich dazu bemerken ..."

---

[65] Reichel, Standing Ovations, S. 256.

- „Wenn Sie gestatten …"
- „Danke für Ihre Aufmerksamkeit …"

Hand aufs Herz: Wie oft haben Sie einen dieser Sätze schon selbst verwendet? Werden Sie es in Hinkunft schaffen, ohne sie auszukommen? Ich wünsche es Ihren Zuhörern!

Checkliste: Lebendige Gestaltung

- ✓ Welche visuellen Hilfsmittel setzen Sie ein? Flipchart/Whiteboard (vorbereitete oder spontane Skizzen, Text?) Powerpointfolien, Scans, Grafiken, Tabellen
- ✓ Geschichten aus der eigenen Erfahrung eingebaut?
- ✓ Geschichten einer vorbildhaften Persönlichkeit, Beispiele aus den Medien, Fallbeispiele?
- ✓ Ist Ihre Sprache lebendig genug? (z. B. mit Analogien, „... das ist so, wie wenn ..."). Erklären Sie jedes Fremdwort? Sprechen Sie in aktiven Formulierungen? Stellen Sie zwischendurch rhetorische Fragen? Sprechen Sie Alltagssprache statt Schriftsprache? (konkret statt abstrakt, mehr Verben als Hauptwörter, wenn möglich mit direkter Rede etc.)
- ✓ Haben Sie Ihre Zahlen veranschaulicht? (visuell und durch Vergleiche)
- ✓ Zitate eingebaut?
- ✓ Sprechen Sie immer wieder den Nutzen und die Interessen der Zuhörer an?
- ✓ Bieten Sie alle sieben bis acht Minuten Abwechslung im Vortrag? (etwas zu sehen, etwas zu hören, etwas zu lesen, etwas zu machen, Änderung Ihres Sprechrhythmus, eine rhetorische Frage, Ansprechen eines Zuhörers)

Download der Checkliste möglich auf www.fleurwoess.com

Fünf Schlüssel zum Gedächtnis Ihrer Zuhörer

Wenn Sie wollen, dass Ihr Vortrag in Erinnerung bleibt, sollten Sie einige Grundregeln beachten:

Wiederholen

Setzen Sie immer wieder neue Aspekte mit früheren Aspekten oder mit der Hauptaussage Ihres Vortrags in Bezug. Wiederholen Sie mehrmals die wichtigsten Punkte und verbinden Sie sie mit den neuen Inhalten.

Involvieren

Wie Sie Zeit erleben, hängt entscheidend davon ab, was Sie tun. Wenn jemand einen Vortrag hält, mag er der Auffassung sein, er habe nur kurz gesprochen, während die Zuhörer verstohlen auf die Uhr schauen. Der unterschiedliche subjektive Eindruck der Dauer beim Reden und beim Zuhören wurde in einem Versuch mit Studenten genauer geprüft. Die Studenten mussten entweder eine Geschichte vorlesen oder sich vorgelesene Geschichten anhören. Es zeigte sich, dass für jene, die gelesen hatten, sehr viel weniger Zeit vergangen zu sein schien als für die Zuhörer.

Das heißt: Wenn man etwas aktiv macht, dann scheint die Zeit schneller zu vergehen, als wenn man passiv einer Situation ausgeliefert ist.[66]

---

[66] Pöppel, S. 93

Das bedeutet für Sie: Je mehr die Zuhörer aktiv mitmachen können und direkt oder indirekt involviert sind, desto kurzweiliger erscheint ihnen Ihr Vortrag.

Sie können die Zuhörer involvieren, indem Sie:

- sie etwas tun lassen: z.b. auf Blättern etwas ausfüllen lassen. Das kann z.b. eine Wiederholung sein. Amerikanische Management-Trainer geben den Zuhörern am Beginn des Vortrags oft ein Arbeitsbuch in die Hand, in das diese ihre eigenen Gedanken und Assoziationen eintragen. Die Trainer planen extra Zeit ein, in der die Zuhörer das eben Gehörte zu Papier bringen können;
- eine zum Thema passende Denksportaufgabe lösen lassen;
- notieren lassen, was sie am nächsten Tag vom Gehörten umsetzen werden;
- die Zuhörer ermuntern, mitzuschreiben. Teilen Sie ein Arbeitsbuch aus oder schreiben Sie etwas auf das Flipchart, dann werden Ihre Zuhörer angeregt, sich Notizen zu machen. Dadurch steigert sich die Wahrscheinlichkeit enorm, dass diese sich die Inhalte besser merken. Sie lassen sich diese Möglichkeit entgehen, wenn Sie ausschließlich Powerpoint-Präsentationen verwenden;
- Partnerübungen anregen: die Ansicht zum Thema, das angesprochen wurde, mit den jeweiligen Nachbarn austauschen lassen;
- die Zuhörer bewegen lassen. Schon allein die Bitte, aufzustehen, aktiviert sie. Lassen Sie sie eine Übung machen, in der sie durch eine Handbewegung oder durch die Darstellung einer Situation einen Aspekt Ihres Themas illustrieren.

Einszweidreivierfünfsechssieben ...

... eine alte Hex' kocht Rüben ..." Viele Kinderreime gehen bis zur Zahl sieben. Seit einiger Zeit ist auch der wissenschaftliche Beweis erbracht: Der Mensch kann sich nicht mehr als sieben Einheiten merken. Stellen Sie sich vor, dass im Kopf Ihrer Zuhörer nur maximal sieben Laden vorhanden sind, in die Sie Informationen legen können. Noch besser ist, Sie stellen sich fünf Laden vor, denn bis zu fünf Einheiten hat niemand ein Problem. Das bedeutet,

- in einem Vortrag oder Seminar nicht mehr als fünf Hauptpunkte,
- auf einer Folie oder einer Übersicht auf dem Flipchart nicht mehr als fünf Zeilen,
- in einer Zeile nicht mehr als fünf bis maximal sieben Wörter.

Wenn Sie mehr Informationseinheiten vorbringen wollen, hilft es, sie zu gruppieren – im Fachjargon wird das chunking genannt (in etwa: Klumpen bilden). Die Anzahl der Laden im Kopf bleibt dabei die gleiche. Sie können aber in eine Lade eine Gruppe von Informationen hineinlegen. Nehmen Sie als Beispiel eine Telefonnummer. Da gibt es einmal die Landesvorwahl 0043, dann die eigentliche Telefonnummer 879 57 23 (das ist übrigens meine eigene Handynummer, auf der Sie mich erreichen können), die wieder in Gruppen geschrieben ist. Diese Nummer braucht genau vier „Laden".

Bilden Sie in Ihrem Vortrag Informationsgruppen zu drei bis fünf Einheiten.

Struktur erhöht Erinnerungsfähigkeit

Strukturierte Vorträge werden grundsätzlich besser behalten als unstrukturierte, „chaotische". Wichtig ist dabei, dass die Hierarchie der angeführten Punkte möglichst leicht nachzuvollziehen ist. Eine gute Idee ist es, die Hauptpunkte mit den Unterpunkten gut sichtbar darzustellen, z.B. auf Flipchart oder Powerpointfolie. Weisen Sie immer wieder darauf hin, bei welchem Punkt Sie sich gerade befinden.

- Fassen Sie nach jedem Hauptpunkt zusammen, was Sie als das Wichtigste erachten.
- Ordnen Sie den Ablauf Ihres Vortrags nach logischen Gesichtspunkten.
- Verschmelzen Sie Einzelfakten zu einem großen Ganzen.
- Geben Sie Übersichten.

Was in Erinnerung bleibt

Das menschliche Gedächtnis braucht mehrere Reize, damit es sich Informationen merkt. Was in Erinnerung bleibt:

- 20% des Gelesenen
- 30% des Gehörten
- 40% des Gesehenen
- 50% des Gesagten
- 60% des Getanen
- 90% des Gelesenen, Gehörten, Gesehenen, Gesagten, Getanen

Die Länge ist entscheidend

Konrad Rumpold, Senior Partner einer Wirtschaftsberatung in Wien und als vormaliger Vorstandsdirektor einer großen Bank vertraut mit Reden aller Art, verriet mir folgende Rednerweisheit:

„Steh auf, dass man dich sieht. Sprich laut, dass man dich hört. Fasse dich kurz, dass man dich liebt."

Was ist kurz?

Genauso wie der Erdboden nur eine bestimmte Menge Wasser aufnehmen kann, kann Ihr Publikum nur ein gewisses Maß an Information auf einmal aufnehmen. Wenn es aus allen Kübeln gießt, bildet der Regen Pfützen und im schlimmeren Fall drohen sogar Überschwemmungen. Warum? Weil der Boden die Wassermenge nicht aufnehmen kann. Genauso ist es bei einem Vortrag. Eine Zeit lang kann Ihr Publikum neugierig bleiben und Ihre Worte verstehen und verdauen. Wenn Sie aber zu lange sprechen, bildet die Information „Pfützen", Ihre Zuhörer können nichts mehr absorbieren. Vom unaufhörlichen Strom Ihrer Ideen und Gedanken ermüdet, klinken sie sich aus, und der Strom Ihrer wertvollen Gedanken schießt über sie hinweg.

"Fasse dich kurz, dass man dich liebt", bedeutet also so kurz, dass Ihre Zuhörer noch neugierig bleiben und mühelos Informationen aufnehmen können.

Nicht länger als 20 Minuten

Schon Martin Luther sagte (angeblich): „Sprich über alles, nur nicht länger als 20 Minuten." Auch der römische Philosoph

Seneca sah 20 Minuten als die Grenze an, die man nicht überschreiten sollte. Inzwischen hat es die Wissenschaft bestätigt: Die Speicherzeit des Kurzzeit-Gedächtnisses beträgt 20 Minuten. So lange können Menschen zuhören und sich an das Gehörte später erinnern.

Das bedeutet für Sie: Sprechen Sie nicht länger als 20 Minuten über ein neues Thema. Selbst wenn Ihr Vortrag 45 Minuten oder sogar länger dauern sollte, gilt die Regel, dass Ihre Zuhörer alle 20 Minuten eine Denkpause benötigen.

Ein Oberarzt und Lehrbeauftragter, der eine 90-Minuten-Vorlesung zum Thema Tissue Engineering (Gewebewissenschaft) halten sollte, hat sich diese Erkenntnis folgendermaßen zunutze gemacht: Er baute in seine Powerpoint-Präsentation alle 15 Minuten die gleiche Folie ein. Sobald diese Folie erschien, forderte er seine Studenten auf, das Gehörte zu überdenken und zu überlegen, ob sie alles verstanden hätten und noch Fragen offen wären.

Bei der ersten Aufforderung waren die Studenten überrascht und etwas zögerlich, nach dem zweiten Block begannen sie mit wachsender Begeisterung zu fragen und zu diskutieren. Dadurch, dass er die gleiche Folie regelmäßig wiederholte, hatte er nicht nur für sich selbst die Dramaturgie des Vortrags fix eingebaut, er hatte auch seine Zuhörer angeregt, die neuen Informationen mit ihrem bereits vorhandenen Wissen zu verknüpfen und somit zu absorbieren. Mit dieser Methode merken sich seine Studenten den Unterrichtsstoff sicherlich bei weitem besser als jenen aus einer konventionell gestalteten Vorlesung.

Die 20-Minuten-Regel

Wenn Sie einen Frontalvortrag halten, planen Sie ein, das Gesagte nach 20 Minuten in anderer Form zu wiederholen. Verknüpfen Sie das Thema mit bereits vorhandenem Wissen.

Stellen Sie eine Beziehung zur Praxis und zur Lebenswelt der Zuhörer her, betten Sie die besprochenen Punkte in die Gesamtstruktur Ihres Vortrags ein. Wiederholen Sie die Kernsätze Ihres Vortrags.

Checkliste: In Erinnerung bleiben

✓ Machen Sie den Aufbau Ihres Vortrags – auch visuell – klar.

✓ Weisen Sie immer wieder darauf hin, welchen Punkt Sie gerade besprechen.

✓ Sprechen Sie Ihre Kernbotschaft mehrmals deutlich an.

✓ Fassen Sie mindestens alle 20 Minuten das Gesagte in anderen Worten zusammen.

✓ Lassen Sie die Zuhörer eigene Bilder im Kopf produzieren.

✓ Involvieren Sie Ihre Zuhörer. Lassen Sie sie nachdenken oder aufschreiben, was die Informationen für sie selbst bedeuten könnten.

✓ Fassen Sie längere Informationseinheiten in Dreier- oder Fünfer-Einheiten zusammen (chunking).

✓ Sprechen Sie langsam. Wechseln Sie Ihren Sprachrhythmus ab.

✓ Wiederholen Sie die wichtigsten Punkte am Schluss noch einmal und beenden Sie den Vortrag originell und mit Schwung.

Download der Checkliste möglich auf www.fleurwoess.com

Die Hilfsmittel

Oft kommt ein Klient stolz in mein Studio mit einer wunderschönen Präsentation am Laptop und verrät mir dann, dass er der siebte Redner auf einem Kongress ist, auf dem sechs Vorträge lang vor ihm das Publikum mit Powerpoint geprügelt werden wird. Er meint tatsächlich, dass das Publikum nach sechs Stunden noch von irgendwelchen Grafiken oder Animationen beeindruckt ist. Ein Bild nach dem anderen zieht vor den Augen der Zuhörer vorbei, die Augen ermüden im Halbdunkel. Die Vortragenden liefern meist einen langweiligen Beitext, sie scheinen zu denken: „Wenn die schon nicht zuhören, dann lesen sie es wenigstens." Das Resultat: stundenlanger Powerpoint-Einheitsbrei, die Lider der Zuhörer senken sich über das Bewusstsein.

Powerpoint und Flipchart

Powerpoint-Präsentationen und das gute alte Flipchart sind wunderbare Werkzeuge, um Ihre Worte zu unterstreichen. Unterstreichen – nicht ersetzen.

Folien können einen Vortrag auflockern, aber sie dürfen nicht die Hauptstütze des Vortrags werden. Sie als Vortragende sind noch immer die Hauptperson, die die Regie führt. Das Publikum hört gerne einem Menschen zu, der etwas zu sagen hat – aus seiner eigenen Erfahrung, mit seinem Herzblut und seiner Expertise.

Das bedeutet: Die Aufmerksamkeit soll Ihnen gelten, nicht dem Präsentations-Hilfsmittel.

Powerpoint-Präsentationen machen es zugegebenermaßen einfach, Vorträge in einem Guss auf dem Laptop zu produzieren. Da ist die Versuchung groß, die Präsentation als Redeleitfaden für sich selbst zu erstellen, den man ohne Mühe und ohne die Gefahr, hängen zu bleiben, nur mehr herunterlesen muss. Die Technik ermöglicht, einen bombensicheren Vortrag zu halten. Allerdings werden hier die Bedürfnisse des Publikums vergessen.

Powerpointfolien sind dazu da, das Verständnis für Ihre Worte durch Grafiken und Schaubilder zu vertiefen. Aber bedenken Sie: Weniger ist mehr. Verwenden Sie einige wirklich durchdachte Folien, die Ihre Worte unterstützen, und lassen Sie die langweiligen beiseite, die nur der Gedächtnisstütze dienen.

Lesbarkeitstest

Ist Ihre Folie vom Publikum aus gesehen lesbar? Machen Sie den Schnelltest! Drucken Sie Ihre Folie aus und legen Sie sie auf den Boden. Stellen Sie sich neben die Folie hin und testen Sie, ob die Schrift aus dieser Entfernung lesbar ist.

Ohne große Präsentationserfahrung wird es Ihnen schwer fallen, von einer Folie zu einer früheren zu springen. Ihre Aufmerksamkeit wird mit solchen Details vom Vortrag abgelenkt. Wenn Powerpoint-Präsentationen in Ihrer Firma der Standard sind, investieren Sie in einen Workshop, um souverän mit diesem Medium umzugehen.

22 Tipps für Powerpoint-Präsentationen

1. Nicht mehr als fünf Zeilen pro Folie.
2. Schreiben Sie Schlagwörter und keine ganzen Sätze.

3. Schreiben Sie in klarer großer Schrift, die man auch aus der letzten Reihe noch lesen kann (Lesbarkeitstest).
4. Verwenden Sie eine Farbe, um die Hauptpunkte hervorzuheben.
5. Verwenden Sie Kontrastfarben. Die schönsten Farbnuancen helfen nichts, wenn sie nicht unterscheidbar sind. Gehen Sie davon aus, dass im Vortragsraum nicht die besten Lichtverhältnisse herrschen.
6. Meiden Sie Animationen. Die erste Phase der Begeisterung über die Möglichkeiten der Präsentationsprogramme ist vorbei. Bewegte Bilder lenken vom Inhalt ab und sind für das Auge sehr ermüdend.
7. Bauen Sie Schwarzfolien ein. In den Teilen Ihres Vortrags, in denen Sie keine Folien zur Unterstützung brauchen, können Sie eine Folie ohne Bild einlegen: Wenn Sie auf Flipchart etwas skizzieren, einen Frageteil einbauen oder auch wenn Sie einzelne Kapitel voneinander trennen möchten. Das ist einfacher als den „B"-Knopf (für „black") auf dem Laptop zu finden, der in Powerpoint die gleiche Funktion hat.
8. Vermeiden Sie Powerpoint-Prügeleien. Nicht mehr als eine Folie pro Minute Vortrag.
9. Wenn Sie einen durchgestylten Powerpoint-Vortrag machen, sprechen Sie wenigstens einige Minuten frei, bevor Sie die erste Folie zeigen. Beginnen Sie mit einer schwarzen Folie. Bringen Sie eine persönliche Geschichte, erklären Sie, worum es Ihnen geht und warum das Thema wichtig ist. Das gibt trotz der nachfolgenden Technik eine persönliche Note. Auch am Schluss sollten Sie noch einmal ohne Technik vor dem Publikum stehen.
10. Gewöhnen Sie sich an zu erläutern, was auf der Folie zu sehen ist, selbst wenn die Grafik für sich sprechen sollte.

Setzen Sie nicht voraus, dass alle dasselbe sehen, nur weil alle das Gleiche sehen.
11. Lesen Sie den Text der Folie nicht wortwörtlich herunter. Das ist einschläfernd. Erklären Sie mit anderen Worten, was dort steht, bringen Sie dazu ein Beispiel, eine Geschichte, überraschen Sie.
12. Wenn Sie noch nie einen Laserpointer verwendet haben, lassen Sie die Finger davon – oder üben Sie, bis Sie seinen Gebrauch beherrschen. Das Publikum wird sonst von dem herumirrenden roten Punkt irritiert. Zeigen Sie stattdessen mit der Hand oder einem Stab auf die Punkte, die Sie hervorheben wollen.
13. Nachdem Sie eine Folie erklärt haben, schalten Sie sie weg oder schieben Sie eine Schwarzfolie ein. Das Publikum soll nun Ihnen zuhören und nicht die frühere Folie vor Augen haben.
14. Bringen Sie Abwechslung in Ihre Präsentation. Wechseln Sie manchmal zum Flipchart, um spontan etwas zu skizzieren. Schreiben Sie z. B. die Hauptpunkte des Vortrags auf Flipchart und wechseln Sie immer wieder zu dieser Übersicht auf Papier, um den Zuhörern zu zeigen, bei welchem Punkt Sie sich gerade befinden.
15. Überlegen Sie schon bei der Vorbereitung, welche Bilder Sie auch auf Flipchart oder Tafel skizzieren könnten.
16. Verwenden Sie als Abwechslung zur PC-Präsentation auch Karten auf einer Pinnwand, ein Plakat, oder zeigen Sie etwas her.
17. Selbst Powerpoint-Profis kann es passieren, dass ihr Laptop oder der Beamer des Veranstalters streikt. Nehmen Sie immer Ihren eigenen Laptop mit allen erforderlichen Anschlussstücken mit. Nichts ist ärgerlicher als wenn der Anschluss Ihres Laptops nicht zum vorhandenen Beamer

passt. Am besten haben Sie Ihren Vortrag so im Kopf, dass Sie ihn auch ohne Hilfsmittel souverän vortragen können.
18. Wenn Ihre Technik streikt, dann spielen Sie den Zwischenfall herunter. Tun Sie so, als ob die Folien ohnehin nur ein ganz winziger unwichtiger Teil Ihrer Präsentation gewesen wären. Versuchen Sie nicht zu erklären: „Wenn die Powerpoint-Präsentation funktioniert hätte, dann wäre auf der Folie Folgendes zu sehen gewesen …". Sprechen Sie vom Inhalt, den die Bilder hätten transportieren sollen, und erwähnen Sie Ihre Folien nicht mehr.
19. Bedienen Sie die Tastatur Ihres Laptops selber. Nichts ist so nervtötend wie die Anweisungen an einen Assistenten: „Voriges Bild bitte, nein, doch das vorvorige …"
20. Achten Sie darauf, dass die Tastatur in einer für Sie bequemen Höhe ist, in der Sie den Laptop in aufrechter Position bedienen können. So halten Sie leichter den Kontakt zum Publikum aufrecht. Sprechen Sie zum Publikum, nicht zu Ihren Folien.
21. Sorgen Sie dafür, dass Sie im Licht stehen, trotz eventueller Abdunkelung für die Projektion. Trotz aller Technik sind noch immer Sie der Mittelpunkt. Deshalb sollten Sie sichtbar sein.
22. Achten Sie darauf, dass Sie vor dem Publikum in der Mitte des Raumes stehen. Die Projektionsfläche sollte seitlich sein. Wie gesagt: Sie sind die Hauptperson.

Checkliste: Hilfsmittel

✓ Sind Ihre Hilfsmittel Unterstützung Ihres Vortrags oder der tragende Teil?

Wenn Sie der tragende Teil sind:

✓ Haben Sie sich so vorbereitet, dass Sie den Anfang und Schluss ohne Hilfsmittel in freier Rede vortragen können?

✓ Können Sie zu jeder Folie in eigenen Worten etwas sagen?

✓ Haben Sie Pausen geplant, in denen Sie den eine schwarze Folie zeigen oder den Projektor abschalten und frei sprechen?

✓ Haben Sie für Abwechslung Ihrer Hilfsmittel gesorgt (Pinnwand, Flipchart eingebaut)?

✓ Haben Sie den Lesbarkeitstest gemacht?

✓ Haben Sie eine Alternative bedacht, wenn die Technik streikt?

Download der Checkliste möglich auf www.fleurwoess.com

Lampenfieber: Die Leiden des jungen Redners

Peter Mahringer, ein noch recht junger Mann, Geschäftsführer einer Software-Firma, kam zu mir ins Seminar, weil er enorme Schwierigkeiten mit seinem Lampenfieber hatte. Unglücklicherweise war seine Nervosität so stark, dass seine Zuhörer sie bemerkten. Vor allem sein Zittern könne er nicht kontrollieren, klagte er: „Jedes Mal, wenn ich für eine Projektpräsentation vor meine Zuhörer trete, schlottern mir die Knie und das Manuskript zittert so in meinen Händen, dass es alle im Raum bemerken. Es ist mir so peinlich, aber ich kann es einfach nicht unterdrücken!"

Peter Mahringer kann sich in seinem Thema noch so sicher fühlen. Er kann seine Firma noch so kompetent leiten und außergewöhnliche Software-Lösungen produzieren. Wenn er jedoch als Geschäftsführer seiner Firma vor potenziellen Auftraggebern steht und vor lauter Nervosität zittert, leidet seine Glaubwürdigkeit stark. „Wenn der so zittert, dann stimmt irgendetwas mit dem Projekt nicht." Oder: „Ihm kann ich keinen großen Auftrag anvertrauen, der hat wahrscheinlich keine Führungsqualitäten …", das mögen sich einige seiner Zuhörer denken. Äußere Ruhe und Sicherheit signalisieren Führungskompetenz. Fehlen jene, nehmen viele an, es fehle auch diese.

Für Peter Mahringer war es eine berufliche Überlebensfrage, sein Lampenfieber in den Griff zu kriegen. Ein missglückter Auftritt hat nicht immer dramatische Folgen, die er in seinem

Fall gehabt hätte, aber ganz sicher ist es für jeden wichtig, beim Vortrag souverän und überzeugend zu wirken.

Wird auch Ihnen vor einem Auftritt heiß – selbst wenn die Klimaanlage voll aufgedreht ist? Zittern Ihre Knie oder werden sie buchstäblich weich? Sind Sie fahrig und nervös? All das ist Ihrer optimalen Performance nicht gerade förderlich – ich nenne es gerne das „hemmende Lampenfieber".

Wie stark leiden Sie unter Lampenfieber?

Prüfen Sie Ihre Symptome im Schnell-Check

Kurz vor einem Vortrag ...

zittern mir die Knie	ja	nein
steht mir der Schweiß auf der Stirn	ja	nein
wird mir schlecht	ja	nein
bekomme ich nervöse Zuckungen	ja	nein
schwitze ich unter der Achsel	ja	nein
werden meine Knie schwach	ja	nein
trocknet mein Mund aus	ja	nein
schlägt mein Herz schneller	ja	nein
bekomme ich feuchte Hände	ja	nein
möchte ich nur noch fortlaufen	ja	nein

Wenn Sie ...

... 8-10-mal mit Ja geantwortet haben, ist Ihr Lampenfieber bedenklich hoch. Sie brauchen unbedingt fachliche Unterstützung. Lesen Sie dieses Kapitel dreimal und befolgen Sie jeden Ratschlag.

… 4-7-mal mit Ja geantwortet haben, haben Sie nur leicht erhöhte „Temperatur". Nehmen Sie eine Tasse Tee und lesen Sie entspannt die nächsten Seiten. Es wird etwas für Sie dabei sein!

… 1-3-mal mit Ja geantwortet haben, starten Sie am besten heute noch Ihre Karriere als gefragter Vortragender.

Woher das Lampenfieber kommt

Jeder Mensch hat Lampenfieber. Das ist ganz normal. Die routiniertesten Schauspieler, Dirigenten, Redner, sie alle haben noch beim 500. Auftritt Lampenfieber-Symptome. Die Operndiva Renate Holm sagte in einem Interview: „Das Lampenfieber zu überwinden ist eines der schwierigsten Dinge und ich muss sagen, ich habe es nach 50 Jahren immer noch!"

Lampenfieber ist ein Ausdruck von Stress. Schließlich stehen wir allein und ohne Waffe (!) vor einer großen Meute unbekannter Menschen. Was haben unsere Ururgroßeltern vor 40.000 Jahren gemacht, wenn sie von einer hungrigen Säbelzahntigerfamilie überrascht wurden? Sie haben sicherlich nicht entspannt miteinander beratschlagt, was zu tun sei. In so einer Situation mussten unsere steinzeitlichen Vorfahren blitzschnell entscheiden, sonst wären sie gefressen worden. Dieses Verhalten musste automatisch ablaufen, und so haben wir diesen Mechanismus in unseren Genen vererbt bekommen. Wir alle sind ja die Nachfahren dieser entscheidungsfreudigen Fred und Vilma Feuersteins, denn die weniger schnellen haben ja vermutlich keine Zeit mehr gehabt, Nachkommen in die Welt zu setzen.

Jedenfalls stellte sich ihr Körper blitzschnell auf Kampf oder Flucht ein. Und das Gleiche wie vor 40.000 Jahren spielt sich in unserem Körper ab, wenn wir vor unserem „Säbelzahntiger", vor unserem Publikum stehen. In unserem Körper laufen in diesem Moment 1.200 von Fachleuten gezählte Einzelreaktionen ab, zum Beispiel:

- Die Pupillen weiten sich und der Augenfokus stellt sich auf die Ferne ein.
- Das Herz schlägt schneller, denn der Körper will für die Flucht oder den Kampf mit Blut versorgt sein. Der Blutdruck steigt.
- Die Durchblutung der Haut wird gedrosselt, wir sind bleich. Kalter Schweiß bricht aus.
- Die Muskeln sind angespannt, sie bereiten sich auf Loslaufen oder Losschlagen vor.
- Die Bronchien weiten sich, die Atmung beschleunigt sich.
- Die Flüssigkeitsproduktion wird zurückgeschraubt.
- Die Niere drosselt die Harnmenge, der Mund trocknet aus.
- Es besteht keinerlei Hungergefühl, der Körper will sich nicht zusätzlich belasten. Gleichzeitig erschlafft der untere Darmabschnitt, die letzten Reste des Darminhalts werden ausgeschieden (Durchfall).

Nichts wie weg

Ein Rede-Klient schildert seinen besonders krassen Fall von Lampenfieber:

„Ich sollte als Vertreter für meinen Chef auf einer internationalen Tagung einen Vortrag halten. Noch nie hatte ich etwas Vergleichbares getan. Reden vor vielen Leuten machte mich immer nervös, aber diesmal hatte ich keine Wahl. Um mich sicherer zu fühlen, schrieb ich den

Vortrag wortwörtlich nieder und übte das Vortragen schon Wochen vorher mit meiner Partnerin. Alle ihre Tipps nahm ich dankbar an, versuchte sie umzusetzen und fuhr dann sehr gut vorbereitet auf den Kongress. Fünf Minuten vor meinem Auftritt spürte ich schon meine wachsende Aufregung. Ich schlug meine Unterlagen auf und wollte beginnen, aber da passierte es: Ich konnte keinen Buchstaben mehr erkennen, alles war verschwommen. Ich kniff die Augen zusammen, ich rieb sie, nichts half. Das Einzige, was ich deutlich und klar lesen konnte, war hinten am Ausgang des Saales das Schild mit der Aufschrift ‚Exit' (Ausgang). Der Moderator musste dann den Vortrag ablesen."

Was hier passiert ist, haben Sie weiter schon oben lesen können: Der Stress weitet die Pupillen und es wird unmöglich, in der Nähe scharf zu sehen. Die körperlichen Stresssymptome sind – stärker oder schwächer – vor jedem Redeanlass vorhanden. Es macht wenig Sinn zu hadern oder zu beschließen, keine Reden oder Vorträge zu halten. Wir sollten sie akzeptieren und Gegenmaßnahmen treffen.

Im obigen Fall etwa wäre es hilfreich gewesen, die erste halbe Seite auswendig zu können und auch, ein Manuskript zu haben, das mit großer Schrift und sehr übersichtlich gestaltet ist (siehe auch „Vom Manuskript zum Stichwortkonzept").

Der in früheren Zeiten sinnvolle Stressreflex macht uns stark zu schaffen, wenn wir heute am Vortragspult stehen und ganz und gar nicht so aussehen wollen, als würden wir jeden Augenblick zuschlagen oder davonlaufen. Wir wollen nicht nervös, zittrig und unsicher wirken, nicht wie jemand, der ums Überleben kämpft, sondern entspannt, kompetent, mit ruhiger Stimme, lächelnd und gelassen. Es geht nicht nur um die Wirkung nach außen. Wenn wir uns locker und souverän fühlen –

ein Schuss Lampenfieber darf durchaus dabei sein –, können wir aus dem ganzen Reservoir unseres Wissens und unserer Erfahrungen schöpfen. Schon die alten Chinesen wussten das. Bei ihnen hieß es: „Anspannung ist, wie du sein solltest. Entspannung, wer du wirklich bist."

Erfahrung prägt

Auch wenn der Stress im Grunde für alle ziemlich gleich sein mag, die sichtbaren Symptome können ganz verschieden sein. Wie kommt es, dass Menschen auf einen bevorstehenden Auftritt scheinbar völlig unterschiedlich reagieren? Dass die eine ihrem Vortrag ziemlich gelassen entgegensieht, während es dem anderen die Schweißperlen auf die Stirn treibt? Wir alle haben doch das gleiche biologische Erbe?

Vergleichen Sie es einmal mit einer Hochschaubahn. Die einen freuen sich wie wild darauf, die höchste Hochschaubahn Europas zu erleben, und sind bereit, dafür zum Europapark nach Rust/Schwarzwald zu fahren und einiges Geld für eine Fahrt hinzublättern. Für die anderen ist allein die Vorstellung, in eines der Hochschaubahn-Wägelchen einzusteigen, schon purer Horror. Trotzdem: Die Hochschaubahn ist dieselbe.

Was die Achterbahnfahrt mit unserem Körper tut, ist ebenso für alle ziemlich gleich. Bei den Mutigen und bei den Ängstlichen, beide haben ihre Ausschüttungen an Adrenalin und Noradrenalin.

Der große Unterschied zwischen den beiden Gruppen ist, was sie mit der Fahrt in der Hochschaubahn verbinden! Diese Assoziationen und Gefühle sind grundsätzlich von unserer Erinnerung beeinflusst. Die einen sind vielleicht nach ihrer ersten Fahrt mit der Achterbahn für ihren Mut bewundert worden, oder sie haben sich einer Gruppe zugehörig gefühlt, die das unheimlich „cool" fand. Die anderen wurden möglicherweise zur Fahrt gezwungen und empfanden es daher als schrecklich. Für sie ist das Kapitel Achterbahnfahren für ihr Leben abgeschlossen.

Ist das nicht faszinierend? Die gleiche Situation – für die einen ist es der Himmel und für die anderen die Hölle.

Viele Menschen in den deutschsprachigen Ländern haben kaum die Chance, positive Erfahrungen mit öffentlichen Reden oder Vorträgen zu sammeln, bevor sie in das Berufsleben eintreten. Die einzige Erfahrung, die wohl alle gemeinsam haben, ist, in der Schule ein Referat halten zu müssen – wobei für die meisten Schüler die Betonung auf „müssen" liegt.

Anders als im englischen Sprachraum, wo die Kunst der Rede ein eigenes Unterrichtsfach ist, wird von Schülern in deutschen Landen erwartet, dass sie von sich aus, ohne Unterweisung, wissen, wie ein gutes Referat erarbeitet und gehalten werden muss. Schnell, schnell zusammengeschrieben – heute mit Hilfe von Modulen aus dem Internet – und oft zu einem Thema, das die Schüler gar nicht interessiert, sind die jugendlichen Vortragenden dementsprechend schlecht vorbereitet. Nervös und ohne den Inhalt wirklich verdaut zu haben, müssen sie sich dem unangenehmsten Publikum stellen, das es gibt: halbwüchsigen Klassenkameraden, die nur darauf warten, sich lustig zu machen über den, der exponiert vorne steht.

Wenn das unsere Erfahrungen zum Thema „Auftreten und über etwas reden" sind, ist es da verwunderlich, wenn wir sagen: „Nein danke, das überlasse ich lieber den anderen"?

Die Angst vor dem Reden in der Öffentlichkeit ist so allgemein verbreitet, dass sie schon seit geraumer Zeit als Parameter für Stresstests verwendet wird. Die Ärzte des Heidelberger Klinikums rund um den Endokrinologen Peter Nawroth haben dies sogar medizinisch messbar gemacht. Sie verwendeten den unter Psychologen bekannten „Trier Sozialstress Test". Dabei wurde das Blut der Probanden vor einem freien Vortrag und danach untersucht. Sie stellten nicht nur die erhöhte Konzentration von Adrenalin und Noradrenalin fest, sondern Veränderungen in jeder Zelle. „Wir konnten dabei erstmals die komplette psychische Belastung über die Ausschüttung der Hormone im Blut bis zu molekularen Veränderungen im Zellkern nachweisen", erklärte der Leiter der Studie.[67]

Nun ist also auch noch naturwissenschaftlich schwarz auf weiß erwiesen, dass der Stress, vor Leuten zu sprechen, uns bis ins Innerste, bis in den Zellkern, erschüttert!

Mangelnde Kontrolle

Lampenfieber ist eine besondere Form von Stress. Und Stress entsteht psychologisch gesehen am häufigsten dann, wenn wir entweder keine Kontrolle über die Situation haben, wenn wir den Ausgang einer Situation nicht vorhersehen können, oder wenn wir kein Ventil für unsere Frustrationen haben.[68]

Stellen Sie sich etwa folgende Situation vor: Sie fahren auf der Bundesstraße hinter einem Auto her, das langsam dahinzockelt, und das noch dazu im Zickzack, dann blinkt und doch nicht abbiegt –, dann lässt das Ihren Stresspegel vermutlich in die Höhe schnellen (Mangel an Vorhersehbarkeit). Wenn Sie noch dazu fluchen wollen, und aber nicht dürfen, weil Ihre Partnerin daneben sitzt und Fluchen hasst (mangelndes Ventil),

---

[67] „Psychosozialer Stress schlägt sich in Körperzellen nieder", www.pressetext.at vom 19. Februar 2003.
[68] Vgl. Sapolsky, S. 242.

sind Sie in kürzester Zeit von null auf hundert in der Stressskala. Auf einer amerikanischen Postkarte sah ich einmal den Spruch: „Stress is, when your gut says, ‚No way' and your mouth says, ‚Sure, no problem'." (Stress bedeutet, wenn dein Bauch sagt, „Unmöglich" und dein Mund sagt: „Ja, kein Problem."). Sicherlich eine unkontrollierbare Situation ...

Viele Stressreaktionen können wir vermeiden, indem wir versuchen, die Situation, die uns Stress verursacht, zu kontrollieren und vorhersehbar zu machen.

Tipp für's Lampenfieber

Die beste Möglichkeit, unser Lampenfieber zu vermindern, ist, möglichst viel Kontrolle über die Redesituation zu erlangen. Eine Weisheit, die in der kalifornischen Alternativszene sprichwörtlich ist, besagt: „You can't stop the waves, but you can learn to surf." – (Wir können die Wellen nicht aufhalten, aber wir können lernen, auf ihnen zu surfen.) Das bedeutet: Wenn Sie wissen, wie Sie Ihren Vortrag optimal vorbereiten, wie Sie ihn so spannend und unterhaltsam gestalten, dass Ihr Publikum noch Wochen danach darüber spricht, dann haben Sie auch schon die Kontrolle über 90 Prozent der Situation. Und genau darum geht es.

Wenn Sie die Ratschläge in diesem Buch umsetzen, dann ist das die beste Methode, sich vor übermäßigem Lampenfieber zu schützen.

Angst vor dem Publikum

Die schrecklichste Vorstellung für einen Vortragenden ist, dass unter den Zuhörern Personen sitzen, die darauf warten, dass der Vortrag ein Desaster wird. Bei meinem ersten Kongress, es war in Berlin, trat ich als Debütantin unter honorigen, etablierten Wissenschaftlern auf. Ein etwas älterer Kollege, der das gleiche Fachgebiet, jedoch einen ganz anderen Zugang zum Thema hatte, saß unter den Zuhörern und flüsterte mit seiner Nachbarin. Statt mit längerem Sprechen abzunehmen, steigerte sich mein Lampenfieber von Minute zu Minute. Dieser Kollege klopfte nämlich hinter vorgehaltener Hand jeden Absatz auf seine gesellschaftspolitische Relevanz ab, was damals unter Sozialwissenschaftlern gerade „in" war. Aufgeregt-empört und noch dazu für mich noch halbwegs hörbar flüsterte er seine Kommentare einer Kollegin zu. (Zu meiner Genugtuung verschwand dieser Kollege von der wissenschaftlichen Bildfläche und ward in späteren Jahren nicht mehr gesehen.)

Es saß also jemand in meinem Publikum, der von vornherein kein gutes Haar an meinem Vortrag lassen wollte, und ich wusste das. Was geht in Ihrem Kopf in einer solchen Situation vor? Denken Sie: Ich bin nicht perfekt genug? Der Kollege XY weiß mehr zu diesem Thema als ich? Was ist, wenn ich einen Hänger habe? Werden sie mich in der Luft zerreißen?

Hand aufs Herz: Waren Sie selbst schon einmal Zuhörer und haben sich nichts sehnlicher gewünscht als einen Redner schlecht zu machen?

Nein, ganz bestimmt nicht. Meistens sitzen wir im Saal, weil wir etwas erfahren und uns unterhalten wollen. Das gilt auch für unsere Zuhörer. Gewöhnlich sind sie uns wohlgesonnen und freuen sich schon darauf, etwas Interessantes zu hören. Sie als Vortragende haben von vornherein Glaubwürdigkeit, weil Sie als Expertin oder Experte ausgewählt worden sind. Die Zuhörer sind froh, dass nicht sie selbst da oben stehen und freuen sich, dass sie sich zurücklehnen und zuhören können.

Doch aufgepasst: An den Gesichtern merken Sie diese Freude nicht! Gerade in Deutschland und Österreich wirken Gesichter oft verschlossen und ernst, ja sogar feindselig. Das heißt aber noch lange nicht, dass das tatsächlich so ist. So schauen die Menschen einfach drein, wenn sie gerade keine Emotion zeigen. Lassen Sie sich nicht täuschen! Schließen Sie nicht aus „keiner Emotion" auf „negative Emotion". Gehen Sie nicht in die eigene Vorurteilsfalle.

Angst, dass Ihr Vortrag nicht gut genug ist

Besonders heftiges Lampenfieber entwickeln wir, wenn wir nicht überzeugt sind, dass unser Vortrag auf gutes Echo stoßen wird. Wann ist das der Fall?

Oft nehmen wir trotz unseres Fulltimejobs den Auftrag an, einen Vortrag zu halten. Das Tagesgeschäft steht im Vordergrund, wir sind am Abend zu erschöpft, um noch die geistig anspruchsvolle Vorbereitung unseres Vortrags angehen zu können. Die Wochen vergehen, und plötzlich ist der Termin nur mehr wenige Tage entfernt. Kein Wunder, wenn nach einer angespannten Vorbereitung und wenig Zeit zu proben das Lampenfieberthermometer steigt.

Das Gegenmittel? Beachten Sie die folgenden Punkte:

- Schreiben Sie Ihren Vortrag rechtzeitig. Fangen Sie schon einige Wochen vor dem Termin an, die Grundideen niederzuschreiben (siehe auch „Die Stoffsammlung"). Ihr Vortrag sollte eine Woche vor Ihrem Auftritt fertig sein. Lassen Sie sich mindestens eine Woche Zeit, um die Inhalte zu wiederholen und geistig zu vergegenwärtigen.

- Holen Sie sich Feedback. Geben Sie Ihren Vortrag Kollegen zu lesen und bitten Sie sie um ihr Feedback.
- Machen Sie eine Generalprobe. Bitten Sie Ihren Vortragscoach oder, wenn Sie keinen kennen, einfach einen Freund oder eine Freundin, sich den Vortrag anzuhören. Üben Sie einige Male. Mit jedem Mal wächst die Routine und damit die Sicherheit, den Inhalt zu beherrschen (siehe dazu auch „Die Generalprobe").

Wie stark Ihr Lampenfieber ist, hängt von Ihrer eigenen Einstellung zum Publikum ab. Hier sind einige Tipps, wie Sie Ihre Angst in den Griff bekommen können:

Tipps gegen das Lampenfieber

Entscheiden Sie im Vorfeld, ob Sie diesen Vortrag wirklich halten wollen. Macht Ihnen das Thema Spaß? Wissen Sie genug darüber, um sich wohl zu fühlen? Selbst wenn das Thema als Ganzes nicht gerade Ihr Spezialgebiet ist, suchen Sie einen Aspekt heraus, den Sie einzigartig präsentieren können. Eine meiner Klientinnen ist Steuerberaterin mit einem Faible für Künstler, besonders für Künstlerinnen. Aus der Kunst holt sie sich die Inspirationen für ihr mitunter recht trockenes Fachgebiet. Sie referiert immer wieder über Neuerungen in der Gesetzgebung und hat keine Scheu, ungewöhnliche Wege zu gehen. So experimentiert sie mit der Form der Vorträge, und das macht ihr wirklich Spaß. Sie kreierte zum Beispiel einen „Pflückbaum". Dort hängte sie ihre neuesten Steuertipps auf, und jeder, der von ihrer Präsentation wegging, konnte sich einen geeigneten Tipp pflücken und mitnehmen. Das machte ihr so viel Freude, dass ihr ganzer Vortrag vom Vergnügen an dieser besonderen Idee getragen wurde.

Haben Sie das ehrliche Bedürfnis, Ihrem Publikum etwas Wichtiges fürs Leben mitzugeben? Finden Sie heraus, was Ihr Publikum an Ihrem Thema wirklich interessieren könnte. Wenn Ihnen der Inhalt Ihres Vortrags wichtig ist und Sie dem Publikum etwas mitteilen wollen, wird Ihr Lampenfieber nach den ersten zwei Minuten verschwunden sein (siehe auch „Ziel").

Nehmen Sie mit einigen Personen des Publikums schon vor Ihrem Vortrag Kontakt auf. Wechseln Sie einige freundliche Worte mit ihnen. Dadurch stellen Sie eine erste Beziehung zu Ihren Zuhörern her. Sie werden die Gesichter, die Sie schon kennen, im Publikum wiederfinden, und der freundliche Augenkontakt wird Ihnen helfen, auch zu anderen Unbekannten einen guten Draht zu finden. Das baut Ihre Hemmungen ab (siehe auch „Augenkontakt" und „Die mentale Vorbereitung").

Machen Sie ein freundliches Gesicht. Ist Ihnen schon aufgefallen, dass Ihr Gesprächspartner oft Ihre Gesichtsmimik spiegelt? Wenn Sie etwas Trauriges erzählen und traurig schauen, dann tut es Ihr Gegenüber auch. Sehr ähnlich ist es mit Ihren Zuhörern. Gehen Sie gut gelaunt zum Rednerpult und blicken Sie Ihr Publikum lächelnd an. Etliche werden Sie dann ebenfalls freundlich ansehen (siehe auch „10 Schritte zum Enthusiasmus).

Konzentrieren Sie sich auf Ihren Vortrag und lassen Sie nur einen einzigen Nebengedanken zu: „Ich bin so toll ..." Geben Sie dem Affengeschnatter in Ihrem Kopf keine Chance. Viele Menschen verlieren ihr Selbstbewusstsein, weil sie denken: „Was mache ich nur, wenn es XY nicht gefällt?", oder „Mein Vorredner ist so locker und gelassen. Nach ihm wirke ich sicherlich zu steif." Sagen Sie stattdessen zu sich selbst: „Was ich zu sagen habe, wird meinen Zuhörern helfen, sich mit der neuen Steuergesetzgebung auszukennen." Oder: „Endlich kann ich die Bedeutung dieses Steuer-Paragrafen in der Öffentlichkeit präsentieren." Oder: „Sicherlich bekomme ich nach dieser Präsentation den Auftrag." Der Mensch kann nur einen Gedanken im Kopf haben. Wenn Sie den Affengeschnatter-Gedanken mit einem positiven vertauschen, programmieren Sie sich besser auf Ihren Erfolg. Der amerikanische Mentaltrainer Richard Suinn hat ein Spielchen entwickelt, um seinen Spitzensportlern und Topmanagern zu erleichtern, lästige Gedanken auszuschalten. Er rät Folgendes: Speichern Sie so viele Details wie möglich über Ihr Publikum. Halten Sie z.B. nach allen Männern Ausschau, die eine grüne Krawatte tragen. Oder nach allen Brillenträgerinnen oder Schnurrbartträgern. Oder nach allen Blondinen. Wer seine Aufmerksamkeit auf diese Weise systematisch bindet, lenkt sie davon ab, sich mit unnützen Ängsten zu beschäftigen.

Nützen Sie jede Gelegenheit, einen Vortrag zu halten. Viele gescheite Menschen haben nicht den Mut, vor einem größeren Publikum zu sprechen. Sie werden dafür bewundert werden, wenn Sie sich immer wieder bereit erklären, vor Publikum zu reden. Mit jedem kleinen Redeerfolg werden Sie weniger Lampenfieber haben. Je öfter Sie vor Publikum stehen und je öfter Sie positives Feedback dafür bekommen, desto mehr werden Sie sich auf Ihren nächsten Auftritt freuen. Schon die alten Römer wussten: „Tue, was du fürchtest, und deine Furcht stirbt einen sicheren Tod."

So wappnen Sie sich mental

Wir haben Lampenfieber, weil wir nicht wissen, was uns bevorsteht. Wir haben Angst, zu versagen. Wir haben Angst, dass das Publikum unseren Vortrag uninteressant findet. Wir haben Angst, dass unser Kollege eine hämische Bemerkung zu seinem Nachbarn macht. Wir haben Angst, dass wir so sehr Angst haben, dass uns die Stimme versagt.

All das ist nichts anderes als Einbildung. Natürlich können Sie eine Menge tun, um das Lampenfieber in den Griff zu bekommen. Sie können sich hervorragend vorbereiten. Sie können den physiologischen Stressreaktionen entgegenwirken, indem Sie sich bewegen, den Atem kontrollieren und einiges andere. Sie können sich aber auch langfristig auf der geistigen Ebene vorprogrammieren.

Langfristige Visualisierung

Wir Menschen sind in der Lage, uns selbst auf der geistigen Ebene nachhaltig zu beeinflussen. Und das geht so:

Stellen Sie sich einige Wochen vor dem Vortrag vor, wie Sie strahlend vor die Zuhörer treten. Ohne Angst, vollkommen selbstsicher. Sehen Sie sich auf dem Podium, wie Sie selber angeregt sprechen. Visualisieren Sie ein begeistertes Publikum. Es hängt interessiert an Ihren Lippen. Nach Ihrem Vortrag applaudieren die Zuhörer heftig und einige besonders Interessierte umringen Sie und stellen Ihnen Fragen.

Schreiben Sie diese Situation in Ihren eigenen Worten so blumig und ausführlich wie Sie möchten nieder. Legen Sie Ihre Notizen griffbereit neben Ihr Bett. Unser Geist ist zweimal am Tag besonders beeinflussbar. Das ist dann, wenn wir in den Schlaf hineindösen, und zum Zeitpunkt des Aufwachens. Dann ist unser Gehirn im so genannten Alpha-Zustand. Es herrschen dann die Wellen der Alpha-Frequenz vor, das ist die gleiche Wellenlänge wie während einer Meditation oder während wir uns ein Konzert mit klassischer Musik anhören.

Wenn die Gehirnwellen langsamer schwingen als im Alltag sind wir besonders aufnahmebereit. Wenn wir beim Einschlafen und beim Aufwachen an unseren erfolgreichen Auftritt denken können wir uns daher besonders gut programmieren.

Stellen Sie sich jeden Abend kurz vor dem Einschlafen und jeden Morgen beim Aufwachen genau dieses Bild vor.

Etappenweise im Voraus durchspielen

Leistungssportler sind Meister der mentalen Vorbereitung. Seit den achtziger Jahren ist der Mentalcoach in den Trainingsprogrammen der Sportler fest integriert. Der österreichische Extremsportler Wolfgang Fasching etwa erzählt in seinen Vorträgen gerne, wie er sich jede Etappe des unvorstellbar harten Rad-Wettkampfes „Race across America", den er mehrfach gewonnen hat, genau im Vorhinein vorstellte.

Sportler wissen, wie sie mit ihren Kräften haushalten. An welcher Stelle sie Gas geben können und wann sie Kräfte schonen müssen. Sie bereiten sich auf ihre Performance unterschiedlich vor, ob die Sonne scheint, ein Regenschauer kommt oder der Wind von Norden bläst. Der ehemalige Tennis-Star Boris Becker sagte: „Der Unterschied zwischen Nummer hundert auf der Weltrangliste und der Nummer eins ist minimal. Fünfundneunzig Prozent dessen, was den Erfolg ausmacht, spielt sich im Kopf ab." Edwin Moses, einer der größten Läufer aller Zeiten, legte sich vor einem Wettkampf neben der Aschenbahn auf den Rasen und verbrachte einige Minuten mit Meditation und Visualisierungsübungen.[69]

---

[69] Beispiel aus Dean Ornish, S. 200-201.

Genauso gehe ich vor einem Vortrag meinen Text einige Male durch. Ich stelle mir vor, wann die Zuhörer schmunzeln, wann ich Pausen mache, wann ich bestimmte Personen im Publikum anschaue etc. Immer wieder frage ich mich dabei auch: Will das Publikum das wirklich wissen? Habe ich mich verständlich ausgedrückt? Muss ich das noch besser strukturieren? Welche Fragen könnten bei dieser Passage in den Köpfen meiner Zuhörer auftauchen? Wenn ich all das schon mehrmals durchgespielt habe, gehe ich mit dem Gefühl zum Pult, diesen Vortrag schon gehalten zu haben. Das erzeugt eine innere Sicherheit, die starkes Lampenfieber gar nicht aufkommen lässt.

Die Formel des Erfolgs

Dorothy Sarnoff, Beraterin mehrerer US-Präsidenten, hat zur eigenen Programmierung eine besondere Erfolgsformel parat. Sie sagt sich vor einem Auftritt immer vier Sätze vor:

- Satz 1: „Ich freue mich, dass ich hier bin."
- Satz 2: „Ich freue mich, dass Sie hier sind."
- Satz 3: „Ich bin mir meiner Sache sicher."
- Satz 4: ist der erste Satz Ihrer Rede. Lernen Sie ihn auswendig.

Sprechen Sie alle Sätze Ihrer Formel immer wieder lautlos vor sich hin – bis unmittelbar vor Ihrem Auftritt. Das gibt Ihnen Sicherheit und Ihre Nervosität verschwindet.

Zu Beginn Ihrer Rede schalten Sie von stumm auf laut: Starten Sie freundlich und ganz bewusst mit dem auswendig gelernten Satz 4.[70]

---

[70] Vgl. Sarnoff.

Lampenfieber mindert Ihre Leistung

Sie meinen, es sei wichtig, vor und während des Vortrages das Gehirn zu benützen? Dann habe ich eine schlechte Nachricht für Sie: Unter Stress verringert sich die Zusammenarbeit zwischen unseren Gehirnhälften enorm.

Wenn in grauer Vorzeit der Säbelzahntiger um die Ecke bog, musste die Reaktion blitzschnell sein. Vernetztes Denken, bei dem die Kommunikation zwischen den beiden Gehirnhälften hin und her geht, hätte viel zu lang gebraucht. Deswegen übernimmt eine Gehirnhälfte die Führung, die andere muss passen.

Um einen spannenden Vortrag hinzulegen, brauchen wir beide Gehirnhälften: die linke, die die logischen Strukturen vorgibt und abstrakte Begriffe liebt, und die rechte für den kreativen Funken. Bei vielen Menschen ist die Arbeit der Gehirnhälften nicht ausgewogen. Unter Stress geschieht leider Folgendes: Die nicht dominante Hälfte wird vollkommen blockiert, die dominante übernimmt einseitig das Ruder. Wir sind also nicht mehr in der Lage, unser Bestes zu geben.

Ungenügende Vorbereitung rächt sich

Eine meiner Klientinnen, Adriana Steger, eine selbstbewusste Wirtschaftstreuhänderin, wurde gebeten, vor einem Kreis von Laien über die Steuerermäßigung durch Werbungskosten zu referieren: „Ich hatte zu dieser Zeit schrecklich viel zu tun. Eine Buchhalterin im Büro fiel wegen eines Unfalls aus und ich musste schnell Ersatz finden. Gleichzeitig hatte mein 12-jähriger Sohn Probleme in der Schule. Ich wusste, dass ich vor Publikum nicht so locker improvisieren kann, deswegen schrieb ich meinen Vortrag Wort für Wort nieder. Um zwei Uhr in der Nacht vor dem Vortrag tippte ich ihn fertig. Ich war hundemüde und hatte am nächsten Tag nur mehr Zeit, den Text flüchtig querzulesen, bevor ich vom Veranstalter angekündigt wurde. All das machte mein Lampenfieber unerträglich. Ich war zittrig und ich wollte es nur mehr hinter mir haben."

Leider merkte es auch das Publikum. Sie sah nicht ein einziges Mal in Richtung Zuhörer, sondern las nur den Text ab. Sie redete so schnell, dass niemand den Sinn der Wörter verstand, und sie redete lauter als sonst. Es schien, als ob sie ihr Publikum mit ihrer Sprache niederschlagen wollte.

Adriana Steger war ungenügend vorbereitet und stand daher unter enormem Stress. Die bei ihr dominante linke Gehirnhälfte übernahm die alleinige Führung. Sie las den Text herunter und betonte nur Zahlen, abstrakte Begriffe und Tatsachen. Sie überlegte nicht, ob die Zuhörer das überhaupt verstehen könnten. Sie sprach schnell und monoton (die Sprachmelodie ist in der rechten Hälfte beheimatet).

Besonders gefährlich sind in diesem Zusammenhang Powerpoint-Präsentationen. Erstens weil die Erstellung der Präsentation meist länger braucht als gedacht und Sie dadurch in Zeitdruck kommen. Zweitens verführt eine Powerpoint-Präsentation zum Ablesen, und in Kombination mit Lampenfieber fällt Ihnen partout nichts mehr ein, was Sie zu den abgebildeten Sätzen noch erklärend hinzufügen wollten. Das Ganze wird papieren und langweilig.

Linksdominante & Lampenfieber

= die trockenen Papiertiger

Der obige Fall der – linksdominanten – Adriana Steger zeigt, wie wichtig es ist, den Text entsprechend den vorangegangenen Kapiteln vorzubereiten und eine Zeit lang zu verdauen.

Tipp gegen Lampenfieber für Linksdominante

Bereiten Sie zu jeder Ihrer Aussagen ein Fallbeispiel oder eine Geschichte vor. Denn die Zuhörer verstehen nur das, was sie sich bildlich vorstellen können.

Rechtsdominante & Lampenfieber

= die liebenswerten Chaoten

Rechtsdominante, aufgepasst! Bei Ihnen führt der Stress des Auftritts häufig dazu, dass Sie die Struktur Ihres Vortrags vergessen. Sie reihen Geschichte an Assoziation und wieder an Geschichte. Das ist zwar recht launig und eine Weile ist Ihnen die Sympathie der Zuhörer auch gewiss. Doch nach zehn Minuten fragen sie sich wohl ungeduldig: „Was will dieser Mensch eigentlich sagen? Worauf will er hinaus?"

Tipp gegen Lampenfieber für Rechtsdominante

Bereiten Sie besonders sorgfältig das Grundgerüst vor, an dem Sie Ihre Geschichten aufhängen. Wenn Sie dazu neigen, den roten Faden zu verlieren, schreiben Sie die Hauptpunkte auf und hängen Sie sie sichtbar an eine Pinnwand. Dann behalten Sie und Ihre Zuhörer den den Überblick.

Anti-Lampenfieber-Strategien

Ein launiger Referent sagte einmal zu mir: „Ich litt unter schrecklichem Lampenfieber. Doch ich habe ein Gegenmittel gefunden. Ich mache einen 15-Minuten-Spaziergang drei Minuten vor dem Auftritt."

Lampenfieber ist eine Form von Stress und die Stresssymptome sind unser leidiges biologisches Erbe. Was machten unsere Vorfahren damals, wenn sie in Stress geraten sind? Richtig: Sie liefen los. Unser Körper ist darauf programmiert, die Stresssymptome in der Bewegung, nicht geistig, sondern durch den Körper abzubauen. Es ist genetisch vorgegeben und nicht bloß zufällig besonders effektiv, körperliche Stresssymptome durch körperliche Anti-Stress-Maßnahmen auszubalancieren.

Sie erinnern sich: In einer Stresssituation bereitet sich der Körper auf Kampf oder Flucht vor. Die Muskeln sind angespannt, mehr Blut wird durch die Gefäße gepumpt, der Atem beschleunigt sich. Sie sind an der Schwelle des Losrennen-Wollens. Gleichzeitig produzieren Ihre Nebennieren Adrenalin. Bauen Sie dieses Adrenalin nicht ab, dann schädigt es bei immer wiederkehrendem Stress die Blutgefäße. Wenn Sie sich aber bewegen, wird das Adrenalin abgebaut und der Körper kehrt in den Normalzustand zurück. (Die negativen gesundheitlichen Folgen von Stress sind natürlich weitaus vielfältiger als hier dargestellt. Die Medizin geht in jüngster Zeit sogar so weit, Stress überhaupt als Grundursache praktisch aller unserer Zivilisationserkrankungen anzusehen.)

Nun können Sie Ihren Vortrag nicht laufend erledigen. Eine Ausnahme ist ein bekannter Seminarvortragender, der sich zum Laufapostel stilisiert hat. Er läuft tatsächlich auf der Bühne hin und her – und propagiert damit nicht nur seine Philosophie, sondern baut auch seinen Stress "laufend" ab.

Sie können trotzdem *vor* dem Vortrag ihre körperliche Verfassung beeinflussen.

Bewegung hilft

- Joggen Sie sich die Spannungen weg. Und zwar schon täglich (!) mehrere Tage vorher. Das baut Ihre Nervosität ab.
- Gehen Sie zum Vortrag zu Fuß. Fahren Sie nicht mit dem Auto zum Vortragsort. Lassen Sie den Wagen stehen und gehen Sie eine halbe Stunde. Das bringt Sauerstoff ins Hirn und befreit Sie von vielen Spannungen. Wenn Sie keine Zeit haben, sich vorher ausgiebig zu bewegen, dann tun Sie es wenigstens einige Minuten.
- Steigen Sie noch einige Treppen hinauf und hinunter. Oder schwingen Sie wenigstens die Arme seitlich, bevor Sie den Vortragsraum betreten.
- Bauen Sie etwas Bewegung in den Anfang Ihres Vortrags ein! Zeigen Sie etwas vor, halten Sie ein zum Thema passendes Buch in die Höhe.

Blackout

Hermann Haller, ein junger Bankbeamter, hatte einen 18-monatigen Kurs hinter sich gebracht, der ihn zum stellvertretenden Filialleiter vorbereiten sollte. Am Ende der Ausbildung musste er eine Präsentation über „Mögliche Maßnahmen der aktiven Kundenbetreuung" halten. Herr Haller war wunderbar vorbereitet. Er hatte mit mir die ganze Präsentation einige Male durchgespielt und kannte den Inhalt praktisch auswendig. Trotzdem war er wie gelähmt, als er anfangen sollte: „Ich trat vor die Prüfer hin und spürte, wie plötzlich alles weg war. Komplettes Blackout. Ich war wie gelähmt. Da erinnerte ich mich, dass Sie mir sagten, eine kleine Bewegung würde helfen. Ich ließ das Blatt Papier, das ich dem ersten Prüfer am Schluss überreichen sollte, einfach auf den Boden fallen. Ich bückte mich, und als ich mich wieder aufrichtete, war ich voll da und startete los. Ab da ging es wie geschmiert. Interessanterweise hatte meine angebliche Tolpatschigkeit sogar eine gute Wirkung, denn die Prüfer lächelten und blieben mir wohlgesonnen. Das half mir zusätzlich, mein Selbstbewusstsein wiederzuerlangen."

Bewegung und Gedächtnisleistung hängen, so haben Wissenschaftler festgestellt, eng zusammen.[71] Wenn Sie also ein Blackout haben, ist körperliche Bewegung das Beste, denn damit kommt auch das Gehirn wieder in Schwung.

Entspannen und Anspannen

Die Muskeln gezielt zu bewegen kann ebenfalls helfen. Setzen Sie sich zusammengesunken wie eine Marionette hin. Entspannen Sie sich. Lassen Sie Ihren Kopf auf die Brust sinken und Ihre Hände kraftlos an den Seiten baumeln. Spannen Sie dann alle Muskeln in Ihrem Körper einen nach dem anderen an. Beginnen Sie mit den Zehen und arbeiten Sie sich bis zum Nacken hinauf. Nach der Anspannung lassen Sie die Muskeln wieder los. Wiederholen Sie diesen Prozess mehrmals.

- Spüren Sie in Ihren Körper. Welcher Teil ist besonders nervös? Sind es Ihre Knie? Spannen Sie langsam die Muskeln rund ums Knie an und lassen Sie gleich wieder los. Nach einigen Malen klingt die Nervosität dort ab.
- Gähnen Sie einige Male. Sie lockern damit Ihr wichtigstes Vortragswerkzeug, Ihre Mundmusku-

---

[71] Beschrieben in: Ratey, S. 177-217.

latur. Außerdem wird dabei auch Ihr Zwerchfell stimuliert. Halten Sie sich nicht zurück: Gähnen Sie, als ginge es um Ihr Leben.

Zittern ist erlaubt

Sind Sie ein Zitterer? Manche Menschen zittern sehr stark, wenn Sie auftreten müssen. Zitternde Hände und schlotternde Knie sind sehr unangenehm. Denn sie machen Ihre Nervosität sichtbar.

Hier sind einige Ratschläge, wie Sie mit dem Problem zurechtkommen:

- Halten Sie Ihr Manuskript nicht in den Händen. Legen Sie es auf das Vortragspult.
- Wenn Sie ein Blatt in der Hand halten müssen, verwenden Sie kein DIN-A4-Format oder falten Sie es. Je größer und dünner das Blatt, desto stärker sieht man Ihr Zittern.
- Bevorzugen Sie ein Ansteckmikrophon. Wenn Sie nur ein Tisch- oder Standmikrophon zur Verfügung haben, nehmen Sie es zumindest am Anfang Ihres Vortrags nicht in die Hand.
- Wenn Sie etwas mit Laserpointer zeigen müssen, zeigen Sie nicht punktuell für längere Zeit auf diese Stelle. Damit wäre Ihr Zittern sichtbar. Beschreiben Sie lieber einen kleinen Kreis rund um den Punkt, den Sie hervorheben wollen.
- Lenken Sie die Aufmerksamkeit nicht auf Ihre Hände. Legen Sie sie auf den Tisch vor sich, oder umfassen Sie das Vortragspult.

- Wenn Ihre Knie schlottern, wechseln Sie öfters Stand- und Spielbein. Wenn Sie sitzen, halten Sie Ihre Hände auf Ihren Knien. So halten sich Hände und Knie gegenseitig vom Zittern ab.

Atmen Sie Ruhe

Auch bewusstes Atmen hilft gegen die Anspannung. Stellen Sie sich einen Luftballon vor. Blasen Sie ihn zu weit auf, wird seine Haut immer dünner und dünner und schließlich platzt er. In einer Stresssituation geschieht Ähnliches. Wir atmen zu viel Sauerstoff ein, wir atmen flacher und schneller.

Stellen Sie sich weiter vor, dass Sie die Manschette dieses prall gefüllten Luftballons zwischen Daumen und Zeigefinger nehmen. So können Sie genau regulieren, wie groß er werden soll. Um den Druck auf den Ballon zu verringern, lassen Sie Luft heraus. Genauso müssen Sie die gestaute Luft in Ihrem Brustkorb loswerden, um sich zu beruhigen und den Stress zu vermindern.

Achten Sie bei der folgenden Übung darauf, dass Sie möglichst tief durchatmen, in den Bauch hinein:

- Zählen Sie innerlich mit, während Sie atmen. Atmen Sie zuerst 8 Pulsschläge lang aus. Die Atemluft sollte möglichst ganz aus der Lunge draußen sein. Dann zählen Sie in der Atempause bis 4. Nun brauchen Sie schon dringend Sauerstoff. Aber keine Panik! Sie könnten es noch einige Zeit ohne Luft aushalten. Wenn keine Luft mehr in der Lunge ist, holt sich Ihr Körper die Luft von alleine. Beachten Sie, dass sich Ihr Bauch ganz au-

tomatisch beim Einatmen nach vorne wölbt. Das müssen Sie gar nicht bewusst steuern.
- Atmen Sie nun 4 Schläge lang ein. Halten Sie diesen ungewohnten Atemrhythmus mindestens fünf Minuten lang durch. Ideal ist es, wenn Sie diese Atemübung auf dem Weg zu Ihrem Vortrag durchführen – im Auto, im Zug oder zu Fuß. Sie werden nach fünf bis zehn Minuten viel ruhiger und auch die anderen Stresssymptome klingen etwas ab.

Singen und rezitieren Sie!

Sie müssen kein Caruso sein, um singen zu dürfen. Selbst wer die Töne nicht ganz trifft, merkt, wie gut ihm das Singen tut. Wer beim Duschen laut seine Lieblingsliedchen trällert, verbraucht nicht nur überschüssigen Atem, sondern bringt sich in gute Laune. Ganz nebenbei werden die beiden Gehirnhälften synchron geschaltet, sodass sie später beim Vortrag gut zusammenwirken.

Ähnliche positive Effekte erreichen Sie, wenn Sie ein Gedicht lesen. Die Kombination von Sprache (linke Gehirnhälfte) mit Rhythmus und Sprachmelodie (rechte Gehirnhälfte) versetzt das Gehirn in einen ausgewogenen Zustand. Die optimale Auswirkung erreichen Sie, wenn Sie mit lauter Stimme Hexameter lesen, die vor allem in der Antike verwendete Versform.[72] Selbst wenn Sie nicht die Gelegenheit haben, Gedichte laut vorzutragen, packen Sie doch Ihren Rilke oder Ovid in das Reisegepäck. Wenn Sie im Flieger zum Kongress sitzen, blättern

---

[72] Vergleiche die Forschungen des Arztes und Kinesiologen John Diamond in Diamond 1979 und Diamond 1994.

Sie lieber in Klassischem als in einer Zeitschrift. Der Seele tut es garantiert besser ...

Beten Sie!

„Lieber Gott, hilf mir dieses eine Mal noch, das nächste Mal werde ich mich gewiss vorbereiten ..." Nein, dieses Gebet wird Ihnen nicht viel helfen. Doch Wissenschaftler der Universität Pavia haben herausgefunden, dass das Beten des Rosenkranzes und das Sprechen meditativer Mantras (Anrufungsformeln indischer Meditationstechniken) die Atmung beruhigen. Das Ärzteteam um den Mediziner Luciano Bernardi untersuchte die Wirkung des „Ave Maria" in lateinischer Sprache oder eines Mantras in Sanskrit-Sprache auf Atemfrequenz, Blutdruck und die zerebrale Zirkulation. Sowohl das „Ave Maria" als auch die Mantras verlangsamten den Atem auf sechs Atemzüge pro Minute. (Die normale Atemfrequenz bei Erwachsenen beträgt rund 18 Atemzüge pro Minute.)

Die Ärzte empfehlen das Rosenkranz-Beten übrigens nicht nur zur Beruhigung, sondern allgemein für die Gesundheit des Herzens – jetzt wissen wir, warum die Rosenkranz betenden Weiblein in den Kirchen oft bis ins hohe Alter erstaunlich gesund bleiben ...

So halten Sie die Vortragssituation unter Kontrolle und bauen dabei Lampenfieber ab.

Üben, üben, üben!

Wie lange probt ein Sänger seinen Auftritt, bevor er die Opernbühne betritt? Sechs Wochen bis drei Monate sind die Regel – und das täglich! Dabei muss er seine Arien nicht einmal selber komponieren! Genauso intensiv wie Sänger ihren Auftritt vorbereiten, sollten Sie Ihren Vortrag geprobt haben (siehe „Die Generalprobe").

Technik-Check

Checken Sie die Technik schon am Abend vor Ihrem Auftritt. Haben Sie die richtigen Kabel, um Ihren Laptop an den Beamer anzuschließen? Ist der Netzanschluss in Reichweite? Funktioniert die Fernbedienung des Fernsehers oder Beamers? Steht das Flipchart auf dem richtigen Platz? Schreiben die Stifte? Wenn Sie sicher sind, dass alles Technische in Ordnung ist, schlafen Sie beruhigter (siehe „Machen Sie sich mit dem Vortragsraum vertraut").

Gut begonnen ist halb gewonnen

Mark Twain, der nicht nur Buchautor, sondern auch umjubelter Redner war, sagte einmal: „Das Gehirn ist ein Körperorgan, das im Augenblick der Geburt zu arbeiten beginnt und damit erst aufhört, wenn man aufsteht, um eine Rede zu halten."

Starkes Lampenfieber kann zu einem völligen Blackout führen. Deshalb ist es besonders wichtig, den Anfang Ihres Vortrags im kleinen Finger zu haben. Mein Vorschlag: Lernen Sie den Anfang Ihres Vortrags Wort für Wort auswendig! Wenn Sie die ersten zehn Sätze im Schlaf auswendig können, werden sie Ihnen auch unter Stress präsent sein.

Am besten ohne Aufputsch- und Beruhigungsmittel

- Trinken Sie keinen Kaffee, Tee oder Energy-Drink vor dem Vortrag. Ihr Lampenfieber putscht Sie genug auf!
- Nehmen Sie auch keine Beruhigungsmittel. Sonst haben Sie nicht genügend Kraft und Begeisterung, Ihr Publikum zu fesseln.

Das Lampenfieber ist Ihr Verbündeter

Besser als Kaffee und Guarana macht Lampenfieber hellwach und startbereit. Erst wenn Sie angespannt sind wie ein Bogen, der einen Pfeil ins Ziel trägt, sind Sie imstande, einen glänzenden Vortrag zu halten. Schon der gefeiertste römische Redner, Cicero, sagte: „Alle großen Reden in der Öffentlichkeit haben gemeinsam, dass die Redner nervös sind."

Heute warst du besonders gut

Ein Berufsredner erzählte mir folgende Geschichte: „Ich war zu einem nationalen Kongress für Sekretärinnen und Büroassistentinnen eingeladen. Titel des Vortrags: ‚Die Macht des Wortes'. Natürlich kam ich gut vorbereitet zu der Veranstaltung. Der Saal war dunkel und Tausende Frauen warteten auf meinen Auftritt. Ich rede ja mehrmals die Woche den ganzen Tag und weiß, dass mich eine gewisse Nervosität dabei immer begleitet. An diesem Tag war es aber besonders arg. Meine Hände wurden feucht, ich bekam einen Schweißausbruch. Ich erkannte mich selbst nicht wieder.

Ich musste mich sehr zusammenreißen, um mir mein Lampenfieber nicht anmerken zu lassen. Andererseits war ich dadurch ganz besonders konzentriert und wach.

Offenbar wirkte sich diese besondere Aufmerksamkeit auch positiv auf meine Zuhörerinnen aus. Jedenfalls sagte meine Frau nach dem Vortrag zu mir: ‚Schatz, heute hast du mir besonders gut gefallen.'"

Es ist ein Unterschied, ob Sie vor fünf Leuten sprechen oder vor Tausenden. Die Bedürfnisse und Erwartungen von fünf Zuhörern können Sie schnell herausfinden, bei Tausenden können Sie es nicht. Da wächst Ihre eigene Erwartungshaltung proportional mit der Zuhörerzahl.

Andrea Bocelli, hitgewohnter Opernsänger, erzählte in einem Interview über sein Lampenfieber und seine eigene Erwartungshaltung: Früher, als er noch in Pianobars spielte, sei er ganz ruhig gewesen, weil es niemanden interessiert habe, ob er einen Fehler machte oder nicht. Wenn er jetzt auftrete, sei er hingegen immer sehr besorgt. Das Lampenfieber würde trotz seiner zunehmenden Erfahrung nicht kleiner, „weil die Verantwortung jetzt viel größer ist als früher".

Bocellis Erklärung: „Gerade vorher, immer vorher, setze ich eine große Erwartung in mich ... und ich bin nicht immer in Form ..."[73]

Selbst routinierte Künstler und Vortragende begleitet Lampenfieber ihr ganzes Leben lang. Schon die magischen Worte,

„Hals- und Beinbruch", deuten darauf hin, dass sie die Anspannung immer noch begleitet und sie sich die Hilfe der höheren Mächten erhoffen. Ich musste meinem Vater, der Dirigent war, im Künstlerzimmer vor jedem Auftritt über die linke Schulter spucken und gleichzeitig „toi, toi, toi" sagen.

---

[73] Interview mit dem Sänger Andrea Bocelli im Classic FM Radio Interview Großbritannien am 1. Januar 2003. Interviewer: Mark Forest.

Eine Anekdote über die berühmte französische Schauspielerin Sarah Bernhardt illustriert, dass auch die berühmtesten Menschen, die Hunderte Male auf der Bühne gestanden sind, ihre Probleme mit dem Lampenfieber haben: Eine junge, noch unerfahrene Schauspielerin wunderte sich darüber, dass Sarah Bernhardt noch Lampenfieber hatte. „Warte nur, mein Kind", sagte Sarah, „du wirst schon sehen! Das Lampenfieber kommt mit dem Talent."[74]

Power-Archiv für Ihr Selbstbewusstsein

Legen Sie einen Ordner an, in den Sie alle Programme von Kongressen oder Veranstaltungen einheften, bei denen Sie einen Vortrag gehalten haben. Das gibt Ihnen nicht nur Übersicht, sondern auch ein Gefühl von Erfolg und Stolz, wie oft Sie bereits in der Öffentlichkeit gestanden sind. Dazu legen Sie ein Blatt Papier, auf dem Sie das positive Feedback aus dem Publikum aufschreiben. Z.B.: Dr. K. Wernhart, Vorstandsvorsitzender von XY: „Toller Vortrag, so habe ich das noch nie betrachtet." Oder: „Die Fragen und die Diskussionen wollten gar nicht aufhören!" Dazu können Sie auch eigene Bemerkungen und Beobachtungen hinzufügen, wie Sie Ihren Rede-Erfolg beim nächsten Mal noch vergrößern können.

Checkliste: Lampenfieber

Vor dem Auftritt

- ✓ Haben Sie den Vortrag gründlich vorbereitet?
- ✓ Genügend geprobt?
- ✓ Den erfolgreichen Auftritt im Vorhinein visualisiert?

---

[74] Frey und Reiner, S. 106.

- ✓ Ist das Manuskript übersichtlich?
- ✓ Haben Sie die ersten zehn Sätze des Vortrags auswendig gelernt?

Einige Stunden vor dem Auftritt

- ✓ Haben Sie sich mit dem Vortragsraum vertraut gemacht?
- ✓ Technik-Check durchgeführt?
- ✓ Bewegung (Joggen, Walken, Gehen)?
- ✓ Atemübung?
- ✓ Unter der Dusche gesungen?
- ✓ Die passende Kleidung ausgewählt?

Kurz vor dem Auftritt

- ✓ Haben Sie Kontakt mit dem Publikum geknüpft?
- ✓ Ein freundliches Gesicht aufgesetzt?

Download der Checkliste möglich auf www.fleurwoess.com

Vom Manuskript zum Stichwortkonzept

Haben Sie Ihren Vortrag Wort für Wort niedergeschrieben? Dann ist die Gedankenarbeit für den Inhalt Ihres Vortrags schon abgeschlossen. Jetzt kommt der zweite Teil Ihrer Arbeit. Glauben Sie nicht, dass Sie sich zurücklehnen können, wenn der Vortrag fertig geschrieben ist! Glauben Sie nicht, dass die Arbeit damit getan ist, dass Ihr Assistent Ihnen Ihre Rede schriftlich überreicht – die Sie dann einfach herunterlesen. Oder wollen Sie zu den 95 Prozent der Vortragenden gehören, die als Person eigentlich gar nicht anwesend sein müssten, weil genauso gut das Manuskript ausgeteilt werden könnte? Ein ausformuliertes Manuskript stellt immer eine Barriere zwischen Ihnen und Ihrem Publikum dar. Das Publikum verlangt Vortragende, die authentisch wirken. Ein monoton abgelesener Text überzeugt nicht.

Die Zeiten haben sich geändert

In der heutigen Zeit werden Vortragende bewundert, die ohne Manuskript souverän und scheinbar mühelos reden. Vor 50 Jahren war das freie Reden noch eine Seltenheit. Als (der französische Staatspräsident) Charles de Gaulle 1967 auf dem Warschauer Flughafen landete, wurde er mit allen Ehren begrüßt. Das Staatsoberhaupt Edward Ochab hielt eine lange Begrüßungsrede, die er mühsam ablas. Dann sprach de Gaulle, völlig frei, ohne Manuskript, fließend. Ein polnischer Funktionär beobachtete den französischen

Präsidenten während seiner Rede und sagte danach zu seinem Nachbarn: „Schau, der ist ein General, und kann nicht lesen."[75]

Warum vorgelesene Texte die Zuhörer für gewöhnlich weniger ansprechen als vorgetragene, ist leicht erklärt: Der Vorgang des Ablesens lenkt von den eigenen inneren Bildern ab. Sie sind während des Lesens linkshirnig beschäftigt. Gefühle, Erfahrung und die bildhafte Vorstellungskraft befinden sich aber in Ihrer rechten Gehirnhälfte. Und nur über sie erreichen Sie die Herzen Ihrer Zuhörer. Das bedeutet, Sie müssen für Ihre Zuhörer Übersetzungsarbeit leisten.

Besuchen Sie Konzerte mit klassischer Musik? Können Sie sich vorstellen, dass ein Weltklasse-Dirigent wie Dennis Russel Davis die 5. Sinfonie von Beethoven dirigiert und dabei seinen Kopf in die Partitur steckt? Nein, er hat die Arbeit des „Übersetzens" – der Umsetzung der Noten in innere musikalische Bilder – schon längst vollzogen! Nur durch diese Übersetzung findet seine Musik direkt in unsere Seele.

Genauso ist es mit dem heruntergelesenen und dem vorgetragenen Vortrag. Wenn es Ihnen schwer fällt, frei zu sprechen, und Sie sich beim Lesen sicherer fühlen, müssen Sie davor schon die Übersetzungsarbeit geleistet haben. Sie sollten wissen, was in dem Text drinnen steht und wie Sie ihn vorlesen. Versuchen Sie, wie Schauspieler es tun, den Text zu interpretieren.

Wenn Sie das Manuskript wortwörtlich ablesen müssen

- Proben Sie. Gehen Sie den Text durch und lassen Sie dazu Ihre eigenen Bilder entstehen. Überlegen Sie, welche Worte Sie betonen werden, wo Sie Pausen setzen, wo Sie lauter und leiser werden.

---

[75] Frey und Reiner, S. 43

Gerade beim Ablesen ist das richtige Betonen und sind die Pausen wichtig, denn die vorlesende Stimme wirkt leicht monoton. Machen Sie eine Generalprobe mit einem guten Vortragscoach.

- Schreiben Sie den Text in fetter großer Schrift. Schreiben Sie nicht mehr als sieben Wörter in eine Zeile. Die können Sie mit einem Blick erfassen und müssen nicht dauernd Ihre Augen auf dem Text haben.
- Beginnen Sie jedes Blatt mit einem neuen Satz. So müssen Sie nicht mitten im Satz umblättern.
- Legen Sie eine Hand an die Stelle, wo Sie gerade sind, und verwenden Sie die freie Hand für die Gestik. So wirken Sie auf das Publikum lebendiger.
- Falls Sie den Faden verlieren, machen Sie eine kurze Pause und beginnen Sie nochmals mit dem letzten Satz, den Sie gesagt haben. Das Publikum wird meinen, Sie wollen durch die Wiederholung gerade diese Passage betonen.
- Lose Blätter mit durchnummerierter Seitenangabe sind besser als ein zusammengeheftetes Manuskript. So können Sie das gelesene Blatt unauffällig zur Seite legen. Umblättern würde Ihre Zuhörer daran erinnern, dass Sie herunterlesen.
- Planen Sie zumindest eine Passage ein, in der Sie frei und ohne Manuskript reden. Eine persönliche Erfahrung, eine Bemerkung oder eine Geschichte können die steife Stimmung, die beim Ablesen eines Textes entsteht, auflockern. Dadurch erwerben Sie bei Ihrem Auditorium Sympathiepunkte. Planen Sie diese scheinbar spontanen Äußerungen ein und machen Sie sich zu Ihrer Erinnerung ein Zeichen in Ihr Manuskript.

Wenn Sie einen vollständig niedergeschriebenen Text vor sich haben, ist es besser, aus ihm ein Stichwortkonzept oder Karten zum Inhalt anzufertigen. Solange Sie den schriftlichen Text vor sich haben, werden Sie immer am Text kleben. Sie werden sich an vorformulierte Sprachmuster halten und Ihr spontaner Sprachausdruck wird leiden. „Eine Rede abzulesen ist wie ein Telefon zu küssen – es fehlt etwas", sagte der amerikanische Politiker Jesse Jackson einmal.

Ein geschriebener Text ist dichter, die Information ist gedrängt und meist zu abstrakt dargestellt (siehe auch „Den Vortrag lebendig gestalten").[76]

Stichwortkarten ...

Legen Sie also Ihr Manuskript beiseite. Stellen Sie sich darauf ein, frei zu reden. „Ja, wie soll ich denn, wenn ich keine Unterlagen habe?", werden Sie jetzt fragen. Die Kunst besteht darin, den Inhalt stichwortartig so zusammenzufassen, dass Sie sich mit einem Blick erinnern, was Sie als Nächstes vortragen werden. Für kurze Reden eignen sich Karteikarten, die Sie während Ihres Vortrags in der Hand halten.

---

[76] Sokrates berichtet von einer alten Sage, die in der Erfindung der Schrift keinen Segen sieht, zumal sie dazu verleite, am Text zu kleben. Der ägyptische Gott Theuth kommt zum Weltenschöpfer Ammon und preist ihm die Vorzüge seiner Erfindung, der Schrift (eigentlich der Buchstaben), an: „Diese Kunst, o König, wird die Ägypter weiser machen und gedächtnisreicher, denn als ein Mittel für Erinnerung und Weisheit ist sie erfunden." Ammon erwidert darauf: „Diese Erfindung wird die Lernenden vergesslich machen, weil sie ihr Gedächtnis nicht mehr üben; denn im Vertrauen auf die Schrift suchen sie sich durch fremde Zeichen außerhalb, und nicht durch eigene Kraft im Innern zu erinnern." (Platon S. 55, Phaidros).

Für die kurze Rede: 11 Tipps für Ihre Stichwortkarten:
1. Verwenden Sie kein Schreibpapier, sondern Karten aus Karton in A6-Größe. Sie liegen besser in der Hand. Außerdem sieht das Publikum nicht, wenn Ihre Hände zittern.
2. Verwenden Sie verschiedene Farben: zum Beispiel Weiß für die Einleitung, Rosa für den Hauptteil und Gelb für den Schluss.
3. Schreiben Sie mit gut sichtbarem, wischfestem Filzstift in leserlicher Schrift, vorzugsweise in Druckbuchstaben.
4. Beschriften Sie die Karten nur einseitig.
5. Schreiben Sie in gut lesbaren, verschiedenen Farben (kein Gelb!). Zum Beispiel Rot für den Leitgedanken und Blau für die unterstützenden Argumente. In Grün können Sie zusätzliche Gedanken schreiben, die Sie bei Zeitknappheit auch weglassen können.
6. Verwenden Sie pro Leitgedanken eine Karte.
7. Folgende Sätze sollten Sie wörtlich niederschreiben: Anfang und Schluss, Zitate, genaue Zahlen, Quellen.
8. Nummerieren Sie die Karten in der richtigen Reihenfolge. Kontrollieren Sie nochmals vor Ihrer Präsentation die Reihenfolge.
9. Halten Sie die Karten in der linken Hand, wenn Sie Rechtshänder sind. Sie brauchen Ihre ausdrucksstärkere Hand für die Gestik und zum Schreiben auf dem Flipchart. Linkshänder halten sie in der rechten Hand.
10. Legen Sie die benutzte Karte jeweils zuunterst. Rechnen Sie ungefähr ein bis zwei Minuten für eine Karte.

11. Notieren Sie den Einsatz Ihrer Hilfsmittel (z.B. Folie Nr. 5, Flipchart, Tonbeispiel).

... oder Stichwortkonzept

Bei einem längeren Vortrag fühlen Sie sich möglicherweise mit einem ausgewachsenen Stichwortkonzept wohler. Das Stichwortkonzept ist Ihre Souffleuse, Ihre Erinnerungsstütze und Ihr persönlicher rote Faden. Es ist nur für Ihre Augen bestimmt. Sie können es während des Vortrags auf einem Pult in der Nähe oder vor sich griffbereit hinlegen. Bedenken Sie aber, dass ein Pult zwischen Ihnen und Ihrem Publikum eine psychologische Barriere darstellt.

Gewöhnlich besteht ein Stichwortkonzept aus mehreren DIN-A4-Blättern. Lassen Sie auf jedem Blatt links einen breiten Rand, wo Sie sich Notizen machen können. Dort vermerken Sie, wann Sie eine Folie zeigen oder eine Skizze auf das Flipchart zeichnen. Machen Sie die Schrift groß genug, dass Sie ohne Brillenwechsel lesen können (der Abstand zwischen Ihren Augen und Ihrem Konzept beträgt ca. 60 Zentimeter). Lassen Sie zwei Zeilen Zwischenraum. So können Sie mit Neonmarker leicht einzelne Worte hervorheben oder auch Anmerkungen zu Ihrer Vortragsweise anbringen. Manche Vortragende zeichnen im Text die Pausen durch Schrägstriche an. Markieren Sie jene Passagen, die Sie notfalls auch weglassen können. Sie sollten sich schon im Vorhinein entscheiden, welche Stellen gestrichen werden können, falls der Sprecher vor Ihnen überzieht oder aus einem anderen Grund nicht genügend Zeit bleibt. Sie können diese Passagen beispielsweise mit eckigen Klammern einfassen.

Ich verwende sehr gerne Haftzettel mit Bildern und Symbolen, besonders wenn ich mich selber an eine bestimmte Geschichte erinnern möchte. Diese Haftzettel klebe ich an den linken Rand des jeweiligen Blattes des Stichwortkonzepts.

Ich widme beispielsweise einen Teil meines Seminars dem bildhaften Denken und Sprechen Albert Einsteins und bringe Beispiele dafür. Einstein hatte den Telegrafen angeblich folgendermaßen erklärt: „Der normale Telegraf ist wie eine lange Katze. Du ziehst den Schwanz in New York und sie miaut in Los Angeles." Für diese Aussage zeichne ich die Umrisse der USA mit einem Punkt in New York und einem Punkt in Los Angeles auf einen Haftzettel. So weiß ich mit einem Blick, welche Geschichte ich erzählen soll.

Verwende ich nun diese Geschichte in einem anderen Vortrag, brauche ich nur den Haftzettel in das andere Stichwortkonzept zu kleben. So kann ich den Einsatz meiner Geschichten mit wenig zusätzlicher Arbeit flexibel handhaben.

Ob Sie Stichwortkarten oder ein Stichwortkonzept vorbereiten: Beide Beide geben Ihnen die Sicherheit, dass Sie in der Not eine Gedächtnisstütze bei sich haben. Besonders vorsichtige Vortragende haben beides bei der Hand. Wenn sie zum Beispiel mit den Karten durcheinander kommen, können sie noch immer durch die farblichen Hervorhebungen und Symbole des Stichwortkonzepts mit einem Blick sehen, was als Nächstes kommt.

Eine unvorbereitete Rede

Der Autor des Huckleberry Finn, Mark Twain, war ein begnadeter Vortragender und bekannt dafür, dass er sich zwar gründlich vorbereitete, aber immer ohne Manuskript redete. Twain schaffte es sogar, aus der Vorbereitung selbst einen Witz zu machen. Die Zeitung „Appleton's Journal" brachte am 6. Dezember 1873 folgende Meldung:

„Mark Twain erregte einiges Amusement bei einem Dinner, bei dem er unlängst geladen war. Im Laufe des Abends hoben die Gäste immer wieder mit Begeisterung ihre Gläser und stießen auf seine Gesundheit an. Obwohl er zuvor davon in Kenntnis gesetzt worden war, schien Twain über die Tischreden zu seinen Ehren vollkommen überrascht zu sein. Er stand auf und zog aus seiner Tasche einen riesigen Packen Papier – ca. 30 Seiten – und begann zu lesen, langsam und stockend – er las vor, dass er vollkommen überrascht und überrumpelt worden sei; dass er völlig unvorbereitet sei, etwas zu sagen; dass – wenn er nur im Vorhinein gewusst hätte, welche Ehre ihm zuteil würde, er auch eine passende Rede mitgebracht hätte, etc. Der Witz landete natürlich und der Applaus war stürmisch."

Checkliste: Manuskript

Wenn Sie ablesen müssen

- Lesen Sie das Manuskript mehrmals durch.
- Überlegen Sie dabei, was Sie betonen wollen, wie Sie die Dramaturgie gestalten.
- Sprechen Sie einige Sätze am Anfang frei.
- Gestalten Sie auch den Schluss der Rede ohne Manuskript.
- Planen Sie zwischendurch quasi spontan einen Kommentar zu Ihrem Text zu geben.

Wenn Sie fast frei reden

- Sprechen Sie nie ohne Gedächtnisstütze.
- Verwenden Sie Stichwortkarten (A6-Karten, gut lesbar, durchnummeriert).

Wenn Sie frei reden

- Halten Sie in der Nähe ein Stichwortkonzept bereit (zweizeilig mit Rand, große Schrift).

Download der Checkliste möglich auf www.fleurwoess.com

Stimme und Körpersprache

Die Stimme ist das Hauptrequisit Ihres Vortrags. Wenn alle technischen Geräte streiken, der Beamer nicht will und das Zwischenstück für Ihren Laptop nicht passt. Wenn der Strom ausfällt und damit das Licht. Dann bleibt noch eines: Ihre Stimme ist noch immer hörbar.

Die Stimme ist die Visitenkarte Ihrer Person. Kaum ein anderes Körpermerkmal ist so unverwechselbar. Die Tonfarbe, die Modulation und ob sie kantig, voll, rund, schrill oder schnarrend klingt, das alles macht Ihre Stimme einzigartig.

Stimme erzeugt Stimmung

Eine wohltönende, warme Stimme löst in den Zuhörern angenehme Gefühle aus. Tiefe Stimmen kommen besonders gut an. Sie wirken auf Menschen glaubwürdiger, kompetenter und selbstsicherer als hohe oder gar schrille Stimmen. Der Weise in Mozarts Zauberflöte, Sarastro, wird daher von einer tiefen Bassstimme gesungen. Je dunkler und voller eine Stimme klingt, desto eher wird dieser Person Macht und Kompetenz zugeschrieben.

Das gibt vielen männlichen Vortragenden einen Startvorteil, die im Allgemeinen längere Stimmbänder und damit tiefere Stimmen haben als Frauen. Es kommt jedoch nicht nur auf die genetisch bedingte Tiefe oder Höhe an. Je entspannter eine Stimme ist und je ausgebildeter, desto abgerundeter und voller klingt sie. Und das ist die gute Nachricht für alle, die eine hohe oder flache Stimme haben: Jede Stimme ist veränderbar und trainierbar. Auch eine hohe Stimme kann brillant und wunderbar klingen, wenn sie ihr ganzes Spektrum ausschöpft.

Was können Sie für Ihre Stimme vor dem Vortrag tun? Zur Beantwortung dieser Frage gibt es eine langfristige und eine kurzfristige Perspektive. Langfristig ist für jeden Vortragenden ein Sprechtraining sinnvoll. Gerade Menschen, die oft und viel sprechen müssen, können mit einer ausgebildeten Stimme wesentlich mehr Wirkung und Einfluss erzeugen als nichttrainierte. Wie jemand spricht, ist angelernt und von den Bezugspersonen abgeschaut. Inzwischen weiß die Wissenschaft, dass sogar der Embryo die Stimme seiner Mutter schon im Mutterleib hört und nach ihr die eigene Stimme modelliert. Ob Sie Vokale flach oder nasal aussprechen oder die Endungen der Wörter verschlucken – Sie haben das wahrscheinlich von Ihrer Mutter oder Ihrem Vater übernommen. Diese Eigenheiten, die Sie sich bereits in jungen Jahren angewöhnt haben, können Sie mit einem Sprechtraining ausbügeln. Jeder Mensch hat die Fähigkeit, sich klar und deutlich und mit wohltönender Stimme zu artikulieren.

Sprechtraining braucht seine Zeit

Sprechtraining braucht Zeit und vor allem die Bereitschaft über einen längeren Zeitraum täglich selbst zu üben. Das Schlüsselwort ist täglich! Denn Ihre Stimme muss sich entwickeln können, und Angewohnheiten wie eine nachlässige Artikulation, die Sie jahrzehntelang täglich 16 Stunden lang gepflegt haben, können Sie nicht von heute auf morgen beseitigen. Ein Seminar zum Thema Stimme kann Ihnen einen Impuls und einen ersten Einblick geben, die Schnellsiedekur für die perfekte Stimme ist es nicht.

Ein Sprechtraining verhilft Ihnen dazu, Ihre Stimme auszubauen, sie tragfähig und gut hörbar zu machen und klar zu sprechen. Wenn Sie die Klangfarbe verbessern wollen, gibt es eine zunächst ungewöhnlich scheinende Methode, die sich in den vergangenen zwei Jahrzehnten auch in deutschen Landen etabliert hat. Sie geht davon aus, dass es zwischen Stimme und Gehör einen unmittelbaren Zusammenhang gibt. Der Pariser Hals-Nasen-Ohren-Arzt Alfred A. Tomatis hatte durch seine Untersuchungen schon kurz nach dem Zweiten Weltkrieg herausgefunden, dass die Qualität der Stimme von der Qualität des Gehörs abhängt. Das bedeutet: Wenn jemand bestimmte Frequenzen nicht hört, finden sich diese Frequenzen auch nicht in der Stimme wieder.

Eine klare Sprache und eine volltönende Stimme sind die Eintrittskarte in eine erfolgreiche Laufbahn. Sie müssen nicht anstreben, Radiosprecher, Fernsehmoderator oder professioneller Redner zu werden. Für diese Berufe ist ein Sprechtraining selbstverständlich die Grundlage. Nein, in jedem Beruf ist eine angenehme und tragfähige Stimme vorteilhaft. Mit einer klangvollen Stimme und deutlicher Artikulation setzen Sie sich in Meetings besser durch. Es wird Ihnen quasi automatisch Führungsqualität zugetraut, Ihre Meinung bekommt „Gewicht". Darum ist es für jede junge Frau und jeden jungen Mann mit Aufstiegsambitionen empfehlenswert, ein Sprechtraining zu absolvieren.[77]

Wem ein Sprechtraining zu aufwändig ist, der kann trotzdem einiges tun, um kurzfristig seine Stimme zu verbessern.

---

[77] Ein hervorragendes Buch zum Thema Stimme mit vielen Übungen und einer CD ist "Die Macht der Stimme" von Ingrid Amon oder Buch und CD "Geheimer Verführer Stimme" von Arno Fischbacher.

Die Stimme ist der Spiegel der Seele

Nichts spiegelt Ihren Seelenzustand so klar wider wie Ihre Stimme. Sie können mit Kleidung Figurschwächen überspielen und mit Make-up Ihre unreine Haut übertünchen. Sobald Sie jedoch sprechen, merken die Menschen, in welchem Seelenzustand Sie sich befinden. Klingt Ihre Stimme zittrig und unsicher, glauben Ihre Zuhörer, Sie wären sich auch Ihrer Inhalte unsicher und Sie würden nicht dahinterstehen. Klingen Ihre Worte hart wie schneidende Schwerter, wird in den Herzen des Auditoriums keine Sympathie für Ihre Inhalte keimen.

Das heißt: Sobald Sie den Mund aufmachen, stehen Sie wie nackt da. Diese absolute Ehrlichkeit der Stimme stellt den Vortragenden vor die Aufgabe, die eigene Psychologie zu beachten. Wie kann er sich in einen Zustand begeben, in dem seine Stimme optimal zur Geltung kommt? Was sind die psychologischen Vorbedingungen, eine schöne, tragende Stimme zu entwickeln?

Drei Bedingungen sind dafür unerlässlich:

1. Ein stressfreier, entspannter Zustand.
2. Der Wille, dem Publikum etwas mitzugeben.
3. Für eine lebendige Stimme: die inneren Bilder aktivieren.

Eine entspannte Situation schafft eine entspannte Stimme

Machen Sie einmal eine Probe aufs Exempel. Bitten Sie Ihren Partner Ihnen zuzuhören, ob Ihre Stimme in den beiden folgenden Situationen unterschiedlich klingt. Zuerst lesen Sie einige Sätze aus einer Fachpublikation vor. Das ist der erste Teil. Dann stellen Sie sich vor, Sie erzählten Ihrer dreijährigen

Nichte eine Gutenachtgeschichte. Sie sitzen am Bettrand und fangen an: „Es war einmal ein kleines Mädchen ..." Gewöhnlich klingt die Stimme völlig anders, wenn jemand in eine andere Rolle schlüpft. Beim Erzählen einer Gutenachtgeschichte klingt sie weicher und runder. Sie werden versucht haben, Gefühl in Ihre Stimme zu legen. Wahrscheinlich haben Sie sich selbst erinnert, welches Gefühl es war, als Kind im Bett zu liegen und eine Gutenachtgeschichte zu hören. Fragen Sie Ihren Partner, ob er einen Unterschied gemerkt hat. Selbst wenn Ihnen niemand zugehört hat, werden Sie selbst den Unterschied gespürt und gehört haben.

Im Laufe des Lebens verlernt der Mensch die Fähigkeit, sich 100-prozentig zu entspannen. Jedes Mal, wenn ein Kind gescholten wird, hält es den Atem an und unterdrückt den Zorn. Bei jeder Unterdrückung eines Gefühls spannen sich die Muskeln im Körper an. Passiert das Hunderte und Tausende Male, verhärten sich die immer gleichen beanspruchten Muskeln. Die Menschen entwickeln Panzerungen und diese Panzerungen beeinträchtigen die Resonanzräume im Körper.[78] Alles, was diese Panzerungen aufweicht und auflöst, tut damit auch der Stimme gut: Massagen, Shiatsu-Behandlungen und Bewusstheit für den eigenen Atem. Je entspannter Sie sind und je beweglicher der Körper ist, desto besser wird Ihr Stimmvolumen ausgeschöpft.

Atem-Entspannungsübung

Am besten entspannen Sie sich, wenn Sie liegen und bewusst Ihren Atem beobachten. In dieser aktiven Entspannung nehmen Sie bewusst Ihren Körper wahr und wie Sie atmen.[79]

---

[78] Alavi Kia, S. 37-47.

[79] Siehe auch die aktiven Entspannungsübungen bei Amon, S. 44.

Atmen Sie aus und spüren Sie den ausströmenden Atem. Stellen Sie sich vor, Ihre Stimme würde von Ihrem Atem getragen aus Ihnen hinausströmen. Die Stimme fließt auf dem Polster des Atems aus Ihnen hinaus. Sprechen Sie einige Sätze auf dem Hauch Ihres Atems.

Diese Art der Entspannung brauchen Sie auch, wenn Sie einen Vortrag halten. Je öfter Sie Atem-Entspannungsübungen machen, desto vertrauter wird Ihrem Körper dieser Zustand und desto eher findet er in diesen auch dann hinein, wenn Sie auf der Bühne stehen.[80]

Damit Sie gehört werden: Sprechen Sie zum Publikum

Die Botschaft kommt nur an, wenn der oder die Vortragende das Publikum erreichen will. Die Lautstärke ist nicht unbedingt das Wesentliche. Wenn jemand zu leise spricht, ist es schon häufig die Folge einer inneren Einstellung, sich zurückhalten zu wollen. Wobei dies nicht unbedingt eine bewusste Entscheidung ist. Es ist häufig nur die mangelnde Bereitschaft, darüber nachzudenken, was die Zuhörer eigentlich interessiert.

Wollen Sie Ihr Publikum 100-prozentig von Ihrer Sache überzeugen, werden Sie nicht leise sprechen, selbst wenn Sie von Natur aus eine leise Stimme haben. An der Stimme merkt das Auditorium, ob Sie ihm wirklich etwas mitteilen wollen.

---

[80] Der Musikpädagoge Romeo Alavi Kia beschreibt in seinem Buch "Sonne, Mond und Stimme" Entspannungsübungen, die der Entfaltung der Stimme sehr nützen. Er geht davon aus, dass es zwei Typen von Menschen gibt: solche, die ihre Stimme in der Dynamik am besten entfalten, und andere, die in der Ruhe ihre optimale Stimme/Stimmung finden. Für jeweils den dynamischen und statischen Typ gibt es eine Grundatemübung. Siehe Alavi Kia, 1996.

Der Kinesiologe und Arzt John Diamond hat nachgewiesen, dass eine Stimme therapeutisch wirken kann – und das ist der Fall, wenn es dem Vortragenden (oder in seinem Fall dem Musiker) eine Herzensangelegenheit ist, für das Publikum zu sprechen (zu spielen). Wenn jemand mit seinem ganzen Herzen zu den Menschen spricht, steigert er die Energie der zuhörenden Menschen und sie fühlen sich wohl. Und wer wünscht sich nicht ein Publikum, das sich wohlfühlt und damit seinen Geist für die Inhalte des Vortrags öffnet?

Wie können Sie Ihre Stimme zu einer therapeutisch wirkenden Stimme machen? Zuallererst mit der inneren Einstellung, Ihren Zuhörern wirklich etwas mitgeben zu wollen. In zweiter Linie, indem Sie sich selbst *zentrieren*. Dafür ist kein langes Training nötig. Wenn Sie sich zentrieren, dann kommen Ihre zwei Gehirnhälften in Einklang, Sie empfinden weniger Stress und können klarer denken. Diamond empfiehlt zwei einfache Übungen, um die Stimme mit Energie aufzuladen und damit ein Energieband zum Publikum zu knüpfen.[81]

Tipps vom Kinesiologen

So laden Sie Ihre Stimme mit Energie auf. Diese beiden Übungen helfen, Ihren Körper vor dem Vortrag zu zentrieren und damit Ihre Stimme energetisch positiv aufzuladen:

- Legen Sie Ihre Zunge gegen den Gaumen, die Spitze der Zunge soll dabei ungefähr einen halben Zentimeter hinter den oberen Schneidezähnen liegen.
- Ballen Sie Ihre Fäuste locker und klopfen Sie damit leicht auf Ihr Brustbein. Das aktiviert Ihre Thymusdrüse, die Ihre Lebensenergie reguliert.

---

[81] Diamond 1995, S. 104-105 und S. 59-60.

Diese Übungen sind im alltäglichen Leben immer wieder hilfreich.[82]

Die innere Einstellung, Ihren Zuhörern wirklich etwas mitteilen zu wollen, ist enorm wichtig. Wie Sie diese innere Einstellung mit der Stimme verbinden können, so, dass sie Ihre Worte tatsächlich quer über den Raum trägt, zeigt die folgende Übung:

Übung für die stimmliche Tragfähigkeit

Sprechen Sie zu leise? Dann machen Sie diese Übung.

Stellen Sie sich an eine Wand Ihres Zimmers und bitten Sie Ihren Partner, sich an das andere Ende des Zimmers zu stellen. Sprechen Sie nun langsam einen Text. Am besten Ihren Text. Betonen Sie jedes wichtige Wort und unterstreichen Sie es mit der Geste einer Hand. Holen Sie mit dem Arm aus und zeigen Sie mit dem ausgestreckten Arm in den Raum hinein. So, als ob Sie sagen wollten: „Nimm es von mir, ich übergebe dir wertvolle Worte." Bemühen Sie sich, Ihre Stimme voll klingen zu lassen, sodass sie Ihren Partner am anderen Ende des Raumes erreicht. Artikulieren Sie deutlich.

Was tun, wenn Ihre Stimme monoton klingt?

Viele meiner Klienten sind schockiert, wenn sie sich zum ersten Mal auf Video sehen. „Meine Stimme ist viel zu monoton", wundern sie sich. Sie hätten das selbst beim Sprechen gar nicht so empfunden. Dann folgt natürlich die Frage: „Was kann ich dagegen tun?"

---

[82] Diamond, S. 60 und 61.

Dazu muss man sich zuerst vergegenwärtigen, was eine natürliche und lebendige Stimme ausmacht:

- Die Sprachmelodie ist abwechslungsreich: manchmal laut und manchmal leise, betonte und unbetonte, langsame und schnelle Passagen wechseln einander ab.
- Der Sprachrhythmus. So wie ein gutes Musikstück hat auch ein guter Vortrag einen abwechslungsreichen Sprachrhythmus.
- Pausen zwischen den Sätzen.

Wie gelingt Ihnen das?

Beim Vortrag selbst können Sie nichts tun. Denn Sie haben so viele andere Gedanken im Kopf, dass Sie nicht mehr bewusst Ihre Stimme steuern können. Ich empfehle Ihnen daher, sich nicht vorzunehmen, während des Vortrags laut oder leise zu sprechen, betont oder unbetont. Das werden Sie unweigerlich im Stress des Auftritts vergessen.

Sie können sich jedoch davor vorbereiten und die Dramaturgie Ihres Vortrags so planen, dass Ihre Stimme zum Leben erweckt wird, auch ohne dass Sie speziell darauf achten müssen.

So wird Ihre Stimme abwechslungsreich und lebendig

- Bringen Sie sich selbst in Stimmung. Überlegen Sie, wie sehr der Vortrag Ihren Zuhörern nützen wird, wie interessant er für sie sein wird (siehe auch „Die mentale Vorbereitung"). Wenn Sie „in Stimmung" sind, werden die Zuhörer Ihnen glauben, dass das, was Sie vortragen, „übereinstimmt" mit dem, was Sie wirklich denken.

- Seien Sie gründlich vorbereitet. Das schafft Selbstsicherheit. Selbstsicherheit ermöglicht Ihnen, Ihre inneren Bilder zu aktivieren und zuhörerorientiert zu sprechen.
- Bauen Sie Geschichten ein, die Ihre inneren Bilder aktivieren (siehe „Den Vortrag lebendig gestalten"). Bei inneren Bildern schwingen Ihre Gefühle mit und damit wird Ihre Stimme facettenreicher.
- Sprechen Sie möglichst frei. Je freier Sie erzählen, desto ungekünstelter ist die Sprache und desto lebendiger die Stimme.
- Überlegen Sie sich bei der Generalprobe Ihres Vortrags, welche Worte Sie betonen wollen, wie der Rhythmus sein soll und wo Sie Dramatik hineinlegen werden.
- Je mehr Sie für Ihre Entspannung vor dem Auftritt tun, desto besser für die Stimme.

Möglicherweise hilft Ihnen dieses Bild: Stellen Sie sich vor, Sie sprächen nicht zu langweiligen Fachkollegen, hämischen Mitarbeitern oder kritischen Mitbewerbern, sondern zu einer ganzen Schar von potenziellen Urlaubsflirts! Wetten, dass Ihre Stimme dann ganz anders klingt? „Reden ist Erotik", sagt der erfolgreiche Vortragende Hans-Uwe Köhler.

Wie die Körperhaltung Ihre Stimme beeinflusst

Die Körperhaltung bestimmt, wie Ihre Stimme klingt. Machen Sie folgendes Experiment:

Lassen Sie Ihre Schultern fallen und Ihre Arme schlaff hinunterhängen. Ihr Oberkörper sinkt ein wenig zusammen. Ihr Gesicht bleibt regungslos, es zeigt keine Mimik. Versuchen Sie, in dieser Körperhaltung ausdrucksstark und dynamisch zu sprechen. Sagen Sie z.B. „So kann ich das nicht gelten lassen!"

Wie klang Ihre Stimme? Dynamisch und ausdrucksstark?

Nehmen Sie nun eine gerade Körperhaltung ein. Stehen Sie auf beiden Füßen, richten Sie Ihre Wirbelsäule auf und machen Sie eine energische Handbewegung: „So kann ich das nicht gelten lassen!" Merken Sie den Unterschied? Merken Sie, wie stark sich Ihre Haltung auf Ihre Stimme auswirkt?

Kein Wunder, dass eine schüchterne junge Frau, die ihre Schultern vorzieht und mit eingefallenem Oberkörper spricht, piepsig und unsicher klingt. Ihre Stimme kann sich nicht entfalten. Doch auch der korrekt wirkende Mann, der mit steifen Schultern und eckigen Bewegungen am Podium steht, wird keine wohltönende Stimme entwickeln, die das Publikum bewegt und mitreißt.

Die richtige Haltung im Stehen

Stehen Sie gerade und verteilen Sie Ihr Gewicht gleichmäßig auf beide Beine. Strecken Sie aber die Beine nicht steif durch, sondern halten Sie die Knie leicht geknickt. So haben Sie die optimale Bewegungsfreiheit. Spüren Sie den Boden unter den Fußsohlen. Stellen Sie sich vor, dass Ihre Fußsohlen auf drei Punkten mit der Erde verbunden sind: ein Punkt auf der Ferse, die beiden anderen auf den beiden Fußballen.

Werden Sie sich Ihres Zentrums im Bauch, unterhalb des Nabels, bewusst. Die Japaner nennen diesen Bereich Hara. Er ist das energetische Zentrum des Menschen. Wer im Hara ruht, ist nicht nur energetisch im Gleichgewicht, er vertritt auch körpersprachlich seinen Standpunkt.

Die Zen-Übung zur Zentrierung im Hara[83]

Diese Übung machen Sie am besten nach dem Aufstehen am Morgen. Gehen Sie in den Garten oder machen Sie die Übung bei offenem Fenster. Wichtig ist, dass Sie Sauerstoff tanken. Legen Sie nun eine Hand auf Ihren Bauch und konzentrieren Sie sich auf die Energie im Bauch. Stoßen Sie nun mit geballter Energie mehrmals die Silbe „Ho" aus Ihrem Mund. Dabei sollte der Bauch ruckartig hinein und wieder hinaus schnellen.

Diese Übung vergrößert die Bandbreite Ihrer Stimme in den tiefen Lagen und macht sie volltönend.

Ihr Körper sollte nicht verspannt sein, aber auch nicht schlaff. So wie eine Violine im richtigen Maß gespannte, harmonisch schwingende Saiten hat, wenn sie gut gestimmt ist, so sollte auch Ihr Körper gleichzeitig entspannt und gespannt sein, aber nicht überspannt.

Die richtige Haltung im Sitzen

Wenn Sie sich während des Vortrags hinsetzen, hat Ihre Stimme nicht die optimale Möglichkeit, sich zu entfalten. Wenn Sie keine Wahl haben und beim Vortrag sitzen müssen, beachten Sie:

Setzen Sie sich auf das vordere Drittel des Stuhls. Stellen Sie sich vor, dass Ihr Körper vier rechte Winkel bildet und zwar zwischen:

- Füßen und Unterschenkel,
- Unterschenkel und Oberschenkel,

---

[83] Mehr Zen-Übungen im Kapitel "Mit Zen zum gelassenen Redner".

- Oberschenkel und Oberkörper,
- Hals und Kinn.

Die Fersen zeigen zueinander, Fußspitzen und Knie sind leicht geöffnet, die Wirbelsäule wird aus der Körpermitte lang gezogen. Stellen Sie sich vor, dass sich in der Mitte Ihres Kopfes ein Haken befindet, an dem Sie hochgezogen werden.

So vermeiden Sie dauerndes Räuspern

Meiden Sie einige Tage vor dem Vortrag alle Lebensmittel, die Schleim produzieren. Das sind: Milch und Milchprodukte wie Jogurt, Buttermilch und Käse. Essen Sie keinen Zucker und nichts Zuckerhaltiges wie Schokolade, süßes Gebäck, Coca Cola und Limonaden. Hier noch ein Insidertipp von Profi-Sprechern und -Sängern: Ein ganz kleiner Schluck Weißwein vor dem Auftritt ist gut, denn er zieht die Schleimhäute zusammen.

Trinken Sie genügend Wasser: Das befeuchtet die Stimmbänder. Meiden Sie alle Speisen und Getränke, die Flüssigkeit entziehen: alles scharf Gewürzte sowie Alkohol, Tee und Kaffee. Fragen Sie bei trockener Luft z.B. im Hotelzimmer nach einem Luftbefeuchter oder hängen Sie ein nasses Handtuch über den Heizkörper.

Wenn Sie mit dem Flugzeug zu Ihrem Vortrag fliegen, beachten Sie: Die Luft im Flugzeug ist sehr trocken. Trinken Sie dann überdies noch zwei Tassen Kaffee und ein Glas Wein, trocknen Ihre Stimmbänder völlig aus, weil Koffein und Alkohol dem Körper Wasser entziehen. Nehmen Sie daher im Flugzeug besonders viel Wasser zu sich und meiden Sie Kaffee, Tee und Alkohol.

Achtung vor Zigaretten: Nach nur einer Zigarette brauchen Ihre Schleimhäute mehrere Stunden, um den optimalen Zustand wiederherzustellen. Verzichten Sie auch auf kohlensäurehaltige Getränke direkt vor Ihrem Auftritt. Sie könnten Aufstoßen oder Schluckauf verursachen.

Stimmliches Aufwärmen vor dem Auftritt

Grimassenschneiden zur Lockerung

Beginnen Sie nun, mit Ihrer Mundpartie Grimassen zu schneiden. Machen Sie ein Schweineschnäuzchen, ziehen es hinauf und hinunter und rundherum. Ziehen Sie die Nase kraus. Aktivieren Sie die Muskeln im Gesicht, auch wenn es Ihnen ungewohnt vorkommt. Diese Gesichtsgymnastik lockert die Muskeln vor allem rund um den Mund und macht ihn geschmeidig. Wenn Sie keine Grimassen schneiden wollen: Mehrmaliges herzhaftes Gähnen wirkt Wunder für die Stimme!

Aufwärmen

Sprechen Sie mit jemandem vor dem Auftritt. Manche Menschen haben am Morgen einen „Frosch" im Hals. Durch gut artikuliertes Sprechen wärmen Sie Ihre Stimme auf. Summen Sie eine Melodie vor sich hin.

Die Korkenübung für klare Artikulation

Für die so genannte Korkenübung brauchen Sie keinen Korken. Krümmen Sie Ihren Zeigefinger und stecken Sie ihn so in den Mund, dass das Gelenk in die Mundhöhle zeigt. Lesen Sie mit dem Zeigefinger im Mund langsam und deutlich zehn Textzeilen. Wiederholen Sie den Text dann ohne Finger. Sie werden bemerken, dass Ihre Aussprache klarer geworden ist.

Körperhaltung

Stellen Sie sich so hin, dass Ihr Gewicht auf beide Beine gleich verteilt ist. Atmen Sie einige Atemzüge bewusst in der Bauchatmung.

Ausatmen

Holen Sie bei Sprechbeginn nicht tief Luft. Dadurch kommt es zu einem Luftstau in Ihrer Lunge. Beginnen Sie beim Ausatmen zu sprechen. Lassen Sie vor dem Sprechen noch mit einem unhörbaren ffft die überschüssige Luft heraus.

Der Körper ist der Handschuh der Seele

Körper und Seele sind eine Einheit. Was Sie denken, spiegelt sich in Ihrer Stimme und in Ihrer Körperhaltung wider. Jede Empfindung, die Sie während des Vortrags verspüren, äußert sich durch Gesten, die Sie gar nicht bewusst wahrnehmen. Ob es ein Schritt zurück oder nach vor ist, ob Sie an Ihrer Nase zupfen oder die Manschetten schütteln oder ob Ihr Gesicht leichte Skepsis, Neugierde oder Interesse ausdrückt, Sie können Ihre inneren Gefühle beim Vortragen nicht verbergen.[84]

Vor kurzem erarbeitete der Geschäftsführer eines Unternehmens seinen Bericht mit mir, der dem Aufsichtsrat unterbreitet werden sollte. Alles ging gut, bis er das Thema Sicherheitsbestimmungen und Feuerschutz ansprach. Da griff er sich kurz ans Ohrläppchen. „Aha", sagte ich, „gibt es da etwas, was Sie stört?" „Tatsächlich", antwortete er, „über die Feu-

---

[84] Eine leicht lesbare, reich bebilderte Einführung in das Thema Körpersprache bietet Samy Molcho: "Körpersprache". Eine systematische lehrbuchmäßige und sehr detaillierte Übersicht zu diesem Thema finden Sie in "Körpersprache für Manager" von Horst Rückle.

erschutzbestimmungen will ich eigentlich gar nicht reden, denn dieses Thema ist abgehakt. Ich muss es nur der Vollständigkeit halber bringen." Eine Kleinigkeit, eine Lappalie. Sein kleiner innerer Widerstand drang jedoch sofort ungefiltert nach außen.

Gehen wir also davon aus, dass Stimme und Körpersprache unsere Gefühle unmittelbar verraten. Was kann daraus geschlossen werden? Sage nichts, was du nicht sagen willst.

Manchmal könnten Sie jedoch gezwungen sein, über Dinge zu sprechen, die Ihnen unangenehm sind. Stellen Sie sich zum Beispiel vor, Sie müssten Ihren Mitarbeitern und Mitarbeiterinnen klar machen, dass sie für das gleiche Gehalt länger arbeiten sollen. Sie erwarten Protest und Unmut, schon bevor Sie vor die Belegschaft hintreten. Ihre Unsicherheit und das mulmige Gefühl, das Sie angesichts dieser Situation haben, wird sich unweigerlich in Ihrer Körperhaltung spiegeln. Die negativen körpersprachlichen Signale, die Sie dadurch aussenden, werden die Reaktionen des Zorns und Protests im Publikum noch mehr verstärken. Was tun? Ihre Aufgabe ist es, für sich selbst eine positive Haltung zu dem Inhalt Ihrer Rede zu erarbeiten. Welche Hoffnungen können Sie den Mitarbeitern in Aussicht stellen, damit diese bereit sind, jetzt in den sauren Apfel zu beißen? Hatten Sie selbst ein Erlebnis, das mit der Situation der Mitarbeiter vergleichbar ist und einen positiven Ausgang hatte?

Das Positive sehen

Eine Möglichkeit wäre, die Mitarbeitersituation mit einer passenden positiven Begebenheit aus Ihrer Vergangenheit zu verbinden. Sie hatten in Ihrer Jugend zusammen mit Ihrem Vater an einem Segelflugzeug gebaut. Stellen Sie sich diese Situation bildhaft vor – Sie vergaßen die Zeit, Sie freuten sich, gemeinsam mit Ihrem Vater an etwas Wichtigem beteiligt zu sein. Spüren Sie diesem Gefühl nach und vermitteln Sie es Ihrem Publikum. Auch die Mitarbeiter sind an einem wichtigen Projekt beteiligt. Ihre Mehrarbeit wird das Unternehmen wieder in die schwarzen Zahlen führen, sie wird den entscheidenden Impuls zum Wachstum geben. Arbeitsplatzsicherheit und spätere Vergünstigungen für die Angestellten des Unternehmens könnten die Folge sein.

Mit diesem Gefühl im Herzen können Sie die gemeinsame Sache überzeugend darstellen. Damit bekommt die Mehrarbeit einen zusätzlichen Aspekt: Sie ist ein Schritt in Richtung positiver Zukunft. Das Zusammenbauen des Segelflugzeuges in Ihrer Jugend war genauso wie die projektierten Überstunden mit Mühe verbunden. Trotzdem haben Sie es damals gerne in Kauf genommen für das übergeordnete Ziel und den Spaß an der Zusammenarbeit. So können Sie auch die Mehrarbeit für die Mitarbeiter in einem anderen Licht darstellen. Denn sie sichern den Fortbestand des Unternehmens und wahrscheinlich empfinden die Mitarbeiter sogar Freude, weil sie alle an einem Strang ziehen und Verantwortung übernehmen.

Wenn Sie sich in die Ihnen positiv in Ihrer Erinnerung verankerte Situation aus Ihrer Jugend emotional hineinversetzen, werden Sie Ihren Mitarbeitern die positiven Aspekte vermitteln können. Auch mit Ihrer Körpersprache. Denn die inneren Bilder vom Segelflugzeug-Zusammenbauen werden Ihre Mimik und Gestik animiert und lebendig machen. Was Sie in Ihrem Herzen fühlen, senden Sie durch Ihre Körpersprache aus.

Der Körpersprache-Experte Samy Molcho sagt dazu: „Der Körper ist der Handschuh der Seele, seine Sprache das Wort des Herzens. Jede innere Bewegung, Gefühle, Emotionen, Wünsche drücken sich durch unseren Körper aus. Was wir

Körperausdruck nennen, ist der Ausdruck innerer Bewegungen."[85]

Rollenspiele

Samy Molcho lässt seine Seminarteilnehmer gerne Rollen spielen. Ich war selbst einmal dabei, als ein Seminarteilnehmer, von Beruf Notar, die Szene darstellte, wie er an seinem Schreibtisch sitzt und eine Mitarbeiterin hereinruft, der er die Kündigung mitteilt. Das Ganze war ihm sichtlich unangenehm, er saß verkrümmt da und presste die Worte der Kündigung zwischen verkniffenen Lippen hervor. Die „Mitarbeiterin", eine wahrlich nicht persönlich betroffene Seminarteilnehmerin, protestierte lautstark und drohte sämtliche verfügbaren Rechtsmittel an. Der Bemitleidenswerte in dieser Szene war eindeutig der Kündigende.

Molcho versuchte klar zu machen, dass derjenige, der kündigt, seine Einstellung ändern müsse. Dass er an gemeinsame gute Zeiten denken solle, an die Verdienste dieser Person, an sein Mitgefühl und wie er sich an der Stelle der Mitarbeiterin fühlen würde. Wenn ihm das gelänge, würde sich das nicht bloß in seiner Wortwahl, sondern auch in seiner Körperhaltung äußern. Die Wiederholung der Szene war dann verblüffend. Die Seminarteilnehmerin, die die Gekündigte spielte, brachte es überhaupt nicht mehr fertig zu protestieren, ja, sie zeigte sogar Mitgefühl für die Zwangslage, in der sich ihr Chef offenbar befand.

Was Sie innerlich denken, das senden Sie aus. Wenn Sie sich nicht mit dem wohl fühlen, was Sie sagen, brauchen Sie gar

---

[85] Molcho, S. 20-21.

nicht anzufangen. Denn das Publikum merkt es, und Sie verlieren die Glaubwürdigkeit. Sie wirken nicht authentisch.

Seminare und Bücher über Körpersprache sind beliebt, nützlich sind sie aber vor allem für jene, die die Körpersprache ihres Gegenübers entschlüsseln wollen. Wenn Sie im Publikum sitzen und wissen wollen, bei welchem Punkt der Vortragende unsicher ist und was er möglicherweise wirklich denkt, dann können Sie lernen, das zu erkennen. Als Vortragender wird Ihnen dieses Wissen wenig nützen. Denn die Kenntnis der körpersprachlichen Signale ist zwar wichtig, jedoch in der Vortragssituation wenig einsetzbar.

Profi-Redner studieren oft Gesten ein, um bestimmte Worte zu unterstreichen. Das ist möglich, weil sie den Vortrag hunderte Male genau gleich abspulen, so, wie ein Schauspieler monatelang an der Interpretation eines Textes arbeitet. Für Otto und Hilde Normalverbraucher ist das nicht der richtige. Wenn Sie an Ihrer Gestik arbeiten wollen, dann empfehle ich Ihnen, Ihren Vortrag im Vorhinein Satz für Satz durchzugehen und sich zu überlegen, welche Gestik sich natürlich aus Ihnen entwickeln könnte, um den Inhalt zu unterstreichen. Wenn Sie das mehrere Male durchgespielt haben, ist die Wahrscheinlichkeit groß, dass Sie eine schlüssige und trotzdem authentische Körpersprache entwickeln.

ABC zur Körpersprache

Augenkontakt

Die Augen sind der Spiegel der Seele. Denn durch die Augen sehen wir ins Innere der Menschen. Wer wegsieht, der scheint es nicht ehrlich zu meinen, der will keine

Kommunikation. Die Regel Nummer eins für Vortragende ist daher: Sehen Sie in die Augen Ihrer Zuhörer. Von Anfang an.

Grundsätzlich gilt: Schauen Sie einzelnen Zuhörern zwei bis drei Sekunden in die Augen oder so lange, bis Sie das Gefühl haben, dass sich Ihrer beider Geist „berührt" hat. Wenn Sie im Geist dieses Menschen Resonanz gefunden haben, sehen Sie den Nächsten an. Menschen mit argem Lampenfieber fällt es besonders schwer, sich auf Augenkontakt einzulassen. Sie sind meist zu nervös und konzentrieren sich ausschließlich auf den Text. Ihnen empfehle ich ganz besonders, vor dem Vortrag mit einigen Menschen aus dem Publikum Smalltalk zu machen. Menschen, die Sie schon kennen, schauen Sie auch an. Laden Sie einige Bekannte ein, sich ins Publikum zu setzen. Setzen Sie sie verteilt in den Raum, auch in die hinterste Reihe. So wandern Ihre Augen über das Publikum bis nach hinten.

Vor Publikum zu sprechen ist wie Kommunikation unter vier Augen, bloß dass es 100 oder 500 Augenpaare sind. In den Augen Ihrer Zuhörer lesen Sie, ob Ihre Argumente verstanden werden, ob sie Ihnen zustimmen und ob sie sich durch Ihre Gedankengänge führen lassen. Ihre Zuhörer merken, ob Sie zu ihnen sprechen und nicht über ihre Köpfe hinweg. Der Management-Trainer und Autor des Buches „Mythos Motivation" Reinhard Sprenger hält sehr viele Vorträge und Seminare. Er sagte zu mir in einem Gespräch: „Aus den Augen hole ich mir Kraft. In den Augen sehe ich, ob einer dabei ist."

Beine

Stehen Sie so, dass Ihre Beine etwa schulterbreit voneinander entfernt sind.

Bleiben Sie am Beginn Ihres Vortrags möglichst an einem Ort stehen. So wirken Sie selbstsicher. Nach einigen Minuten ist es durchaus in Ordnung, wenn Sie einige Schritte hin und her machen. Das bietet Abwechslung.

Charismatische Ausstrahlung

Charisma hängt von Ihrer inneren Einstellung ab. Stimmen Sie sich mit den „10 Schritten zum Enthusiasmus" ein.

Distanz

Halten Sie den Abstand zum Publikum so, dass Sie leicht die Menschen am letzten Platz links und rechts außen noch ansehen können. Gehen Sie nicht ins Publikum hinein. Da zeigen Sie den Zuhörern der vorderen Reihen den Rücken.

Erster Eindruck

Der erste Eindruck ist der entscheidende. Reden Sie nicht gleich los, sondern beginnen Sie mit einer Pause. Sammeln Sie sich eine Sekunde lang, sehen Sie dann freundlich ins Publikum und fangen Sie dann an. Für Freunde der klassischen Musik: Auch die effektvollste Sinfonie Beethovens, die 5., beginnt mit einer Generalpause.

Füße

Stellen Sie sich leicht auf die vorderen Fußballen, so, dass Sie etwas vorgeneigt sind. Das signalisiert Interesse an den Zuhörern. Sie beugen sich ihnen zu.

Gesicht

Setzen Sie kein Pokerface auf. Auch Ihr Gesicht kann widerspiegeln, dass Sie voll hinter Ihren Worten stehen. Gefühlsregungen im Gesicht machen Sie glaubwürdiger.

Hände

Halten Sie am Beginn Ihres Vortrags Ihre Arme angewinkelt auf der Höhe der Taille. Das ermöglicht es Ihnen, dass Sie Ihre Hände frei haben für die Gestik, die sich meist automatisch spontan einstellt. Wenn Sie am Anfang nicht wissen, was Sie mit den Händen machen können, hilft es, mit den Fingern einer Hand den Mittelfinger der anderen Hand leicht zu umfassen.

Der Inhalt ist wichtiger

Rhetorik-Trainer weisen häufig darauf hin, dass bei einem Auftritt die Körpersprache weit mehr Einfluss haben soll als die gesprochenen Worte. Demnach soll 55 Prozent dessen, was das Publikum wahrnimmt, die Körpersprache ausmachen, 38 Prozent die Stimme und nur 7 Prozent der Inhalt. Auch in anderen Zusammenhängen taucht dieser Aufteilungsschlüssel oft auf, und bestimmt haben Sie ihn auch schon einmal serviert bekommen. Aber stimmt er auch?

Die Berechnung geht zurück auf eine Studie zum Thema Körpersprache von Albert Mehrabian, emeritierter Professor für Psychologie an der UCLA (University of California at Los Angeles). Leider werden solche Studienergebnisse oft ohne Überprüfung übernommen. Ehe man dergleichen Zahlen zitiert, sollte man sich die Mühe machen und nachlesen, was Mehrabian tatsächlich untersucht hat. Schon der Titel sagt es aus:

„Silent Messages: Implicit Communication of Emotions and Attitudes" (Unausgesprochene Botschaften: Wortlose Kommunikation von Gefühlen und Einstellungen). Gegenstand der Studie war also, wie Gefühle durch Körpersprache vermittelt werden.

Nun ist es ein großer Unterschied, ob Sie einen Vortrag über die Steuergesetzgebung im nächsten Jahr halten oder eine Begräbnisrede am Grab eines Tennispartners. Im ersten Fall sprechen Sie wohl kaum über Ihre eigenen Gefühle, im zweiten Fall schon. Dementsprechend liegen beim Thema Steuergesetzgebung sicherlich nicht nur 7 Prozent der Bedeutung im Inhalt, sondern schätzungsweise 80 bis 90 Prozent!

Bei der Trauerrede hingegen ist es wichtig, die Stimme zu dämpfen und langsam zu sprechen, richtig gekleidet zu sein und eine trauernde Miene aufzusetzen. Wenn Sie in dieser Situation etwas sagen, was Ihrer Miene nicht entspricht, werden auf jeden Fall Ihre Körpersprache und der Klang Ihrer Stimme eher wahrgenommen als Ihre Worte.

Mehrabian ist es anscheinend gewohnt, falsch zitiert zu werden, denn auf seiner Webseite heißt es ausdrücklich: „Es ist nicht zulässig, die Resultate zu verallgemeinern: Sie gelten nur dort, wo jemand über seine eigenen Gefühle und Einstellungen spricht."[86]

Stimme und Körpersprache

Stimme und Körpersprache sind mit Ihrer inneren Einstellung direkt verbunden. Alles, was Sie denken und

---

[86] Die Hinweise zu den Details seiner Studie sind bei Mehrabian auf Seite 286 und 305 zu finden.

fühlen, wird dem Publikum über Ihre Stimme und Körpersprache vermittelt. Deshalb:

- Sprechen Sie über nichts, hinter dem Sie nicht stehen können.
- Fühlen Sie sich wohl mit dem, worüber Sie sprechen.
- Reden Sie zu Ihrem Publikum: Was wollen Sie Ihrem Publikum wirklich mitgeben?

Satzpausen sind Denkpausen

Stellen Sie sich vor, Sie wären ein Lastwagen, der von der Apfelernte nach Hause fährt. Auf der Ladefläche sind wunderschöne knackige Äpfel geladen. Die Früchte stehen für die Informationen, die Sie Ihrem Publikum mitteilen wollen.

Stellen Sie sich weiters vor, Ihre Zuhörer wären ein zweiter Lastwagen, dessen Ladefläche (noch) leer ist. Sie wollen Ihre herrlichen Äpfel während der Fahrt auf die leere Ladefläche des zweiten Lastwagens umladen. Der Lastwagen der Zuhörer ist jedoch ein langsameres Modell und daher immer eine halbe Wagenlänge hinten nach.

Wenn Sie Ihre Äpfel (Informationen) nun zu schnell umladen, fallen viele davon auf die Straße und werden unter den Rädern des langsameren Lastwagens zerdrückt. Was müssen Sie daher mit Ihrem schnelleren Lastwagen tun? Sie müssen immer wieder langsamer fahren, anhalten und schauen, ob das Obst tatsächlich auf der Ladefläche des langsameren Lastwagens gelandet ist.

Im Sprechtempo bedeutet dies, dass Sie immer wieder Pausen machen sollten, um nachzusehen, ob das Publikum noch bei

Ihnen ist. Sie können das auch artikulieren und fragen: „Können Sie mir folgen?", „Ist Ihnen klar, was ich damit meine?"

Information ist Exformation

Warum denkt das Publikum langsamer? Erstens braucht die Information eine Weile, bis sie vom Kopf des Redners im Kopf des Zuhörers gelandet ist. Der Gedanke formt sich im Gehirn des Redners, wird weitertransportiert und verlässt seinen Mund. Dann überquert die Information den Raum, tritt in das Ohr des Zuhörers ein, geht zum Gehirn und wird dort verarbeitet. Selbst wenn das sehr schnell geht, ist die Strecke, , nämlich für jene vom Ohr zum Gehirn, ist bekannt, wie lange das Gehörte braucht, um in das Bewusstsein des Zuhörers zu gelangen: eine halbe Sekunde.[87]

Zweitens: Wenn nun der Gedanke ins Bewusstsein des Zuhörers gedrungen ist, muss er erst überprüft und mit den vorhandenen Erfahrungen und Erinnerungen verknüpft werden. Eigene Assoziationen werden gebildet. Auch das braucht Zeit.

Drittens: Worin besteht überhaupt die Information, die der Vortragende den Zuhörern weitergibt? Eigentlich müssten wir die Information Exformation nennen. Denn der Redner hat aus einer Fülle von Tatsachen und Ideen jene ausgewählt, die er am besten geeignet fand, um sein Wissen dem Publikum nahe zu bringen. Das menschliche Gehirn würde explodieren, wenn es nicht laufend aus der Fülle von Informationen nur jene aussortieren würde, die es braucht. Der Mensch ist jede Sekunde seines Lebens damit beschäftigt, mit seinen Sinnesorganen

---

[87] Siehe Norretranders, S. 307.

Reize aufzunehmen und das Unbrauchbare auszusortieren, also „Exformation" zu produzieren.[88]

Nun hat der Sprecher als Experte wesentlich mehr Vorwissen über sein Gebiet als sein Auditorium. Vieles von diesem Vorwissen hatte er aussortiert, als er seinen Vortrag vorbereitet hat. Das musste er tun, denn es steht ihm nur beschränkte Zeit zur Verfügung. Er komprimiert also den Inhalt in eine dichte Form, die er mit seinen Worten übermittelt. Sobald die Worte ins Bewusstsein der Zuhörer dringen, entfalten sich deren Assoziationen, die ziemlich unterschiedlich sein können. Da kann es große Diskrepanzen geben. Häufig setzt der Vortragende Assoziationen voraus, die in den Gehirnen seiner Zuhörer nicht oder ganz anders vorhanden sind. Solche Diskrepanzen verlangsamen das Verständnis, sodass nur ein Bruchteil der Informationen tatsächlich begriffen werden. Besonders deutlich wird das in Situationen, in denen das Wissen und die Erfahrungen der Zuhörer sehr unterschiedlich sind.

So kommt die Information an

- Lassen Sie den Zuhörern Zeit, Ihren Worten zu folgen.
- Machen Sie Pausen, um zu sehen, ob die Zuhörer Ihnen noch folgen können.

Es gibt zwei verschiedene Typen von Rednern, die sehr leicht vergessen, Pausen zu machen. Die ersten sind die Schnellredner, die zweiten die Singsangredner.

---

[88] Der Mensch nimmt jede Sekunde 11 Millionen bit an Sinnesreizen auf, das menschliche Bewusstsein hat jedoch nur eine Bandbreite von 16 bit/Sekunde. Vgl. das hochinteressante Buch zum Thema Bewusstsein und Wahrnehmung: "Spüre die Welt" von Tor Norretranders, besonders S. 147-263.

Typus 1: Schnellredner

Schnell sprechen ist eine häufige Unart von Schnelldenkern, pardon Schnelldenkerinnen. Denn gerade Frauen sprechen häufig besonders schnell. Solange eine Vortragende schnell spricht, ist sie mit ihren eigenen Gedanken beschäftigt und denkt nicht daran, ob ihr das Publikum folgen kann. So empfindet es das Publikum auch. Schnellsprecher wirken auf die Zuhörer abgehoben und überheblich. Dass die Zuhörer sehr bald die Ohren zumachen ist die logische Folge. Denn es ist für sie zu mühsam, dem Wortschwall zu folgen. Ein Vortrag ist kein Wettkampf, wo diejenige siegt, die am schnellsten die meiste Information an die Zuhörer bringt.

Schnellsprecher lassen sich die Chance entgehen, mit dem Publikum in Dialog zu treten. Sie sind der Lastwagen, der um drei Wagenlängen voraus ist und die Äpfel auf die Landstraße kippt. Die Zuhörer bemerken gar nicht, wie viele Äpfel es sind, über die sie drüberfahren, bzw. gar nicht wahrnehmen. Ein weiterer Nachteil beim schnellen Sprechen ist, dass die einzelnen Worte kein Gewicht haben. Schnellsprecher betonen meist auch schlecht. Die Worte sprudeln aus ihnen heraus, aber sie kommen beim Auditorium nicht an. So wie ein Zuhörer sagte: „Ich weiß nicht immer, was sie sagt. Sie kann doppelt so schnell reden wie ich zuhören."

Tipp für Schnellredner

- Je größer der Raum, desto langsamer müssen Sie sprechen.

Typus 2: Singsangredner

Singsangredner kommen zu keinem Punkt und daher auch zu keiner Pause. Ihr Singsang reiht die Sätze hintereinander und kommt zu keinem Punkt. Er ähnelt der typischen Redemelodie der Schulreferate. Sie werden auch Girlandensätze genannt, da sie wie eine Girlande kein Ende nehmen.

Viel angenehmer für Zuhörer sind so genannte Bogensätze. Da beginnt die Sprechmelodie in tiefer Tonlage, steigt dann hinauf und endet wieder ungefähr in der Ausgangslage. Wenn Sie in Bogensätzen sprechen, wissen die Zuhörer, wann der Satz zu Ende ist. Dadurch verstehen sie besser, was Sie sagen wollen.

Der Schriftsteller Kurt Tucholsky wurde einst gefragt, was eine gute Rede auszeichnet. Er antwortete: „Hauptsätze, Hauptsätze, Hauptsätze!" Je klarer die Satzstruktur, desto verständlicher der Inhalt. Je mehr Hauptsätze, desto eher sprechen Sie in Bogensätzen.

So gewöhnen Sie sich Pausen an

Üben Sie Ihren Vortrag, indem Sie darauf achten, klare Sätze zu bauen, wenn möglich Hauptsätze. Wenn der Satz zu Ende ist, sagen Sie laut „Punkt. Pause." Dann kommt der nächste Satz, und Sie sagen wieder am Ende: „Punkt. Pause." So gewöhnen Sie sich an, die Sätze als abgeschlossene Abschnitte zu sehen bzw. zu hören. Nehmen Sie diese Übung auf und hören Sie sie ab. Achten Sie auf die Melodie und den Rhythmus Ihrer Sprache.

Sprechpausen ermöglichen es Ihnen als Vortragendem, in Ruhe Atem zu holen. Wenn Sie ruhig atmen, merken das die Zuhörer und entspannen sich leichter. Im entspannten Zustand nehmen sie besser auf, was Sie zu sagen haben.

Wussten Sie, dass sich der Atemrhythmus eines Menschen, dem man zuhört, auf einen selber überträgt? Sind Sie schon einmal in Gegenwart eines nervösen Menschen gesessen und haben sich plötzlich selbst kribbelig gefühlt? Wenn der Atemrhythmus eines nervösen Menschen unruhig und unregelmäßig ist, fühlt sich auch das Gegenüber unwohl.

Selbst der Atemrhythmus der Fernsehsprecher überträgt sich auf die Zuseher. Leider nicht immer zu ihrem Besten. Denn manche Nachrichtensprecher sprechen hektisch, machen zu wenig Pausen und holen plötzlich einen lauten Atemzug – ganz so, als ob sie ums Überleben kämpften.[89] Was Sie auf Videos sehen und im Radio hören, beeinflusst Ihren Atemrhythmus und damit Ihren Stresspegel. Ist das nicht ein neuer Aspekt, unter dem Sie Ihr Fernseh- und Hörfunkprogramm auswählen könnten?

Die Vorteile der Sprechpause

- Sie geben Ihren Zuhörern die Gelegenheit, das Gehörte zu verdauen und zu verstehen.
- Sie zeigen, dass Sie auf Ihre Zuhörer Rücksicht nehmen.
- Sie können Atem holen und selbst überdenken, was Sie als Nächstes sagen wollen.
- Sie erzeugen Spannung. Die Zuhörer fragen: Was kommt als Nächstes?
- Sie demonstrieren Gelassenheit.

So verlangsamen Sie Ihr Sprechtempo

- Vermeiden Sie Zeitdruck. Sie können nicht die gleiche Informationsmenge in weniger Zeit als

---

[89] Diamond 1979, S. 30.

geplant rüberbringen. Streichen Sie lieber schon vorher Passagen weg.
- Nehmen Sie Ihren Text auf und hören Sie sich selbst zu. Notieren Sie, wo Sie beim nächsten Mal Pausen setzen und welche Passagen Sie besonders betonen sollten.
- Achten Sie bei der Probe Ihres Vortrags auf die sinngemäßen Abschnitte innerhalb eines Satzes und setzen Sie dort eine kleine Atempause. In einem Text sind diese Abschnitte häufig durch Kommas oder Bindestriche getrennt. Beispiel: „In diesem Vortrag ist es nicht egal /atmen/, ob Sie zuhören /atmen/, mit Ihrem Nachbarn tuscheln /atmen/ oder ob Sie mit Ihrem Handy zur Tür hinausverschwinden /atmen/."

Wenn Sie Ihr Sprechtempo nicht auf Anhieb verändern können und Ihnen die Pausen schwer fallen, trösten Sie sich mit dem Schriftsteller Ernest Hemingway: „Zwei Jahre braucht der Mensch, um das Sprechen, ein Leben lang, um das Schweigen zu lernen."

Charismatische Ausstrahlung

Ihre Stimme und Ihre Körpersprache sind ein Barometer Ihrer Anziehungskraft. Ist Ihre Stimme entspannt und wohltönend und Ihre Körpersprache souverän und offen, spiegelt sich darin Ihre innere positive Haltung, was Ihnen ermöglicht, dieses Gefühl auch auf andere Menschen zu übertragen. Das Wort „Charisma" stammt aus dem Altgriechischen und bedeutet „Aufmerksamkeit auf sich ziehen", was auf Charis, die Göttin der Anmut und der Liebe, zurückzuführen ist. Charismatische Menschen ziehen andere in ihren Bann und verstehen es, Menschen positiv zu beeinflussen und zu verzaubern. Genau diese Eigenschaft braucht ein guter Redner. Ein charismatischer Vortragender ist einer, der seine Zuhörer fasziniert und begeistert und der sein Thema so spannend rüberbringen kann, dass alle konzentriert zuhören.

Nikolaus Enkelmann, der verstorbene suggestive deutsche Rhetoriker mit großer Fan-Gemeinde, hat sich jahrzehntelang mit der Faszination charismatischer Menschen beschäftigt. Er behauptet, der größte Charisma-Faktor sei die eigene Begeisterung, die sich auf andere überträgt: „Es geht nicht um eine brillante Rede oder um erstklassige Rhetorik …, sondern es geht um die Fähigkeit, den Worten Leben und Ausdruckskraft zu verleihen. Es geht darum, das Herz des Menschen und nicht nur seinen Verstand anzusprechen. Ist der Redner von seiner Idee begeistert, überträgt sich dieses Gefühl auf die Zuhörer wie ein Funke, der sich entzündet, oder ein Virus, der sich ausbreitet …"

Begeisterung zeigen

Es gibt viele Menschen mit guten Ideen und enormer Fachkenntnis. Trotzdem fehlt ihnen die Gabe, auf andere Menschen charismatisch zu wirken. Sie wissen zwar viel, doch scheinen ihre Ideen und Informationen nicht mit ihrem Herzblut durchtränkt zu sein. Wenn sie selbst von ihrem Inhalt nicht berührt sind, können sie auch andere Menschen nicht fesseln. Je mehr ein Mensch von dem spricht, was ihn bis in sein Innerstes bewegt, desto mehr strahlt er das auch aus. „Nur wenn man selbst von seinen Ideen und Vorstellungen begeistert und fasziniert ist, dann ist dieses Gefühl stark genug, um sich auf andere Menschen zu übertragen."[90]

Nun sagen Sie vielleicht: „Wenn ich einen Vortrag über ein Fachthema halte, dann ist das Informationsübermittlung. Da brauche ich keine Begeisterung." Mit dieser Meinung befinden Sie sich in bester Gesellschaft! Denn so sehen es die meisten Fachvortragenden. 95 von 100 Fachleuten, die Vorträge halten, haben keinerlei Ausstrahlung, weil sie meinen, die Sache müsse im Vordergrund stehen. In Wahrheit steckt oft Angst dahinter, Stellung zu beziehen und Gefühle zu zeigen. Und was passiert?

Die Zuhörer gähnen, sie schlafen ein und am schlimmsten: Sie nehmen die Inhalte nicht auf. Selbst wenn Sie über ein trockenes Fachthema sprechen, ist es Ihre persönliche, charismatische Ausstrahlung, die andere Menschen erreicht und ihre Herzen berührt. Sobald sich die Herzen der Zuhörer durch Ihre Begeisterung und Ausstrahlung öffnen, werden sie auch für Ihre Ideen aufnahmebereiter. Gegen Worte kann man sich wehren, Fachwissen kann man diskutieren, aber Ihre Ausstrahlung fühlt man und kann sich nicht dagegen versperren. Es geht darum, die Herzen Ihres Publikums anzusprechen und nicht nur ihren Verstand. Der amerikanische Werbefachmann Bill Bernach sagte deshalb einmal: „Ich will keine Akademiker. Ich will keine Wissenschaftler. Ich will keine Leute, die immer alles richtig machen. Ich will Leute, die zu begeistern wissen."[91]

Ohne Begeisterung keine persönliche Ausstrahlung. Ohne persönliche Ausstrahlung kein Funken, der zum Publikum überspringt. Ohne diesen Funken kein Erfolg.

---

[90] Enkelmann 1999, S. 26-27.
[91] Bill Bernach, US-Werbe-und Kommunikationsexperte (1911-1982).

Checkliste: Stimme und Körpersprache

- ✓ Identifizieren Sie sich mit dem Inhalt Ihres Vortrags?
- ✓ Freuen Sie sich, Ihren Zuhörern etwas wirklich Interessantes/ Nützliches mitzugeben?
- ✓ Sind Sie bereit, Ihre Begeisterung für das Thema zu zeigen?
- ✓ Sind Sie gründlich vorbereitet, sodass Sie beim Auftritt möglichst stressfrei sind?
- ✓ Haben Sie Geschichten eingebaut, die Ihre inneren Bilder aktivieren?
- ✓ Sprechen Sie weitgehend frei?
- ✓ Haben Sie etwas für Ihre Entspannung getan (z.B. Atemübung)?
- ✓ Haben Sie Kontakt zu einigen Zuhörern aufgebaut?
- ✓ Stehen Sie auf beiden Beinen die Fußsohlen fest auf der Erde und mit geradem Rücken?
- ✓ Haben Sie Ihre Stimme aufgewärmt (Grimassenschneiden, gebrabbelt, gesungen)?
- ✓ Haben Sie nichts gegessen, was Ihre Stimme verschleimt?
- ✓ Haben Sie genug Wasser getrunken und für den Vortrag Wasser bereitgestellt?

Download der Checkliste möglich auf www.fleurwoess.com

Der Tag des Auftritts

Ein guter Vortrag muss vorher geprobt werden.

Wie viele Stunden üben Pianisten oder Geiger vor ihrem Auftritt? Wohl an die acht Stunden täglich, und das mehrere Wochen und Monate lang. Die meisten Menschen glauben nur weil sie wissen, wie sie den Mund auf und zumachen, dass sie ohne viel Vorbereitung und ohne zu proben eine gelungene Rede halten können. Nein, weit gefehlt! Ein bis zwei Proben vor einem Vortrag sind unerlässlich!

Die Generalprobe

Bitten Sie Ihren Partner oder eine Bekannte, für Sie Publikum zu spielen. Wollen Sie sich professionelles Feedback holen, wenden Sie sich dafür an einen Vortragscoach. So bekommen Sie Routine und merken an der Reaktion Ihres „Publikums", welche Passagen Ihrer Rede ankommen und an welchen Sie noch feilen müssen.

Falls Sie niemanden haben, der Ihnen zuhören kann, hilft es, den Vortrag mehrere Male laut zu sprechen. Am besten, Sie stellen sich so hin, wie Sie beim späteren Auftritt auch stehen werden. Sprechen Sie laut. Wenn Sie ein fertiges Manuskript haben, tun Sie beim ersten Mal so, als ob Sie es jemandem vorlesen würden. Beim dritten Durchgang benützen Sie das Manuskript nur dann, wenn Sie nicht mehr weiterwissen. Oder besser noch: Sie verwenden kein Manuskript mehr, sondern nur mehr Ihre Notizen, Karten oder Ihre Folien. Tragen Sie Ihren Vortrag frei vor.

Das Wesentliche an dieser Probe ist nicht nur, dass Sie sich mit Ihrem Vortrag vertraut machen und Feedback bekommen. Das Wesentliche ist, dass Sie den Vortrag *laut* lesen bzw. sprechen. Die aktive Betätigung beim Sprechen regt Ihr Gedächtnis an, sich den Text besser zu merken. Gleichzeitig nehmen Sie den Text auf einem zweiten Sinneskanal wahr, nämlich mit den Ohren. Sie lesen *und* hören!

So wird ein Informationskreis geschlossen: Alles, was Sie sagen, hören Sie sofort mit den eigenen Ohren und bekommen somit eine Rückmeldung. Sie produzieren akustische Information, die sofort wieder ins Gehirn zurückläuft. Der Text wird also doppelt so wirksam in Ihr Gedächtnis eingeschleust.

Diese Erkenntnis können Sie sich noch mehr zunutze machen, indem Sie Ihre Sprechprobe mit dem Handy aufnehmen. Damit ist es Ihnen möglich, Ihren Vortrag zu hören, während Sie Auto fahren oder spazieren gehen.

Die Audioaufnahme als Korrektiv

Für jeden Menschen ist es unangenehm und befremdend, in einer Aufnahme die eigene Stimme zu hören. Überwinden Sie dieses Gefühl. Denn beim abermaligen Zuhören passiert etwas sehr Nützliches. Wenn Sie sich selbst hören, fliegen Ihnen wie von selbst bessere und griffigere Formulierungen zu. Gerade wenn Sie den Vortrag geschrieben haben, schleichen sich Ausdrücke ein, die nur schriftlich gut wirken. Gesprochen hören sie sich oft gestelzt an. Eine Aufnahme ist ein gutes Mittel um eine dynamischere gesprochene Sprache zu entwickeln. Nachdem Sie die Aufnahme gesprochen haben, ändert sich oft auch inhaltlich etwas. Vergessen Sie nicht, Ihre Notizen up to date zu halten, sodass Sie immer die letzte Version sauber dokumentiert haben.

Beachten Sie bei der letzten Aufnahme die Aufnahmezeit. Dann wissen Sie genau, wie lange Ihr Vortrag dauern wird. Sollte er zu lange werden, müssen Sie einige Passagen streichen. Nehmen Sie sich auf keinen Fall vor, schneller zu sprechen. Und: Schieben Sie die Generalprobe nicht zu lange auf. Am Tag Ihres Auftritts bringt sie nichts mehr. Proben Sie daher spätestens am Tag davor. Sollten Sie für Ihre Generalprobe weder einen Vortragscoach noch einen Freund in der Nähe haben, dann bleibt neben der Single-Probe-Version noch eine Möglichkeit. Setzen Sie vor Ihrem wichtigen Auftritt den Vortrag in einem anderen Rahmen an, wo nicht so viel auf dem Spiel steht. Manche machen das in ihrem bevorzugten Club oder in einer Volkshochschule. Besonders empfehle ich die zahlreichen Toastmaster Clubs, in denen Sie problemlos als Mitglied einsteigen können und qualifiziertes Feedback bekommen. So erproben Sie schon im Vorhinein, was gut ankommt und wo Sie noch feilen müssen.[92]

Die mentale Vorbereitung

Wo fängt Ihr Auftritt an? Wenn Sie vorne stehen? Wenn Sie zu reden anfangen? Nein. Er fängt dann an, wenn Sie aufstehen und zum Podium schreiten. Sehen Sie sich die nächste Oscarverleihung im Fernsehen an. Beobachten Sie die Schauspieler, wie sie zur Oscarüberreichung auf die Bühne gehen. Sie gehen nicht irgendwie. Schon wenn sie sich aus dem Sitz erheben, sind sie sich bewusst, dass Scheinwerfer und Kameras auf sie gerichtet sind. Sie lächeln und gehen federnd, voller Energie zur Bühne. Und – sie sind in freudiger Erwartung ihres Auftritts. Genauso können Sie auch auftreten! Sie brauchen

---

[92] Sie finden die lokalen Toastmasters Gruppen auf www.toastmasters.org

sich dafür keine teuren Kleider anmessen zu lassen. Es genügt, die richtige Einstellung zu haben.

Ich spreche für die Zuhörer

Das erste Prinzip der mentalen Vorbereitung lautet: „Ich spreche für die Zuhörer." Stellen Sie sich vor, wie viel Nutzen die Zuhörer von Ihrem Vortrag haben werden. Diese Einstellung wird Ihnen leichter fallen, wenn Sie sich im Vorfeld der Vorbereitung genau überlegt haben, wer vor Ihnen sitzen wird und wie Sie die Erwartungen Ihrer Zuhörer möglichst erfüllen können.

Als ich 19 Jahre alt war, war ich bis über die Ohren verliebt in einen Geiger. Er wurde damals in der Presse als einer der „aufsteigenden Sterne" am Musikerhimmel hochgejubelt und hatte seine Feuertaufe als Solist in der Carnegie-Hall in New York bravourös bestanden. Kurz nachdem ich ihn kennen gelernt hatte, spielte er in einer großen Konzerthalle und ich saß im Publikum. Ich war sehr aufgeregt. Vor dem Konzert besuchte ich ihn im Künstlerzimmer, um ihm alles Gute zu wünschen. Er umarmte mich und flüsterte mir zu: „Heute Abend spiele ich nur für dich!" Ich war glückselig und stolz. Kaum ein Konzert habe ich so intensiv empfunden wie jenes.

Was hat mein Geiger gemacht? Er hat nicht nur mir eine riesige Freude bereitet, er hat auch sich selbst optimal eingestimmt!

Viele Menschen, die als Musiker, als Schauspieler oder als Redner auf dem Podium stehen, sehen das Publikum wie eine große Masse ohne individuelle Gesichter. Das macht ihnen Angst und hemmt sie, mit Gefühl und Begeisterung über ihr Thema zu sprechen. Unbekannte Menschen wecken in uns ein Gefühl der Furcht, überhaupt wenn es viele sind. In dieser Situation können Sie sich selbst überlisten. Der Trick ist, sich einzelne Personen herauszusuchen, zu denen Sie sprechen. Ein Schauspieler erzählte mir, er würde in der Premiere eines neuen Stücks einige Freunde in das Publikum setzen. Bevor der Vorhang aufgeht und noch Licht im Saal ist, sieht er hinaus und sucht sich die Gesichter seiner Freunde heraus. „Für die spiele ich heute", denkt er. Und zu mir sagte er: „Ich bin einfach viel besser, wenn ich weiß, für wen ich spiele."

In der Vortragssituation haben Sie es sogar noch leichter als Schauspieler auf der Bühne. Denn die Zuhörer sitzen gewöhnlich gut sichtbar vor Ihnen. Wenn Sie für bestimmte Menschen im Publikum sprechen, erreichen Sie zweierlei. Einerseits fühlen Sie sich wohler, denn Sie wissen, Sie haben wohlmeinende Unterstützung. Andererseits fällt es Ihnen viel leichter, die Menschen anzusehen, die Sie kennen. Der Augenkontakt ist daher von Anfang an natürlich da (siehe auch „Der Körper ist der Handschuh der Seele").

Wenn Sie keine Bekannten unter Ihren Zuhörern haben, gibt es zwei Möglichkeiten. Entweder Sie plaudern mit einigen Zuhörern noch vor Ihrem Vortrag und bauen so eine Beziehung zu ihnen auf. Oder wenn das nicht möglich ist, suchen Sie sich einige sympathische Gesichter im Publikum heraus und stellen sich vor, für diese zu sprechen. Lächeln Sie sie an – meistens kommt ein Lächeln zurück.

Auftritt mit einem Lächeln im Herzen

„Wie man in den Wald hineinruft, so kommt es zurück", lautet ein Sprichwort. Genauso ist es mit Ihrer Einstellung den Zuhörern gegenüber. Wenn Sie meinen, da vorne säßen nur Idioten, die ohnehin nichts von dem verstünden, was Sie erzählen, wird sich ihre Einstellung in Ihrem Gesichtsausdruck spiegeln. Die 44 Muskeln, die ihr Gesicht hat, offenbaren Ihre innerstten Gefühle, Verstellen gelingt nicht. Wenn Sie jedoch voll der Begeisterung für Ihr Thema sind und sich nichts sehnlicher wünschen, als dass Sie Ihre Leidenschaft den Zuhörern nahe bringen können, werden Sie sicherlich schnell „warm" werden mit Ihrem Publikum.

Als Vortragende sind Sie genauso Selbstdarsteller wie Schauspieler oder Musiker. Ein Musiker will sein Publikum bewegen und mit ihm eine Erfahrung zu teilen. Der ungarische Pianist András Schiff sagte einmal in einem Interview: „Vor Publikum spiele ich viel besser. Man entdeckt etwas, und dann möchte ich das teilen mit anderen: Schau mal, wie schön!"[93]

Auch der berühmte Geiger Yehudi Menuhin beschäftigte sich eingehend damit, wie sich Gefühle vom Musiker auf das Publikum übertragen. Er schreibt in seinem Buch „Unterwegs": „Wenn man sich keine Gedanken darüber macht, was die Musik transportiert, kann man es dem Publikum auch nicht vermitteln."[94] Er schildert, wie er damit experimentiert hat, sich spezifische Gefühle zur Musik vorzustellen: „Ich beschloss, mit einer bestimmten Vorstellung zu spielen, wie ich dem Publikum eine Stimmung vermitteln wollte – ein Gefühl von Spannung oder Furcht –, und mein Vortrag zeitigte eine doppelt so große Wirkung wie sonst. Vielleicht habe ich einfach besser gespielt, aber die Tatsache blieb bestehen: Das Ausschlaggebende war, dass ich ganz klar eine bestimmte Stimmung jenseits der Noten im Sinn hatte."[95]

Was zwischen Musiker oder Vortragenden und dem Publikum genau passiert, ist schwer greifbar. Jedenfalls übermittelt

---

[93] Interview von Ursula von Arx, in : „Ibykus" Nr. 68, 3/1999.
[94] Menuhin, S. 38.
[95] Menuhin, S. 39.

sich die innere Einstellung des Darbieters auf seine Zuhörer. Der amerikanische Psychiater und Kinesiologe John Diamond beschäftigt sich seit Jahrzehnten mit der Einstellung der Musiker zur Musik und zu ihrem Publikum. In einem Workshop, an dem ich teilnahm, stand im Mittelpunkt seiner Arbeit mit den Musikern die Liebe zur Musik. Er leitete sie dazu an, in sich hineinzuhören, welche Gefühle die Musik in ihnen auslöse, und diese an die Zuhörer weiterzugeben. Die wichtigste Aufgabe eines Künstlers ist – Diamond zufolge –, das unsichtbare Band zwischen der eigenen Musik und den Herzen der Zuhörer zu knüpfen: „Spielen Sie ohne Gedanken an Ihre eigene Größe, spielen Sie nur mit dem einzigen Gedanken, die Liebesbotschaft des Komponisten an die Zuhörer weiterzugeben ... ihnen durch Ihre Hilfe innere Stärke zukommen zu lassen."[96]

Diamond testet kinesiologisch aus, ob die Musik, die wir als Zuhörer hören, uns Lebensenergie zuführt oder uns schwächt. Der oben zitierte Geiger Yehudi Menuhin, der bewusst die eigenen Gefühle dem Zuhörer mitteilen will, ist übrigens ein Musiker, dessen Musik Diamond zufolge unsere Lebensenergie stärkt. Über einen anderen Musiker, der auch die Begabung entwickelt hat, durch seine Musik den Menschen Energie zuzuführen, schreibt Diamond: „Er stellt sich vor, wie die Musik von seiner Violine aus zu jedem Zuhörer geht, von seinem Herzen zu ihren Herzen."[97]

Auch große Vortragende wissen um die Macht der Liebe zum Publikum. Der Megastar der Seminarszene, Anthony Robbins, der 10.000 Menschen zum Weinen oder Lachen bringen kann, tankt vor seinem Auftritt Energie auf. Er hat gewöhnlich 50 Mitarbeiter, die seine Shows im Hintergrund organisieren. Zu ihnen

---
[96] Diamond 1990, S. 47.
[97] Diamond 1992, S. 163.

geht er in den Minuten vor dem Erscheinen auf der Bühne. Er umarmt sie und lädt sich damit nicht nur energetisch auf, sondern stärkt damit sein eigenes Gefühl, mit den Menschen verbunden zu sein. Dadurch kann er seine Energie auf ein so großes Publikum ausdehnen.

Lieben Sie Ihr Publikum

Die Amerikanerin Dottie Walters, Präsidentin des Walters International Speaker's Bureau und Vortragende seit 25 Jahren, schildert, wie sie eines Tages vor 5.000 Menschen stand: „Ich stellte mir eine Szene aus meinem Leben vor, als ich mich sehr sicher fühlte. Ich sah mich selbst, wie ich meine Kinder ins Bett steckte und eine weiche, rosa Decke über sie legte. Unsere Familie nannte diese Art von Decke Kuscheldecke. Ich legte über den ganzen Vortragssaal eine rosa Kuscheldecke. Ich drehte mich nach links und steckte das ganze Publikum unter die Decke, dann sah ich zur Galerie auf und dann kam noch die rechte Seite dran. Ich lächelte und begann."[98]

Die rosarote Kuscheldecke machte nicht nur die Rednerin selbst sicher, sie nährte in ihr auch die Zuneigung und die Liebe, die sie für ihre Kinder empfunden hatte. Diese übertrug sie auf ihr Publikum.

Vom berühmten Clown Grock ist eine ähnliche Geschichte überliefert: Jeden Abend vor der Vorstellung stand Grock vor dem kleinen Guckloch im Vorhang und betrachtete die Menschen, die in freudiger Erwartung Platz nahmen. Und er dachte mit großer Intensität: „Mein liebes, liebes Publikum. Ich danke dir, dass du heute erschienen bist, und ich werde mir größte Mühe geben, dich heute Abend zu erfreuen." Dann gab er das

---

[98] Walters, S. 39.

Zeichen, den Vorhang beiseite zu ziehen, und mit diesem Gefühl im Bauch trat er vor diese Menschen. Das spürte sein Publikum.[99]

Menschen, die die Fähigkeit haben, Aura zu sehen, sehen das unsichtbare Band zwischen dem Vortragenden und dem Publikum. Die Physikerin Barbara Ann Brennan, die durch ihre systematische Darstellung der Aura bekannt geworden ist, schildert das folgendermaßen: „Bei einem Mann, der über sein Lieblingsthema einen Vortrag hält, weitet sich die Aura aus und wird gelbgolden mit silbriggoldenen oder schillernd blauen Funken … Nimmt die Aufmerksamkeit des Publikums zu, dehnt sich seine Aura aus. Große Lichtbögen spannen sich von ihm zum Publikum und beider Auren treten miteinander in Verbindung … Nach dem Vortrag, der den Sprecher in Hochstimmung versetzt hat, bleibt die Aura eine Weile ausgeweitet. Es ist zu einem wechselseitigen Austausch von Energie gekommen."[100]

Egal, ob Sie an die Aura des Menschen glauben oder nicht, eines steht fest: Zwischen dem Vortragenden und dem Publikum passiert etwas. Sie spüren, ob Sie mit Ihren Zuhörern „warm" werden, ob der Funke überspringt oder ob Sie überhaupt keinen Zugang finden. Die mentale Vorbereitung vor Ihrem Auftritt hilft Ihnen schon im Vorhinein, das unsichtbare Band mit Ihrem Publikum zu knüpfen. Sie stellen sich einfach vor, wie viel Sie mitzuteilen haben, wie sehr Ihr Vortrag Ihren Zuhörern hilft, Probleme zu lösen, das Leben zu meistern oder einfach wie interessant sie es finden werden.

---

[99] Birkenbihl, S. 63.
[100] Brennan, S. 174.

Scheinbar sind Gefühle beim Vortragen nicht vordergründig involviert. Wir sollten aber doch auf John Diamond hören. Er betont ausdrücklich, dass jede Kommunikation, die an Zuhörer gerichtet ist, viel mehr Energie hat, als solche, die diffus an niemanden Bestimmten adressiert ist: „Gerichtete Gedanken, gerichtete Musik, gerichtetes Lesen, gerichtete Sprache, gerichtetes Schreiben, jede Form der Kommunikation, die gerichtet ist, verfügt über viel mehr Energie als eine Kommunikation, die nur durch den Raum weht."[101]

10 Schritte zum Enthusiasmus

Erinnern Sie sich noch einmal an die Situation der Oscarpreisverleihung. Der Name der Preisträgerin wird aufgerufen, sie erhebt sich und schreitet erwartungsvoll nach vorne. Bei jedem Schritt wächst die Freude, bald die Trophäe in den Händen zu halten. Sie ist sich bewusst, dass sie in diesem Moment von Millionen Menschen im Fernsehen beobachtet wird. Sie ist ins Scheinwerferlicht getaucht und wird die höchste Auszeichnung entgegennehmen, die es in ihrem Metier gibt.

Wie ist dabei ihre Körperhaltung? Ihre Mimik? Wie wirkt sie auf Sie als Zuseher? Freuen Sie sich mit ihr, dass sie den Preis bekommen wird?

Stellen Sie sich jetzt den „worst case" vor. Ein Vortragender geht mit verschlossenem Gesicht und schlurfendem Gang zu seinem Rednerpult. Seine Gesten, mit denen er sein Manuskript ordnet, sind knapp und verhalten, sein Gesicht drückt Abwehr aus. Am liebsten hätte er es wohl schon hinter sich. Fühlen Sie als Zuseher auch mit ihm? Zweifellos. Er überträgt seine feindliche Gefühle und seine Ängste auf Sie. Sie werden die ersten

---

[101] Diamond 192, S. 85.

Worte seines Vortrags mit Skepsis prüfen, ob es sich überhaupt lohnt, aufmerksam zu folgen.

Ihr Auftritt beginnt zu jenem Zeitpunkt, zu dem Sie sich vom Sitz erheben oder auf das Podium gehen. Schauspieler sammeln sich einige Momente lang bewusst, bevor sie auf die Bühne treten. Sie bleiben kurz stehen und konzentrieren sich auf den Auftritt. Ein Schauspieler, mit dem ich eine Zeit lang arbeitete, nannte die Schritte des Vortragenden zum Podium die „10 Schritte zum Enthusiasmus".[102]

Schon der erste Schritt Richtung Podium sollte voll Begeisterung getan werden. Jeder weitere Schritt verstärkt Ihren Enthusiasmus und den Gedanken: „Ich werde meinen Zuhörern etwas Großartiges bieten, ich werde sie in den Bann schlagen. Sie werden begeistert sein."

Diese Sätze sagen Sie sich vor, während Sie nach vorne gehen. Sehen Sie dabei das Publikum an, knüpfen Sie dabei schon Augenkontakt. Stecken Sie das Publikum mit Ihrem Enthusiasmus an. Es soll die Erwartung mit Ihnen teilen. Die zehn Schritte zum Enthusiasmus verleihen Ihnen die richtige Ausstrahlung, schon bevor Sie zu sprechen beginnen. Damit haben Sie schon halb gewonnen.

Vor Ihrem Auftritt sind dreierlei Dinge wichtig:

- Suchen Sie sich einen oder mehrere Zuhörer heraus und stellen Sie sich vor, dass Sie nur für diesen sprechen.
- Schaffen Sie eine geistige Verbindung zu den Zuhörern. Seien Sie überzeugt, dass Sie Ihrem Auditorium Nutzen und Begeisterung bringen werden.

---

[102] Der Ausdruck stammt von dem Schauspieler Hans Echnaton Schano.

- Gehen Sie die zehn Schritte zum Enthusiasmus.

Wenn Sie nach den zehn Schritten zum Enthusiasmus auf dem Podium angekommen sind, bleiben Sie stehen und blicken Sie freundlich in das Publikum. Sie befinden sich jetzt nicht kurz vor dem Beginn Ihres Vortrags, sondern Sie haben bereits ein gutes Stück Ihres Auftritts hinter sich. Konzentrieren Sie sich kurz und fangen Sie mit Schwung zu reden an. Je geballter die Energie am Anfang, desto schneller ziehen Sie Ihre Zuhörer in Bann und desto stärker ist Ihr Auftritt. Die Amerikaner drücken es so aus: „You never have a second chance to leave a first impression." (Sie bekommen keine zweite Chance, einen ersten Eindruck zu machen.)

Die passende Kleidung

Welche Kleidung ist für einen Vortrag passend? Patentrezepte gibt es dafür keine. Es kommt sowohl auf die Situation als auch auf das Publikum an. Generell gilt: Ihre Kleidung sollte um eine Spur eleganter sein als jene des Publikums, das Sie erwarten. In den meisten Fällen wird Anzug, Hosenanzug oder Kostüm angebracht sein.

Achten Sie darauf, dass Sie die Kleidung nicht zu sehr einengt. Zu enge Hosen- oder Rockbünde beeinträchtigen den Atem und damit die Stimme, enge Krawatten oder Blusenkrägen schnüren die Kehle zu. Ihre Kleidung sollte schon eingetragen sein. Wie unangenehm, wenn Sie beim Vortrag einen kratzenden Stoff oder eine ziehende Naht vom Vortrag ablenkt! Tragen Sie keine hochhackigen oder zu engen Schuhe. Sie wollen doch optimale Bewegungsfreiheit und nicht an schmerzende Zehen denken.

Beachten Sie die Farben im Raum. Es ist besser, wenn die Farben Ihrer Kleidung einen Kontrast zum Hintergrund bilden. So sieht Sie Ihr Publikum besser. Stehen Sie vor einem dunklen Vorhang, sind hellere Farben günstig. Ein schwarzes Kleid vor einem schwarzen Vorhang lässt Sie verschwinden. Beachten Sie bei Großbildprojektionen ebenfalls die Grundfarbe. Auch dort ist die Hintergrundfarbe oft schwarz. Falls die Bühne bunt dekoriert ist, sollten Sie Buntes meiden. Vor hellem Hintergrund bilden dunkle Kleiderfarben einen angenehmen Kontrast.

Auch das Licht beeinflusst die Wirkung von Farben. Prüfen Sie daher die vorhandenen Lichtquellen. Ein blauer Anzug wirkt in weißem oder blaustichigem Licht eiskalt. Auch da sind kontrastierende Farbtöne besser: warme Farben bei kaltem Licht, kühle Farben, wenn Sie von einer warmen Lichtquelle angestrahlt werden.

Vermeiden Sie glänzende Stoffe und glitzernden Schmuck. Bei Bühnenbeleuchtung ist alles Glänzende für die Augen des Publikums unangenehm.

Brillen

Benützen Sie entspiegelte Brillengläser. Menschen, die Lesebrillen tragen, empfehle ich, sie nicht auf dem Podium zu gebrauchen. Die Zuhörer könnten den Eindruck haben, der Text sei viel wichtiger als sie. Und die Gewohnheit alterskurzsichtiger Menschen, beim Lesen eines Textes die Augenbrauen hochzuziehen, wirkt arrogant und erinnert zu sehr an lehrerhaftes Verhalten. Besser ist es, Gleitsichtbrillen zu verwenden.

Bei längeren Vorträgen und Seminaren

Wenn Sie einen ganzen Tag auf der Bühne stehen, wirkt es erfrischend, wenn Sie am Nachmittag ein anderes Sakko oder eine andere Jacke anziehen. Oder zumindest eine andere Krawatte oder Bluse. Das bringt Abwechslung. Bringen Sie ein Ersatzhemd mit. Denn es kann sein, dass Sie vor Aufregung zu schwitzen beginnen.

Achten Sie auf Ihr Image

Sobald Sie auf der Bühne stehen, sind Sie nicht mehr der Kumpel von nebenan. Das Publikum stuft Sie irgendwo in eine übermenschliche Kategorie ein. Als Vortragender und Vortragende sind Sie besonders exponiert. Jede Kleinigkeit an Ihrer Kleidung, an der Brille und an Ihrem Verhalten wird registriert. Selbst wenn Sie beim Mittagessen sitzen, sind Sie im Rampenlicht. Oft vermeiden es Referenten daher, mit dem Publikum gemeinsam am Mittagstisch zu sitzen.

Ein Schauspieler, der eben noch auf der Vortragsbühne brilliert hatte, liebte es, mit seinen Seminarteilnehmern quasi auf Du und Du nachher am Tisch zu sitzen. Plötzlich sprach er nicht mehr Schriftdeutsch, sondern breiten Dialekt. Ich merkte förmlich, wie er bei den Tischnachbarn nach und nach seinen Nimbus verlor. Sie sahen in ihm mit einem Mal das, was er war: ein ganz normaler Mensch, der eben auch seinem Beruf nachgeht. Damit war die Wirkung seines Vortrags im Nachhinein dahin.

Wenn Sie mit Ihrem Publikum essen, dann registriert es genau, ob Sie Alkohol trinken, exzessiv rauchen oder laut lachen. Eine Mentaltrainerin, die Kettenraucherin ist und gleichzeitig ihren Zuhörern weismachen will, alles könne man mental steuern, wirkt unglaubwürdig. Ein

Vortragender, der gerade über „christliche Unternehmensführung" sprach und danach in der Bar für eine Zuhörerin einen Whiskey bestellt, könnte bei seinem Publikum Gerüchte in die Welt setzen. Achten Sie daher auf das Image, das Sie in der Öffentlichkeit verbreiten.

Machen Sie sich mit dem Vortragsraum vertraut

Ich empfehle, schon am Vorabend den Raum kennenzulernen, in dem Sie sprechen werden. Lassen Sie die Stimmung des Raumes auf sich wirken. Schauspieler proben etliche Male auf der Bühne, wo die Vorstellung stattfinden wird und machen sich so mit der Atmosphäre des Raumes vertraut. Bei den Proben geht es nicht nur um das Stück, sondern auch darum, ein Gefühl für die Wirkung im Raum zu bekommen.

Stellen Sie sich auf das Podium und lassen Sie den Raum auf sich wirken. Stellen Sie sich das Publikum am nächsten Tag vor. Überlegen Sie sich, wo Sie vor Ihrem Auftritt sitzen werden. Wie werden Sie von diesem Platz aus auftreten? Glauben Sie nur ja nicht, das wäre unwichtig! Schlüpfen Sie in die Rolle eines Oscarpreisträger und nähren Sie das Bewusstsein „Diese Bühne gehört jetzt mir". Als Vortragende sollten Sie sich nicht mit weniger zufrieden geben.

Sitzordnung

Falls Sie die Möglichkeit haben, über die Sitzordnung Ihrer Zuhörer zu entscheiden, machen Sie sich beim Raumcheck Gedanken. Ist es besser mit Tischen? Das erlaubt Ihren Zuhörern, mitzuschreiben und ein Glas Wasser zu trinken. Oder ohne Tische? Das sorgt dafür, dass die Zuhörer einen unmittelbareren Kontakt zueinander haben. Wie viele Zuhörer werden kommen? Werden sie das Auditorium füllen? Sehr unangenehm ist es, wenn wesentlich mehr Stühle im Raum stehen als Zuhörer kommen. Leere Stühle im Auditorium nehmen Energie weg, sie zerstreuen die Wirkung des Vortragenden. Sie signalisieren: „Es hätten ja noch viel mehr Menschen kommen können, aber sie hatten kein Interesse."

Als Seminarveranstalterin wusste ich stets genau, wie viele Teilnehmer kommen werden. Sie hatten schon alle vorher bezahlt, und meist persönlich. Das ist in der Regel eine Garantie für sicheres und pünktliches Erscheinen. Trotzdem haben wir immer einige Stühle zu wenig in den Raum gestellt. Erstens, weil manchen Menschen doch etwas dazwischen kommt. Sie werden krank, müssen zu einem unaufschiebbaren Meeting etc. Zweitens haben die Zuhörer das Gefühl, gerade noch einen freien Platz ergattert zu haben, weil der Andrang so groß ist. Zur Sicherheit hielten wir immer einige Stühle bereit, damit auch wirklich alle, die kamen, Platz fanden. Wenn die Sitzreihen fix vorgegeben sind, bitten Sie den Veranstalter, die hinteren Reihen zu sperren: durch ein Seil oder Ähnliches. So besetzen die Zuhörer die vorderen Reihen zuerst und Sie haben dadurch eine kompakte Gruppe, zu der Sie sprechen können. Es ist sehr schwierig, verstreut sitzende Zuhörer energetisch zu packen und mitzureißen. Die Menschen setzen sich hinten hin, um notfalls schnell entweichen zu können, falls der Vortrag langweilig wird – und sie lassen sich nur allzu gerne ihre Erwartungshaltung bestätigen.

Am Vorabend können Sie noch die Sitzordnung verändern, fünf Minuten vor dem Vortrag nicht mehr.

Beleuchtung

Überprüfen Sie die Beleuchtung im Saal. Werden Sie im Scheinwerferlicht stehen? Werden Sie vom Publikum gut gesehen? Leider ist in vielen Hotels und Vortragssälen nur diffuses Licht im gesamten Saal, die Vortragenden stehen oft im Halbdunkel. Sie sind die Hauptperson des nächsten Tages. Ist die Beleuchtung demgemäß? Oder werden Sie von der Beleuchtung geblendet?

Wenn das Auditorium sehr groß ist, brauchen Sie Scheinwerferlicht. Ein notwendiges Übel und deswegen unangenehm, weil Sie keinen Augenkontakt mit dem Publikum halten können. Probieren Sie aus, wie Sie sich fühlen, wenn Sie im Scheinwerferlicht sprechen. Bitten Sie einen Techniker, die optimale Ausleuchtung mit Ihnen durchzugehen. Wie wirkt sich die Beleuchtung auf die Lesbarkeit auf der Leinwand aus, auf der Ihre Powerpoint-Präsentation zu sehen sein wird?

Tipp für den Vortragsraum

Entscheiden Sie sich lieber für mehr Licht auf Ihnen und nehmen Sie eher die schlechtere Lesbarkeit Ihrer Folien in Kauf, wenn Sie wählen können. Auf Sie kommt es an, nicht auf das Geschriebene.

Versetzen Sie sich in Ihr Publikum und nehmen Sie im Auditorium Platz. Bitten Sie jemanden, Ihre Rolle zu übernehmen und auf das Podium zu steigen. Überprüfen Sie die Perspektive von Ihren Zuhörern aus. Wie wird Ihr Hintergrund sein und wie heben Sie sich davon ab? Welche Kleidung werden Sie tragen? Wird Ihr Vortrag auf einen Video-Screen übertragen?

Vorsicht bei wechselndem Hintergrund

Eines Abends war ich zu einer Veranstaltung einer großen Tageszeitung eingeladen. In einer riesigen Museumshalle waren die Stühle für die Zuhörer aufgebaut. Wegen der Raumgröße wurden die Vorträge und die Podiumsdiskussion auf eine große Video-Leinwand übertragen. Die Ressortleiterin und Gastgeberin der Veranstaltung trug ein schwarzes Samtkleid. Was sie nicht bedacht hatte, war, dass der Hintergrund des Video-Screens nicht wie sonst hell, sondern schwarz war. Das Kleid hob sich dadurch nicht vor dem Hintergrund ab. So hatten die Zuhörer eine schwarze Wand vor sich, aus der plötzlich ein heller Hals, ein Gesicht und zwei Hände herausragten. Das war für die Zuhörer sehr irritierend. Achten Sie darauf, dass Ihre Kleidung einen Kontrast zum vorherrschenden Screen-Hintergrund bildet.

Stehen Sie direkt vor der Leinwand, wenn Sie Ihre Präsentation zeigen? Achten Sie, wenn irgend möglich, dass Sie in der Mitte der Bühne stehen und Ihre Powerpoint-Präsentation seitlich oder über Ihnen projiziert wird. Übrigens: Während Ihrer Präsentation sollte nicht nur die Leinwand hell sein, auch Sie sollten im Licht stehen. Eine Stimme aus dem Dunkel zu mechanisch ablaufenden Bildern – dazu braucht man keinen Menschen. Ein Lautsprecher täte den gleichen Dienst. Das bedeutet: Selbst wenn Sie die ausgefeiltesten technischen Hilfsmittel verwenden, Sie sind und bleiben der Mittelpunkt des Vortrags.

Vortragspult

Wo wird Ihr Manuskript liegen? Gewöhnlich steht dafür ein Vortragspult bereit. So nützlich ein Pult als Halt für zittrige Finger in den ersten nervösen Minuten ist, so sehr ist ein Pult auch eine Barriere gegenüber dem Publikum. Bedenken Sie: Man verschanzt sich vor einer feindlichen Belagerung und nicht vor einem Publikum, das man für sich einnehmen möchte. Das Pult verdeckt fast den ganzen Körper, dadurch wird Ihre Körpersprache unsichtbar. Je mehr Sie das Pult als Schild der Verteidigung nützen, desto weniger wird sich Ihr Publikum für Sie erwärmen.

Wenn Sie näher am Publikum stehen, kommt Ihre Botschaft besser und schneller an. Überlegen Sie daher noch einmal: Ist es tatsächlich notwendig, immer hinter dem Pult zu stehen? Verwenden Sie das Pult lieber, um Ihre Notizen abzulegen und frei zu sprechen. In diesem Fall können Sie das Pult an der Seite stehen lassen. Müssen Sie einen Blick auf Ihre Notizen werfen, genügt ein Schritt zur Seite und ein kurzer Blick.

Raumtemperatur und Klimaanlagen

„Ich kann mich noch gut erinnern", seufzte eine Tourismus-Managerin: „Es war gleich nach meinem Abschluss an der Universität und ich hatte eine Riesentagung organisiert. Ich war die Moderatorin und hatte mich sehr gut vorbereitet. Das Einzige, woran ich nicht gedacht hatte, war, wie heiß es in diesem Saal werden würde. 300 Personen heizten mir regelrecht ein. Ich hatte unter meiner Jacke einen roten Rollkragenpullover angezogen. Das Scheinwerferlicht strahlte mich an, ich dampfte. Es wurde heißer und heißer, und der Schweiß stand mir auf der Stirn. Unglücklicherweise wurden nach der Veranstaltung auch noch Fotos gemacht, und mein Gesicht glänzte wie eine Speckschwarte. Ich lernte daraus. Jetzt überlege ich mir immer sehr genau, was ich anziehe, und nehme mitunter eine Ersatzbluse mit."

Gibt es keine Klimaanlage, wird es zu heiß, wird die Anlage aufgedreht, wird es zu kalt – ein leidiges Dilemma. In großen Sälen gibt es meist Anlagen, die die Raumtemperatur regulieren. Haben Sie einen langen Vortrag oder ein Ganztages-Seminar vor sich, lohnt es sich, die Lautstärke und die Leistungsfähigkeit der Klimaanlage zu überprüfen. Bitten Sie den Techniker, sie so aufzudrehen, wie sie am nächsten Tag eingestellt sein wird. Achten Sie auf die Lautstärke. Bei schlechten Klimaanlagen wird das Geräusch lauter, je mehr der Raum gekühlt wird. Finden Sie eine goldene Mitte – kühl genug für die Zuhörer, leise genug, dass Ihre Stimme nicht dauernd von einem Basso continuo begleitet wird. Klimaanlagen sind heikel. Denn Frauen frieren oft, sie beklagen sich, dass es zu kühl ist, Männer in ihren Anzügen schwitzen leichter. Für manche Veranstalter artet es zu einem dauernden Spießrutenlauf zwischen unzufriedenen, frierenden oder schwitzenden Zuhörern und Vortragenden und genervten Raumtechnikern aus.

Wenn Veranstalter nicht perfekt sind

Wenn der Veranstalter für seine Routine und Perfektion bekannt ist, gratuliere ich Ihnen. Dann müssen Sie sich keine Sorgen machen.

Oft werden Sie jedoch in die Situation geraten, von Veranstaltern eingeladen zu werden, die keine Profis im Kongress-, Event- und Seminargeschäft sind. Dann ist es besser, die Lage vor dem Vortrag zu sondieren.

- Lassen Sie sich vom Veranstalter eine Ansprechperson nennen, die während des Vortrags/Seminars erreichbar ist, wenn es Probleme gibt.
- Checken Sie den Raum und die Technik am Abend vorher.
- Überlegen Sie, ob Ihnen die Sitzordnung behagt.
- Ist der Raum leicht zu finden? Nehmen Sie Zettel mit, auf denen der Titel des Vortrags und Ihr Name

steht, um eventuell den Weg innerhalb des Gebäudes beschriften zu können. Gerade in nichtkommerziellen Gebäuden wie Bildungshäusern und staatlichen Ausbildungsstätten gibt es viele Räume und lange Gänge und es ist niemand da, der die Seminarteilnehmer geleitet. Sie als Vortragender leiden darunter, wenn die Zuhörer zu spät, abgekämpft und verdrießlich in den Saal platzen.
- Fragen Sie den Veranstalter nach dem Programm, vor allem nach den Essens- und Pausenzeiten.

Technik: „Es wird schon schief gehen"

Beschäftigen Sie sich vor dem Vortrag unbedingt mit der Technik. Schaffen Sie sich die Zeit, in Ruhe den Aufbau Ihres Computers, den Anschluß zum Beamer etc. zu überprüfen. Gute Redner interessieren sich oft nicht für die Niederungen der Technik. Genau diese sind es dann, die daran Schiffbruch erleiden. Übersteuerte Mikrophone, schlechte Lichtverhältnisse für die Leinwand etc. stören ungemein. Die Wirkung Ihres Vortrags kann im Nu verpuffen, nur weil ein Lämpchen nicht funktioniert. Aus der Technik ergeben sich die meisten Störungen. Verlassen Sie sich nicht auf die Veranstalter! Sie haben häufig nicht den gleichen Anspruch an Perfektion wie Sie. Außerdem müssen sie noch viele andere Dinge im Auge behalten: das anschließende Büffet, andere Vortragende, prominente Gäste.

Zuständig für das technische Funktionieren sind in der Regel Angestellte, deren Wohl oder Wehe nicht vom Erfolg Ihres Auftritts abhängt. Sie sind nicht die Backstage-Crew der Rolling Stones oder einer Mariah Carey, sondern schlicht und einfach die üblicherweise Letztbedankten in den Veranstaltungshotels – und genau so verhalten sie sich oft genug.

Mikrophone

"Tap, tap tap", dröhnt es durch den Raum. Der Sprecher legt sich ins Zeug und klopft sich leidenschaftlich gegen die Brust. Doch leider vervielfältigt das im Revers steckende Mikrophon seine aussagereiche Gestik in unangenehmster Weise. Die Wirkung? Statt betroffen zu sein, schmunzelt das Publikum über die ungewollte Einlage.

Mikrophone sind eine beständige Quelle der Qual. Entweder sie lenken Sie ab, weil Sie dauernd achten müssen: "Bin ich weit genug entfernt, dass mein Atem unhörbar ist? Bin ich nahe genug, dass man mich hört?" Oder Sie sind so auf Ihren Vortrag konzentriert, dass Sie dermaßen ins Mikrophon hineinkeuchen, dass die Zuhörer meinen, sie müssten den Notarzt für Sie rufen.

Viele Vortragende verzichten daher wenn möglich auf Mikrophone. Bei großem Publikum und schlechter Akustik bleibt Ihnen aber dennoch nichts anderes übrig, als das Beste aus den Tücken der Technik zu machen.

Gebrauchsanweisung für störrische Mikrophone

Machen Sie vor der Veranstaltung immer eine Tonprobe. Bestehen Sie darauf, dass der Tonmeister einige Stunden vor Ihrem Vortrag oder am Vorabend mit Ihnen die Lautstärke und den Nachhall des Mikrophons einstellt. Der Tonmeister muss je nach Tonlage die Höhen und Tiefen regulieren. Haben Sie eine hohe Stimme, verstärkt er die Bässe, bei einer tiefen Stimme braucht es mehr Höhe. Bei der Tonprobe notiert er die Einstellung, sodass bei Ihrem Auftritt das Mikrophon in Sekundenschnelle eingestellt ist. Das ist besonders dann wichtig, wenn mehrere Vortragende hintereinander auftreten. Gibt es in so einem Fall keine Tonprobe, kann es vor jedem Auftritt etliche Sekunden bis Minuten dauern, bis die Einstellung passt. In diesen scheinbar endlosen Zeiten passieren dann diese bekannten schrecklichen Ton-Übersteuerungen, die klingen, als ob eine Katze erwürgt wird.

Manches Mal muss das Mikrophon oder das Headset von einem Sprecher zum anderen übergeben werden. Lassen Sie sich darauf nicht ein! Erstens gibt es garantiert störende Nebengeräusche, zweitens ist es nicht schön anzuschauen, wenn jemand an seinem Headset nestelt, und drittens wird in der Hektik das Mikrophon oft in der falschen Höhe montiert. Verlangen Sie ein eigenes Mikrophon oder testen Sie, ob es auch ohne geht. Die Stimmung und die Aufmerksamkeit könnte durch eine Mikropanne schnell und dauerhaft unter dem Tisch sein.

Bitten Sie zusätzlich, dass ein zweites Mikrophon für den Notfall installiert und vorher getestet wird. Das Ersatz-Mikrophon sollte für Sie leicht greifbar sein, das heißt nahe dem Vortragspult. So können Sie beruhigt zum Ersatz greifen, wenn Ihr Mikrophon streikt.

Vor- und Nachteile verschiedener Mikrophone

Ansteckmikrophone sind angenehm, denn Sie können sie während des Vortrags „vergessen". Beachten Sie aber, dass jeder Laut gehört wird. Nesteln Sie nicht an der Kleidung herum, klopfen Sie sich nicht an die Brust.

Die zweitbeste Wahl sind *Standmikrophone*. Stellen Sie das Standmikrophon auf Ihre Körpergröße ein. Wenn vor Ihnen jemand anderer redet, werden Sie es erst bei Ihrem Auftritt einstellen können. Üben Sie das Einstellen schon vorher, damit Sie es im Griff haben. Machen Sie, während Sie die Höhe korrigieren, eine launige Bemerkung z.B.: „Entweder ich muss schrumpfen oder das Mikrophon muss wachsen."

Wenn Sie das Mikrophon in die Hand nehmen, nehmen Sie es nicht dicht an den Mund wie manche Rocksänger. Halten Sie es gerade vor sich hin. Dann hört man nicht jeden Atemzug und man sieht Ihren Mund. Manche Menschen können Sie gar nicht richtig verstehen, wenn sie nicht Ihre Lippen sehen können. Sehen Sie sich die Reporter im Fernsehen an. Sie machen es uns vor.

Tischmikrophone sind oft unangenehm. Meistens werden Tischmikrophone bei Podiumsdiskussionen aufgestellt. Mitunter müssen sich zwei Personen ein Tischmikrophon teilen. Beugen Sie sich nicht zum Tischmikrophon vor. Testen Sie schon vor der Veranstaltung, auf welchem Punkt der Tischplatte das Mikrophon stehen soll. Markieren Sie diesen Punkt, indem Sie einen kleinen Haftzettel hinkleben. Sobald Sie das Wort ergreifen, nehmen Sie sich genügend Zeit und ziehen Sie das Tischmikrophon ruhig zu dem markierten Punkt. Fangen Sie erst dann an zu sprechen.

Mikrophon-Panne

Was tun, wenn Sie hundert oder mehr Zuhörer vor sich haben und das Mikrophon streikt? Versuchen Sie nicht zu schreien. Nicht einmal ein stimmgewaltiger Schauspieler würde das tun, außer er tritt in einem akustisch perfekt konzipierten Theater auf. Bitten Sie den Veranstalter, dem Publikum mitzuteilen, dass es ein technisches Problem gebe. Es werde mit großer Anstrengung an der Behebung gearbeitet und das Publikum werde gebeten, sich zu gedulden. Falls der Veranstalter darauf besteht, dass Sie ohne Mikrophon weitersprechen, dann lassen Sie dem Publikum genau das mitteilen: „Wir haben technische Schwierigkeiten mit der Tonanlage und haben die Vortragende gebeten, mit lauter Stimme ohne Mikrophon weiterzusprechen. Bitte setzen Sie sich in die vorderen Reihen, damit Sie dem Vortrag folgen können."

Selbst wenn Sie alles gut vorbereiten, kann Ihnen die Technik einen Streich spielen. Rechnen Sie immer mit einer Panne. Manche routinierte Vortragende halten für einen solchen Fall einen launigen Satz bereit.

Das sagen gewiefte Redner bei Mikrophon-Problemen:[103]

Wenn es übersteuert:

„Jetzt, da ich Ihre Aufmerksamkeit habe …"

„Dieses Mikrophon wird von den Geistern der früheren Redelangeweiler geplagt."

„Nun haben wir die Note bekommen. Lasset uns singen …"

„Ich habe ein hohes C verlangt!"

„Ah, Gott hört zu!"

„Mich könnt ihr nicht schrecken, ich habe Kinder!"

„Alle, die Teenager haben, fühlen sich ganz zu Hause …"

„Nun haben wir die musikalische Einlage hinter uns und wenden uns wieder dem Thema … zu."

Wenn es nicht funktioniert:

„Wie viele von Ihnen in den hinteren Reihen können Lippen lesen?"

---

[103] Die komplette Sammlung der Aussprüche finden Sie bei Walters 1995, S. 118-122.

„Dieser letzte Ausspruch/Gedanke war anscheinend so stark, dass er die Anlage lahm gelegt hat ..."

„Ein besonderes Dankeschön an den Elektronikhändler, der uns diese wunderbare technische Ausstattung zur Verfügung gestellt hat ..."

Die Redezeit einhalten

Kennen Sie diese Situation? Ein Kongress mit mehreren Vortragenden. Sie sind als Nächste dran. Der Sprecher vor Ihnen redet und redet und redet. Nach Ihnen ist das Mittagessen anberaumt, ein Zeitpunkt, an dem immer abgebrochen wird. Selbst wenn das Mittagessen vom Standpunkt der Gastronomie verschoben werden könnte, werden die Zuhörer unruhig. Die Erziehung hat uns auf Pläne und Ordnung hin programmiert. Wenn sich die Pause verschiebt, werden viele unmutig und wollen nicht mehr zuhören. Bedenken Sie auch, dass viele Zuhörer Raucher sind, die unbedingt zu einer bestimmten Zeit wieder ihre Zigarette haben müssen.

Markenzeichen Schlussredner

Hans-Uwe Köhler, ein seit Jahrzehnten berufsmäßiger Redner, erzählte mir folgende Geschichte:

„Als ich 22 Jahre alt war, begann ich, Gastvorträge auf wissenschaftlichen Veranstaltungen zu halten. Als Jungspund und unbekannter Referent bekam ich immer die schlechtesten Zeiten zugeteilt: 11.20 Uhr, wenn die Leute schon hungrig waren, gleich nach dem Mittagessen, wenn die Verdauungstätigkeit die Lider sanft zudrückte, oder ganz am Schluss, wenn alle nur mehr dem stickigen Saal entfliehen wollten. Das war eine super Schule für mich. Ich gewöhnte mir an, mit der Redezeit hauszuhalten. Denn meistens hatten die Redner vor mir die Zeit überzogen. Ich habe gelernt, meinen Vortrag so zu kürzen, dass die Veranstaltung immer pünktlich aufhörte. Das sprach sich bei den Veranstaltern herum. Und so wurde damals mein Markenzeichen, dass ich ein idealer Schlussredner wäre. Als Schlussredner wurde ich deshalb auch sehr oft eingeladen."

Was tun bei knapper Zeit?

- Das Wichtigste: Überziehen Sie Ihre eigene Redezeit nicht. Nur Anfänger können mit ihrer Zeit nicht haushalten.
- Wenn Sie doch Ihre Redezeit überzogen haben und einen Wink vom Veranstalter bekommen: Fassen Sie sich kurz, entschuldigen Sie sich nicht und gehen Sie ab. Eine zweite Möglichkeit ist zu sagen: „Ich weiß, dass die Zeit knapp geworden ist. Bevor ich aufhöre, lassen Sie mich noch eine Minute lang diese Geschichte erzählen, die den Hauptpunkt meines Vortrags noch einmal klar macht." So weiß das Publikum, nur noch diese Geschichte, dann ist es aus.
- Vermeiden Sie einen Fehler: Glauben Sie nicht, Sie könnten einen 45-Minuten-Vortrag in 30 Minuten hineinpressen. Die Zuhörer können Ihre Inhalte nicht schneller aufnehmen. Sprechen Sie genauso langsam wie vorgesehen.
- Klären Sie mit den Veranstaltern im Vorhinein ab, ob es möglich ist, die Zeitüberziehung des Vorredners zu tolerieren und Ihren Vortrag wie geplant zu halten, oder ob Sie Ihren Vortrag kürzen müssen. Planen Sie schon bei der Vorbereitung Ihres Vortrags ein, welche Teile Sie wegkürzen können.

- Wenn Sie vergessen haben, sich davor über Kürzungen Gedanken zu machen, tun Sie es noch kurz vor Ihrem Vortrag. Überlegen Sie, was die Kernpunkte sind. Oft sind improvisiert gehaltene Vorträge ohnehin viel lebendiger als heruntergelesene.
- Machen Sie ein freundliches Gesicht. Die Zuhörer sollten nicht auf Sie, sondern auf den Vorredner sauer sein, weil sie nicht mehr von Ihrem interessanten Vortrag hören können.

Wie lange dauert mein Vortrag?

Diese Frage können Sie nur beantworten, wenn Sie den Vortrag für sich selbst als Generalprobe halten. Stoppen Sie, wie lange Sie sprechen. Planen Sie 25 Prozent mehr Zeit ein als bei der Generalprobe. In 90 Prozent der Fälle dauern Vorträge bei der Premiere länger als die Generalprobe. In den verbleibenden 10 Prozent ist das Publikum dankbar, dass Sie so kurz und präzise gesprochen haben. Noch nie hat sich jemand beschwert, dass ein Vortrag zu kurz gewesen ist.

Spezialfall: Ärzte

Ein Berufsstand, der bei Kongressen besonders mit der Zeit zu kämpfen hat, sind die Mediziner. Fünf bis zehn Minuten haben sie Zeit, um Forschungen von Monaten und Jahren darzustellen. Ein Mediziner-Kongress stellt auch an die Zuhörer enorme Anforderungen. Stellen Sie sich vor, sich im Fünf-Minuten-Takt auf völlig unterschiedliche Themen und Vortragende einzustellen. Je kürzer ein Vortrag ist, desto straffer muss er zeitlich durchgeplant sein. Überzieht ein Mediziner die vorgesehene Zeit, kann es ihm passieren, dass sein rabiater Vorsitzender einfach das Mikrophon abdreht. Dann steht er stumm draußen und kann nur schleunigst das Feld räumen.

Eine etwas sanftere Methode ist das Signal am Vortragspult. Solange der Vortragende in der vorgeschriebenen Zeit bleibt, ist das Lämpchen am Pult grün, bleibt noch eine Minute Redezeit, springt es auf Orange und bei Rot ist die Zeit abgelaufen. Oder das Signal beginnt heftig zu blinken, wenn Schluss gemacht werden soll. Diese Zeit-Disziplin ist wichtig, da auf den großen Kongressen 10 bis 20 Vorträge parallel in verschiedenen Sälen laufen und die Zuhörer von einem Saal zum anderen zur richtigen Zeit wechseln wollen.

Begrüßung und Vorstellung

Sie warten auf Ihrem Stuhl im Publikum darauf, dass Sie vom Veranstalter oder Moderator auf die Bühne gerufen werden. Der Veranstalter sagt einige Worte zu Ihrer Person und schließt die Einführung mit: „Ich begrüße …" Sie stehen auf, er lächelt Sie an und Sie gehen zu ihm hin. Jetzt wird's brenzlig. Was machen Sie? Er geht einen halben Schritt auf Sie zu. Sie drehen sich zur Seite, um ihn abgehen zu lassen. Er bleibt verwirrt stehen. Sie treten beide seitlich nach links und – stoßen zusammen.

Das ist kein großer Anfang für Ihren Vortrag. Vielleicht hat das Publikum etwas zu lachen, professionell wirkt das sicherlich nicht.

Proben Sie den Auftritt

Daher mein Rat Nummer eins für diese Situation: Proben Sie den Auftritt mit dem Moderator schon vor der Veranstaltung. Planen Sie genügend Zeit dafür ein. Bedenken Sie: Der Veranstalter oder der Moderator ist oft nicht daran gewöhnt, auf der Bühne zu stehen. Er ist Abteilungsleiter der Firma und war noch nie am Podium. Oder es sind Kollegen, Wissenschaftler oder Fachvortragende und waren noch nie in der Rolle eines Moderators. Oder aber: Sie sind Moderatoren-Profis aus Funk und Fernsehen und walzen Sie mit einem halblustigen Witz nieder. Eine Probe hilft Ihnen beiden, einander kennen zu lernen und sich aufeinander einzustellen.

Veranstalter und Moderatoren kennen Ihre Person nicht so gut, wie Sie sich selbst kennen. Überlassen Sie die Vorstellung Ihres Lebenslaufs und Ihrer Expertise nicht dem Zufall und dem spärlichen Wissen des anderen. Sie wissen genau, wie Sie präsentiert werden wollen. Sie wissen genau, welcher Aspekt dabei im Vordergrund stehen soll. Vielleicht haben Sie vor der Veranstaltung Smalltalk gemacht und erzählt, Sie seien leidenschaftlicher Goldfischzüchter. Wenn Sie als Fachmann für die neuesten Management-Strategien eingeladen worden sind und unter anderem als Goldfischzüchter eingeführt werden, kann das ein unfreiwilliges Schmunzeln beim Publikum hervorrufen. Ihren Ruf als Visionär wird es nicht stärken.

Sagen Sie, wie Sie vorgestellt werden wollen

Deshalb Ratschlag Nummer zwei: Schreiben Sie nieder, wie der Veranstalter Sie vorstellen soll, und schicken Sie es ihm im Vorhinein. Nehmen Sie die Kopie selber noch einmal zur

Veranstaltung mit. Denn in der Hektik kann er sie verlegt oder vergessen haben.

Der Text sollte Ihre Expertise herausstreichen. Der Veranstalter sollte klar machen, wie groß Ihr Fachwissen ist, welche Bücher und Artikel Sie geschrieben haben und wie toll es ist, dass Sie Zeit hatten, bei diesem Kongress zu sprechen. Wenn das Publikum von einer dritten, quasi unbeteiligten Person über Ihre Leistungen und Ihren Background erfährt, wird es viel eher bereit sein, die Inhalte, die Sie vorbringen, wohlwollend aufzunehmen.

Auf elegante Art nehmen Sie so den zehn Prozent der ewig Skeptischen, die in jedem Auditorium sitzen, den Wind aus den Segeln. Wenn Sie Ihre Vorstellung selbst vornehmen, sind es jene, die sagen: „Na ja, ob das alles stimmt …" Schließlich gibt es das schöne deutsche Sprichwort „Eigenlob stinkt". Wenn Sie jedoch der Veranstalter vorstellt, können die Skeptiker Ihnen dergleichen nicht vorwerfen.

Als Chefin meiner Seminaragentur erlebte ich es immer wieder, wie wichtig es ist, das Publikum gut auf den Vortragenden einzustimmen. Ist sein Status als Fachmann gleich am Anfang geklärt, sind die Zuhörer viel interessierter und von Start an aufnahmebereit.

Für Sie als Vortragenden oder Rednerin nimmt die richtige Vorstellung den Druck weg, sich selbst ins richtige Licht rücken zu müssen. Sie können sich bescheiden geben und sich sogar über sich selbst lustig machen. Nur kompetente und souveräne Menschen sind fähig, ihre Aufgaben ernst zu nehmen, über ihre eigene Person aber zu witzeln.

Ein Vortragender sagte einmal, nachdem ihn der Veranstalter vorgestellt und etwas zu dick aufgetragen hatte: „Nach so einer Vorstellung kann ich es ja kaum erwarten zu hören, was ich sagen werde ..." Halten Sie den Vorstellungstext kurz. Ken Blanchard, Autor des Bestsellers „Der Ein-Minuten-Manager", sagte dazu: „Ich sage dem Veranstalter: ‚Bitte lesen Sie nicht diesen langen Text über mich vor, den hat meine Mutter geschrieben.' Die Vorstellung eines Redners sollte das Publikum anregen und keine Gutenachtgeschichte werden. Einmal hatte ich einen, der 20 Minuten brauchte, um mich vorzustellen – und er war ein schlechter Redner! Ich stand lächelnd auf und sagte: ‚Ich bin froh, dass ich noch vor der Pause zu Ihnen sprechen kann!'"[104]

So eigenartig es klingt: Eine zu lange Vorstellung durch einen anderen degradiert den Redner zur Nebensache. Eine von Ihnen geschriebene Einführung lässt Ihnen die Kontrolle über das Ereignis. Nichts ist schlimmer, als wenn Sie durch einen geltungssüchtigen Veranstalter oder Kollegen in den Hintergrund gedrängt werden. Ihr Stresspegel wäre schnell von null auf hundert.

Schreiben Sie den Text in großer, gut lesbarer Schrift; nicht mehr als eine Seite; die Rückseite des Blattes unbeschrieben. Der Inhalt sollte folgende drei Punkte umfassen:

- Das Thema des Vortrags.
- Warum Sie qualifiziert sind, über dieses Thema zu sprechen.
- Ihr Name – am besten öfter als einmal, damit das Publikum ihn sich merken kann.

Beispiel für eine kurze Vorstellung:

„Heute spricht zu uns Adrian Kail über das Thema ‚Neueste Anlegerstrategien im stagnierenden Aktienmarkt.'

---

[104] Walters, S. 176.

Adrian Kail ist Gründer und Leiter der Gesellschaft für Vermögensberatung in Frankfurt/Main mit Niederlassungen in Düsseldorf, Hamburg und Berlin. Manche von Ihnen kennen ihn aus der Sendung ‚Stadtgespräch', wo er vor zwei Wochen aufgetreten ist. Er ist der Autor des Buches ‚Der gewitzte Anleger', erschienen im Kösel Verlag.

Heute werden wir Strategien und Tipps erfahren, wie wir trotz der schwierigen Wirtschaftslage und volatiler Aktien unser Vermögen vermehren können."

Memo an den Vorstellenden

Nachdem Sie mich vorgestellt haben, bitte ich Sie,

- sich mir zuzudrehen, wenn ich von links auf die Bühne komme, und zu klatschen anzufangen;
- auf mich beim Vortragspult zu warten;
- das Blatt mit meinem Vorstellungstext auf dem Pult liegen zu lassen;
- Ihre Hand mir entgegenzustrecken, um mir beim Pult die Hand zu schütteln;
- nach dem Händeschütteln die Bühne nach rechts zu verlassen.

Checkliste: Der Tag des Auftritts

Vor dem Auftritt

- ✓ Haben Sie am Vorabend und noch einmal eine Stunde vor dem Vortrag den Raum gecheckt?
- ✓ Sitzordnung passend?
- ✓ Anzahl der Stühle der Teilnehmerzahl angepasst?
- ✓ Bei Powerpoint-Präsentationen: Raum verdunkelbar?
- ✓ Beleuchtung auf dem Podium für Vortragende genügend hell?
- ✓ Gute Stifte für Flipchart vorhanden?
- ✓ Funktioniert der Beamer?
- ✓ Richtige Kabelverbindung zu Ihrem Laptop vorhanden?
- ✓ Mikrophon mit Tontechniker eingestellt?
- ✓ Zweitmikrophon vorhanden?
- ✓ Raumtemperatur warm/kühl genug?
- ✓ Kleidung: Hebt sie sich vom Hintergrund ab? Ist sie der Raumtemperatur angepasst?
- ✓ Vorstellungsblatt dem Moderator/Veranstalter übergeben?
- ✓ Auftritt mit Moderator besprochen/geprobt?
- ✓ Stimme aufgewärmt (gähnen, singen, Grimassen schneiden)?

Essen und Trinken

- ✓ Haben Sie nur leicht gegessen?
- ✓ Kaffee, Tee, Energy-Drinks vermieden?
- ✓ Mineralwasser ohne Kohlensäure getrunken?
- ✓ Ist für Wasser während des Vortags gesorgt?

Fünf Minuten vor dem Vortrag

- ✓ Hat der Vorredner die Zeit überzogen?
- ✓ Müssen Sie noch kurzfristig Passagen kürzen?
- ✓ Haben Sie an die mentale Einstellung gedacht?
- ✓ Haben Sie sich darauf konzentriert, Ihren Zuhörern wirklich etwas mitgeben zu wollen?
- ✓ Beim Aufstehen von Ihrem Stuhl: An die 10 Schritte zum Enthusiasmus gedacht?

Download der Checkliste möglich auf www.fleurwoess.com

Halten Sie Ihr Publikum bei Laune

Essen

Ob es Ihnen gefällt oder nicht: Für die Aufmerksamkeit der Zuhörer ist wichtig, dass alles rund ums Essen und Trinken stimmt. Die Wahl des richtigen Menüs kann beeinflussen, ob Ihr Publikum wegschläft oder hellwach bleibt. Das gilt vor allem für firmeninterne Tagungen oder Seminare. Dabei sind die Teilnehmer oft nicht so motiviert, denn sie sind verpflichtet, an der Tagung teilzunehmen. Da die Firma das Essen bezahlt, kompensieren die Unwilligen die harte Pflicht der Teilnahme mit einem üppigen Essen und etlichen Humpen Bier. Die nächsten zwei, drei Stunden sind sie dann mit der Verdauung beschäftigt. Das Blut, das im Hirn zum Denken da sein sollte, wird vom Darm gebraucht. Fazit? Eine Reihe schlafender Gestalten im Publikum.

Wenn es Ihnen möglich ist, bei der Menü-Auswahl ein Wort mitzureden, tun Sie das. Hier sind einige Ideen, wie Sie Ihr Publikum körperlich und geistig fit halten:

- Stellen Sie am Morgen einige Snacks und Kaffee bereit. Erfahrungsgemäß gibt es immer einige, die aus Zeitmangel kein Frühstück einnehmen können. Sie werden dankbar sein für Ihre Fürsorge.
- Stellen Sie Kaffee den ganzen Tag über bereit. Es gibt viele Menschen, die nach Kaffee oder Tee süchtig sind.
- Vermeiden Sie die üblichen aufgebackenen Süßigkeiten in den Pausen. Die Hotels lieben sie, weil

sie so unkompliziert zubereitet werden können: die Tiefkühlstücke in den Ofen – aufbacken – fertig. Dieses beliebte Plundergebäck ist nicht nur einfallslos, sondern auch fettreich. Es spricht sich langsam in den Hotels herum, dass es auch andere Möglichkeiten gibt. Obst ist unbedingt zu empfehlen. Viele gesundheitsbewusste Menschen greifen lieber zu Karottenstangen, Sellerie und Trauben als zu Kuchen und Sandwiches.

Ich erinnere mich an ein sensationelles Früchtebuffet in einem Thermenhotel. Da stand Koch Ludwig mit hoher weißer Haube vor einem prachtvollen Berg von Früchten: Äpfel, Ananas, Birnen, Trauben, Mangos, Kiwis, Orangen. Jeder Seminarteilnehmer konnte sich die Früchte auswählen, die er als frisch gepressten Trunk serviert bekommen wollte.

Dazu gab es große Silberplatten mit aufgeschnittenem Obst. Die so Verwöhnten waren begeistert, beeindruckt und danach hellwach! Das regt die grauen Zellen viel mehr an als die übliche Pausenpampe. Achten Sie auf ein leichtes Mittagessen. Keine Cremesuppen, eher grünen Salat als Kartoffelsalat, lieber Fisch oder Gemüsevariationen als fettes Fleisch. Keine schweren Nachspeisen.

Setzen Sie das Mittagessen eher spät als früh an, z.B. um 13 Uhr. Das kürzt den Nachmittag mit seinem Leistungstief ab.

Verbinden Sie die Mittagspause mit Bewegung. Lassen Sie die Teilnehmer zu einem weiter entfernten Restaurant zu Fuß gehen. So kommt ihr Blutkreislauf wieder in Gang, wenn sie zurückkommen. Beginnen Sie den Nachmittagsteil mit einer Bewegungsübung. Lassen Sie die Leute etwas tun: stehend auf großen Blättern zeichnen, in der Kleingruppe in einem anderen Raum des Gebäudes einen Sketch proben etc. Vermeiden

Sie Alkohol – erstens für Sie selbst, das macht Sie müde und trübt Ihren Geist. Und auch für Ihre Zuhörer: Versuchen Sie den Veranstalter zu einer Kostenteilung zu überreden: Wasser ist gratis, Alkohol muss selbst bezahlt werden. Oft greifen dann selbst die besonders Durstigen eher zum Mineralwasser. Lassen Sie Mineralwasser oder Soda-Zitron bereitstellen, sodass der erste Durst sofort gestillt ist. Dann werden nur mehr wenige ein Glas Wein bestellen.

Wenn Sie peinliche Situationen vermeiden wollen, ist es wichtig, dass diese Regelung von Anfang an klar kommuniziert wird. Der Grund, dass Alkohol nur kurz belebt, aber dann doch eher müde macht, sollte ruhig erwähnt werden, der Veranstalter soll ja nicht als knauserig dastehen. Besser der Veranstalter übernimmt die Kosten für den Espresso nach dem Essen. Die Kaffeekenner unter den Zuhörern leiden in der Regel unter der Qualität der in den Hotels angebotenen Pausenkaffees.

Pausen

Beginnen Sie die Pausen pünktlich. Viele Raucher werden nervös, wenn die für 11 Uhr angesagte Pause auf 11 Uhr 15 verschoben wird. Manche Teilnehmer machen sich Telefontermine für die Zeit der Pause aus. Auch sie würden den Saal zu der angesagten Pausenzeit verlassen, wenn Sie den Zeitplan nicht einhalten. Sagen Sie klar und deutlich, bis wann die Pause dauert, sonst tröpfeln die Teilnehmer nacheinander in den Saal und Sie werden nach der Pause dauernd gestört. Bitten Sie die Teilnehmer, pünktlich wieder zurück zu sein, und versprechen Sie ihnen etwas dafür: die Auflösung eines Rätsels, das Sie Ihnen vor der Pause erzählt haben, eine Belohnung usw.

Diskussions- und Frageteil

Sagen Sie Ihrem Publikum schon am Anfang, wann es Fragen stellen kann. Versichern Sie ihm, dass am Schluss Ihres Vortrags genügend Zeit bleibt, Fragen zu beantworten, wenn Sie während Ihres Vortrags nicht unterbrochen werden wollen.

Planen Sie den Diskussionsteil in Ihre Vorbereitungen ein. Oft verliert ein brillanter Vortrag an Glanz, wenn beim Diskussionsteil Fehler begangen werden und sich die Energie, die Sie geschaffen haben, im Publikum zerstreut.

Beginnen Sie den Diskussionsteil aktiv und positiv. Die Zuhörer sollten den Eindruck gewinnen, dass Sie gerne mit ihnen diskutieren und ihre Fragen beantworten. Treten Sie dem Publikum einen Schritt näher, lächeln Sie und fragen Sie: „Wer hat die erste Frage?" Vermeiden Sie die unpersönliche Formulierung: „Gibt es noch Fragen?"

Was tun, wenn niemand fragt?

Gerade bei großem Publikum ist die Wahrscheinlichkeit groß, dass niemand der Erste sein will, der fragt. Erinnern Sie sich an Ihre Schulzeit? Lief nicht jeder der fragte in Gefahr, als Nichtswisser dazustehen? Besonders wenn der Lehrer große Augen machte und sagte: „Was, das weißt du nicht? Da hättest du besser aufpassen sollen …" Niemand jedoch kann einen ganzen Vortrag lang mit ungeteilter Aufmerksamkeit zuhören. Es ist normal, ganze Passagen zu überhören. Zur Sicherheit fragen die Zuhörer daher lieber nichts, um ihre Unaufmerksamkeit zu verbergen. Fragen, die nicht voraussetzen, dass die Zuhörer 100-prozentig aufgepasst haben, nehmen ihnen die Scheu.

So bringen Sie Ihr Publikum in Fahrt

- Fragen Sie selbst das Publikum eine Frage, die leicht zu beantworten ist. Zum Beispiel: „Wer von Ihnen hat schon Erfahrung mit … gemacht?" „Ist jemand unter Ihnen, der …?" Oder: „Welche Punkte zu diesem Thema sind für Sie noch interessant, die ich im Vortrag nicht erwähnt habe?" So wird das Eis gebrochen. Und – sobald einer redet, folgen die anderen mit ihren Fragen nach.
- Bitten Sie noch vor dem Vortrag jemanden aus dem Publikum, eine Frage vorzubereiten. Die Frage können Sie selber vorformulieren!
- Sie fragen selbst die erste Frage: „Oft wird mir nach diesem Vortrag die Frage gestellt …"
- Sie bauen einen Teil des Inhalts in den Frageteil ein. Eine amerikanische Rednerin etwa hebt sich Teile ihres Vortrags für die Fragestunde auf. Sie teilt vor ihrem Vortrag nummerierte Kärtchen aus, auf denen eine Frage steht. Wenn sie nun zum Frageteil kommt, fragt sie: „Wer hat Frage Nummer eins in der Hand?", und bittet die Zuhörerin oder den Zuhörer, die Frage vorzulesen. So regt sie den Dialog mit dem Publikum an und kürzt einen zu langen Frontalvortrag ab. Nach drei Kärtchen ist das Publikum schon so angeregt, dass es die Diskussion weiterführt.

Unangenehme Fragen

Die Fragestunde kann zu einer angeregten Diskussion führen. Gelegentlich jedoch auch zu unangenehmen Situationen. Es können Fragen auftauchen, die Sie nicht gleich beantworten können. Manchmal sind die Fragen auch seltsam formuliert und gehen von Ihnen unbekannten Prämissen aus. In diesem Fall ist es wichtig, die Frage genau zu verstehen und auch Zeit zu gewinnen, um in Ruhe nachdenken zu können. Wenn Sie lästige Fragen erwarten, beschäftigen Sie sich schon bei der Vorbereitung des Vortrags damit. Überlegen Sie, welche Fragen kommen könnten. Noch besser: Geben Sie das Manuskript einem kritischen Bekannten und bitten Sie ihn, jene Punkte herauszupicken, die unangenehme Fragen herausfordern. Bitten Sie ihn, eine Liste solcher Fragen aufzustellen. Im Vorhinein können Sie sich ohne Stress passende Antworten zurechtlegen.

Behalten Sie jedenfalls die Diskussion in der Hand. Wenn Sie den Fokus im Frageteil auf ein bestimmtes Thema lenken wollen, etwa indem Sie sagen: „Wer hat noch Fragen spezifisch zum Bereich …?", so behalten Sie die Kontrolle und können auch bei wenig Zeit für Fragen gezielt die Diskussion steuern.

Schwer zu beantwortende Fragen

Wenn es Ihnen schwer fällt, eine Frage zu beantworten, können Sie sie, um Zeit zu gewinnen, paraphrasieren, das heißt in Ihren eigenen Worten wiederholen: „Sie meinen also …" oder „Wenn ich Sie recht verstanden habe, dann wollen Sie von mir wissen, ob …"

Sie werten dadurch Ihren Gesprächspartner auf und helfen damit auch, Missverständnisse zu beseitigen.

Wenn Ihnen zu der Frage nichts einfällt, gibt es die Möglichkeit, die Frage an jemanden weiterzugeben: entweder an einen anderen Redner, einen Experten aus dem Publikum oder allgemein an das Publikum. Sie könnten sagen: „Gibt es unter Ihnen jemanden, der Erfahrungen hat mit …?" Oft regt die Antwort eines Zuhörers Sie wiederum zu einem anderen weiterführenden Gedanken an. Aber Achtung: Mit dieser Frage geben Sie die Kontrolle aus der Hand.

Stehen Sie völlig daneben, sagen Sie: „Das ist eine interessante Frage. Ich werde ihr im Detail nachgehen und Sie dann verständigen. Geben Sie mir Ihre Visitenkarte nach der Veranstaltung, damit ich Sie kontaktieren kann. Danke für diese Anregung."

Eine ehrliche, jedoch hilfreiche Antwort ist: „Das weiß ich nicht. Ich empfehle Ihnen, im Internet unter … nachzuschauen." Oder: „XY hat sich intensiv mit diesem Aspekt befasst. Am besten Sie gehen auf seine Webseite/kontaktieren ihn direkt."

Unbeantwortbare Fragen

Manche Fragen sind unbeantwortbar. Ein Berufsstand, der es besonders schwer mit Fragen aus dem Laienpublikum hat, sind die Rechtsanwälte. Die Zuhörer gehen zum Vortrag eines Rechtsanwalts, um sich Rat zu holen und sich so die Kosten für einen Rechtsanwalt zu sparen. Juristische Probleme sind jedoch zu komplex, als dass der Rechtsanwalt sie in zwei Minuten lösen könnte. Es sind zu viele Unsicherheitsfaktoren involviert.

Ein Rechtsanwalt kann sich bei der Beantwortung der Frage nicht festlegen, denn er weiß nie genau, ob es nicht eine brandneue Entscheidung zu einem gleichartigen Rechtsfall gibt. Daher fällt die Antwort zu schwammig aus und die Rat Suchenden sind unzufrieden.

Eine Möglichkeit besteht darin zu antworten: „Man könnte so argumentieren …" Dann kann sich der Zuhörer wenigstens ein ungefähres Bild machen.

Die zweite Möglichkeit ist, prozesshaft zu antworten. Der Rechtsanwalt könnte den möglichen Verlauf des Rechtsproblems schildern: „Zuerst werden wir die Klage einreichen. Meine Argumente wären ... Die Gegenseite könnte so argumentieren ... Unsere Stärken sind ..."

Fragen, die Sie aus dem Konzept bringen

Es gibt sie immer wieder: Die Menschen, die andere bloßstellen wollen. Stellen Sie in einem solchen Fall eine Gegenfrage und bürden Sie damit dem anderen die Beweislast auf. Zum Beispiel mit der Entgegnung:

„Wie meinen Sie das?" „Was verstehen Sie unter ..."

Sie können auch die Selbstbekehrungstechnik anwenden: „Früher habe ich auch so gedacht, heute sehe ich es anders ..."

Bei einem Einwand oder einer Frage mitten im Vortrag vertrösten Sie den Neugierigen auf später: „Das ist ein wichtiger Punkt. Ich komme noch später darauf zu sprechen."

Stimmen Sie dem Fragesteller zu, jedoch nur bedingt. Schränken Sie danach Ihre Zustimmung ein oder differenzieren Sie. Zum Beispiel: „In dem einen Punkt gebe ich Ihnen Recht. In dem anderen meine ich ..." Oder: „Im Prinzip haben Sie völlig Recht. Bitte bedenken Sie aber ..."

Grenzen Sie das Thema ein: „Ihre Frage führt über das eigentliche Thema meines Vortrags hinaus. Mir war es wichtig zu zeigen ..."

Lassen Sie die Frage wiederholen. Wenn der Fragende besonders impertinent und unangenehm ist, holen Sie ihn nach vorne und lassen Sie ihn die Frage wiederholen. So exponiert, schwindet die Selbstsicherheit jedes Nörglers dahin.

Mitunter werden mehrere Einwände gebracht. Hier empfehlen schon die alten Griechen den Trick des „hysteron proteron" (wörtlich: „das Spätere zuerst"). Wenn z.B. drei Vorwürfe erhoben werden, entgegnen Sie nicht in der gleichen Reihenfolge, sondern beginnen Sie mit dem letzten. An diesen erinnern sich die Zuhörer noch. Der erste (und zweite), der meistens der wichtigere Einwand ist, sonst stünde er nicht am Anfang, wird auf später verschoben und dann nur en passant oder gar nicht mehr behandelt.

Wenn das Publikum größer als 20 Personen ist, empfehle ich Ihnen, die gestellte Frage zu wiederholen. Es muss nicht wörtlich sein, sinngemäß tut es auch. Warum? 10 Prozent der Bevölkerung sind hörbehindert. Sie verstehen die Fragen nicht, da sie am Hinterkopf des Vordermannes nicht lippenlesen können. Den anderen gibt die Wiederholung der Frage Zeit nachzudenken.

Wenn Ihr Vortrag mitgeschnitten wird, müssen Sie die Frage auf jeden Fall wiederholen, damit sie später gut hörbar ist. Sagen Sie ganz einfach: „Ich wiederhole die Frage, damit sie jeder gut versteht: …" Sehen Sie den Fragenden direkt an, solange er spricht. Lassen Sie ihn ausreden. Wenn Sie die Frage beantworten, wenden Sie sich dem gesamten Publikum zu. Wenn Sie im Zwiegespräch mit dem Fragenden bleiben und den anderen den Rücken zukehren, laufen Sie Gefahr, die Aufmerksamkeit des Publikums zu verlieren.

Wenn Sie die Frage beantwortet haben, gehen Sie zur nächsten. Kehren Sie nicht zum ersten Zuhörer zurück und fragen, ob Ihre Antwort seine Frage genügend beantwortet hat. Sie schließen sonst die übrigen Zuhörer aus.

Was tun, wenn der erste Zuhörer eine noch genauere Antwort verlangt? Geben Sie ihm noch eine kurze Information dazu und verweisen Sie höflich darauf, dass Sie gerne nach dem offiziellen Teil des Vortrags im Detail mit ihm diskutieren würden.

Kündigen Sie dem Publikum an, dass der Frageteil zu Ende geht und dass Sie noch eine Frage entgegennehmen. Bleiben Sie genau. Wenn Sie noch zwei Fragen zulassen wollen, sagen Sie „zwei Fragen". Wenn Sie ein oder zwei Fragen sagen, klingt das unsicher.

Schließen Sie den Frageteil mit einem zweiten Schluss. Fassen Sie noch einmal die Kernbotschaft zusammen. Erzählen Sie eine Geschichte. So nehmen Sie die Zügel wieder in die Hand und können jenen Schlusseffekt erzielen, den Sie wünschen.

Hänger elegant überwinden

Ihr Gehirn setzt aus, Sie wissen nicht weiter – was kann Ihnen Ärgeres passieren? Bühnenschauspieler haben ihre Souffleuse, wenn sie ihren Text vergessen, Vortragende nicht. Trotzdem haben Sie als Vortragende einen großen Vorteil: Sie haben keine vorgegebene Rolle. Wenn Sie also einmal einen Hänger haben, können Sie in verschiedener Weise reagieren.

Im Grunde ist ein Blackout eine völlig normale Sache. Der Grund dafür kann in den Unterlagen liegen, die unübersichtlich sind. Oder dass Sie sich vom Hundertsten ins Tausendste verirrt haben und nicht mehr zurückfinden. Es kann aber auch sein, dass jemand in den Raum kommt oder eine Zwischenfrage stellt und Sie durch diese Störung den Faden verlieren. Es ist also völlig normal, dass Sie in einem Vortrag, den Sie ohne Manuskript halten, einen oder mehrere Hänger haben. Plötzlich ist das Gedächtnis wie leergefegt. Sie wissen nicht mehr weiter. Wie meistern Sie diese Situation? Folgendes können Sie tun:

13 Anti-Blackout-Tipps

1. Nehmen Sie sich genügend Zeit, Ihren Vortrag gründlich vorzubereiten. Machen Sie eine Generalprobe. Merken Sie sich die Eckpunkte Ihres Vortrags. Selbst wenn Sie einen Punkt auslassen, finden Sie bei guter Vorbereitung schnell den Anschluss.
2. Achten Sie darauf, dass Ihre Notizen übersichtlich sind. Notieren Sie Schlagwörter und keinen ausformulierten Text. Niemand nimmt es Ihnen übel, wenn Sie einen kurzen Blick in Ihre Unterlagen werfen.
3. Bauen Sie Gedächtnishilfen für sich selber ein, z.B. einige zusätzliche Folien. So haben Sie immer das Gerüst Ihrer Rede mit den wichtigsten Punkten greifbar und behalten den Überblick.
4. Rechnen Sie schon im Vorhinein mit einem Hänger. Überlegen Sie, was Sie in diesem Fall tun. Manche Vortragende flechten einfach einen Witz oder ein Zitat ein. Selbst wenn es nicht ganz zum Kontext passt: Die Zuhörer sind immer über eine Gelegenheit zu lachen froh.
5. Reden Sie einfach weiter, egal was Sie sagen. Sehen Sie sich bekannte Talkmeister im Fernsehen an. Wenn sie einen Fehler machen und nicht mehr weiterwissen, sprechen sie einfach weiter und sagen, was sie in diesem Moment tun: „Ah, da bin ich zur linken Seite gegangen, mein Regisseur sagt mir, ich soll zur rechten Seite gehen ..." Hauptsache, es entsteht keine Pause, denn bei einer Unterbrechung des Redeflusses merken die Zuschauer ganz besonders, dass da etwas schief läuft. Außerdem: Sobald Sie zu reden aufhören,

wird Ihre eigene Panik größer. Wenn Sie einfach irgendetwas sagen, das nicht zum Thema passt, nur damit Sie weiterreden, und es kommt danach jemand zu Ihnen und sagt: „Das, was Sie da gesagt haben, passte ja gar nicht zum Thema!", dann erwidern Sie einfach: „Deshalb habe ich es ja eingebaut. Ich wollte mich vergewissern, ob Sie mir noch aufmerksam folgen …"

6. Legen Sie einen Zeitungsartikel auf den Tisch vor sich. Wenn der Faden reißt, nehmen Sie ihn zur Hand und sagen Sie beispielsweise: „In der Zeitung stand unlängst etwas, das einen wichtigen Punkt unseres Themas erhellt …" Das gibt Ihnen Zeit nachzudenken.

7. Wenn Sie im Satz stecken bleiben oder einen Satz nicht sinnvoll zu Ende führen können: Brechen Sie ab und beginnen Sie den Satz von vorne. Die einfachste Überbrückungstechnik ist eine eingeschobene Anrede: „Meine Damen und Herren …"

8. Redewendungen, die den Anschein erwecken, Sie verbesserten sich bewusst, schaffen Zeit, z.B. „Lassen Sie es mich anders ausdrücken …", „Ich möchte noch einmal besonders betonen … " So fassen Sie die letzten Gedanken mit anderen Worten zusammen und haben Gelegenheit, in Ihr Manuskript zu sehen und Ihre Gedanken zu ordnen.

9. Wiederholen Sie den letzten Satz. Das gibt Ihrer Aussage Gewicht und Ihnen Zeit. Sie können das auch aussprechen: „Dieser Punkt ist besonders wichtig. Deshalb wiederhole ich: …"

10. Vermeiden Sie in der Blackout-Situation zu sagen: „Gibt es dazu noch Fragen?" Die Fragen könnten Sie noch weiter weg vom Thema führen. Im anderen Fall – und der ist noch häufiger – gibt es keine Fragen, und die Pause wird noch peinlicher.
11. Planen Sie für den Fall Ihres Blackouts eine Publikumsübung ein. Eine einfache Übung wäre etwa: „Wenden Sie sich Ihrem linken Nachbarn zu und tauschen Sie sich aus, wie Sie das bisher Gehörte in Ihrem Beruf verwirklichen und was Sie schon nächste Woche davon umsetzen werden." Das gibt Ihnen Zeit, in Ruhe Ihre Notizen anzusehen.
12. Wechseln Sie Ihre Position. Wenn Sie Ihren Körper bewegen, bewegen sich auch Ihre Gedanken. Sie finden den Faden wieder.
13. Schaffen Sie Bewegung im Raum: Lassen Sie ein Fenster öffnen oder schließen. Bieten Sie eine kurze Pause an.

Umgang mit Störenfrieden

Dass manche Menschen bei einem Vortrag stören, hat die vielfältigsten Gründe. Vielleicht will ein Mann seiner Nachbarin imponieren und mit ihr einen Flirt beginnen. Vielleicht wurde er übergangen, als gerade Sie von der Firma als Rednerin gewählt wurden. Vielleicht ist er gegen seinen Willen im Saal und das Thema interessiert ihn gar nicht.

Was tun?

Wenn der Störenfried mit seinem Nachbarn im Publikum redet, sprechen Sie einfach ungerührt weiter. Als Steigerungsstufe möglich: Gehen Sie ins Publikum. Legen Sie ihm leicht die

Hand auf die Schulter, während Sie sprechen und bleiben Sie nahe bei ihm, bis er aufhört zu reden. Gehen Sie – noch immer im Vortrag – wieder weg.

Für besonders hartnäckige Fälle sprechen Sie sich vor dem Vortrag mit den Veranstaltern ab. Wenn ein Störenfried nicht zu beruhigen ist, soll ein Mitarbeiter ihn unter dem Vorwand, dass ein wichtiges Telefonat wartet, herausholen und mit ihm hinausgehen.

Michael Spitzbart, Arzt und einer der gefragtesten Redner Deutschlands, zeichnet sich durch besonderen Mutterwitz aus. In einer sehr schwierigen Vortragssituation stand er vor einem Publikum, von dem eine Hälfte sehr motiviert zuhörte, die rechte Saalhälfte jedoch vom Chef zu diesem Vortrag verdonnert worden war. Die Leute waren unruhig und eine Gruppe verhielt sich besonders störend. Auf diese Gruppe ging Spitzbart immer wieder zu und fixierte mit den Augen den lautesten Störenfried. Das half jedoch nur kurzfristig. Sobald Spitzbart sich umdrehte, gingen die Gespräche ungeniert weiter. Spitzbart beschloss daraufhin, sich zu rächen: „Nach dem dritten vergeblichen Versuch, ihn durch Blicke und indirekte Ansprache ruhig zu stellen, bewegte ich mich zunächst scheinbar weg von ihm. ... Als er wieder zu reden begann, drehte ich mich blitzschnell um und setzte ihm meinen Headset auf den Kopf. Bis er begriff, was geschah, waren seine ersten Worte schon ‚auf Sendung' im Saal." Spitzbart lud den Mann ein, nun für alle deutlich hörbar weiterzusprechen. Darauf folgte nur ein verlegenes: „Eigentlich habe ich gar nichts zu sagen." – Spitzbart erwiderte: „Dann hoffe ich auch, dass das so bleibt", und erntete tosenden Publikumsapplaus.[105]

---

[105] Spitzbart, S. 59.

Handys

Nicht jede Störung muss mutwillig sein. Die häufigste Störung dieser Tage sind läutende Handys. Am besten, Sie bitten am Anfang Ihres Vortrags, alle Handys abzustellen. Wenn ein Handy läutet, reagieren Sie gar nicht oder lächeln Sie. Wenn jedoch jemand anfängt, im Saal zu telefonieren, dann hören Sie zu sprechen auf und sehen diese Person an. Alle Augenpaare werden sich auch dorthin drehen. Das bereinigt meist das Problem. Wenn Ihnen eine lustige Bemerkung dazu einfällt – umso besser.

**Hier einige Aussprüche
bekannter Redner für diesen Fall:**

- „Das ist Ihre Sekretärin, die Sie erinnern will, das Handy abzudrehen …"
- „Ich glaube, der Anruf gilt mir …"
- „Sagen Sie ihnen, dass ich schon auf dem Weg bin …"
- „Wenn das meine Mutter sein sollte, sagen Sie ihr, dass sie sich keine Sorgen zu machen braucht. Ich habe meinen Schal und meine Fäustlinge angezogen …"[106]

Eine elegante Lösung fand Rabbiner Albert Friedlander während eines ökumenischen Gottesdienstes im Prager Veitsdom[107]. Mitten in die Predigt des 73-Jährigen platzte das Klingeln eines Mobiltelefons. Friedlander zitierte soeben eine Stelle aus dem Alten Testament: „Jegliches hat seine Zeit – Zeit zum Geborenwerden und Zeit zum Sterben, Zeit zum Weinen und Zeit

---

[106] Walters, S. 150.

[107] Zitiert nach: www.sekretaerinnen.com

zum Lachen …" Als das Piepen nicht verstummte, fügte Friedlander hinzu: „… und Zeit, ans Telefon zu gehen."

Auf dem internationalen Parkett

Im Sprachenmix kann es zu einigen Mißverständnissen kommen, zB: Weltkongress für Gynäkologie in Singapur. Ein asiatischer Redner tritt auf und berichtet über seine Forschungen. Daraufhin Frage vom Publikum: „Wie lange haben Sie die Proben mit Farbstoff markiert?" Antwort: „Yes." Der Vorsitzende des Workshops wiederholt geduldig die Frage in einfachen Worten noch einmal und betont, dass es eine Frage sei. Die Antwort wieder „Yes." Das Publikum verlässt ratlos den Raum. Solche Situationen kommen bei internationalen Kongressen immer wieder vor. Offenbar hatte dieser Vortragende keine großen Englisch-Kenntnisse, möglicherweise hatte er sich den Vortrag von jemandem anderen ins Englische übersetzen lassen. In Asien ist es ein Akt der Höflichkeit, im Zweifelsfalle einmal Ja zu sagen. Sicherlich hat er die Frage gar nicht verstanden und er wäre am liebsten in der Versenkung des Podiums verschwunden.

Bei internationalen Konferenzen gibt es meist zwei Probleme. Erstens das Sprachproblem und zweitens das unterschiedliche Verhalten.

Was können Sie tun, um möglichst wenig Missverständnisse hervorzurufen?

- Sprechen Sie langsam. Der deutsche Akzent ist für viele ungewohnt und sie müssen sich erst einhören. Sprechen Sie möglichst deutlich.

- Machen Sie immer wieder Pausen, damit das Publikum mit dem Hören nachkommt.
- Selbst wenn Sie sehr gut Englisch können, gebrauchen Sie eine möglichst einfache Sprache und keine britischen oder spezifisch amerikanischen Dialektausdrücke.
- Vermeiden Sie Witze. Witze sind über die Kulturen hinweg meistens nicht verständlich. Vermeiden Sie auch Wortspiele.
- Vermeiden Sie direkten Augenkontakt, wenn Asiaten im Publikum sitzen. Sie könnten es als aggressiv auffassen. Sehen Sie stattdessen Europäer oder Amerikaner an oder schauen Sie in Ihr Manuskript.
- Asiaten und Menschen mancher anderer Kulturen zeigen nicht viel Mimik. Sie könnten das Gefühl haben, zu einer Mauer zu sprechen. Akzeptieren Sie das und legen Sie es nicht als Desinteresse oder Bösartigkeit aus.
- In manchen Kulturen ist es nicht höflich, im Anschluss an den Vortrag Fragen zu stellen. Die Zuhörer wollen nicht vor ihren Kollegen als „unwissend" erscheinen. Außerdem könnte es sein, dass der Vortragende die Antwort nicht weiß und er dann das Gesicht verlieren würde. Sie können ankündigen, für etwaige Fragen nach dem Vortrag zur Verfügung zu stehen.

Wenn Sie häufig im Ausland Vorträge halten müssen, nehmen Sie Ihren eigenen Übersetzer mit, sofern Sie sich das leisten können. Sie sichern sich damit eine bessere Qualität der Übersetzung, da der Übersetzer Sie und Ihre Inhalte schon gut kennt. Der bekannte amerikanische Autor und Redner Brian Tracy tritt schon seit Jahrzehnten in Deutschland mit seinem Herrn Hahn auf, der schon mehr Co-Referent als Übersetzer ist. Sie liefern einander gegenseitig die richtigen Stichworte, spielen mit der Sprache, sodass es manchmal fast kabarettistische Momente gibt und diese zur Auflockerung des Vortrags beitragen.

Vorträge/Präsentationen im Ausland vor einheimischem Publikum

Sind Sie eingeladen, bei einer Firma im Ausland eine Präsentation zu machen? Sie können einiges einbauen, was die Zuhörer Ihres Gastlandes erfreut:

- Sagen Sie, dass Sie sich geehrt fühlen, in … zu sprechen. Besonders in Asien macht ein Satz wie dieser einen guten Eindruck: „Es ist mir eine Ehre, dass ich als erster Vertreter der Firma XY zu einem japanischen Publikum sprechen darf."
- Zitieren Sie jemand Bekannten aus dem Gastland, der die gleiche Meinung wie Sie zu diesem Thema vertritt. Das kann ein Schriftsteller, ein Intellektueller, eine historische Person oder ein Lehrer sein. Lassen Sie sich von einem Einheimischen bestätigen, dass diese Person tatsächlich allgemein geachtet ist.
- Zitieren Sie aus einem bekannten literarischen Werk oder einer anderen respektierten Quelle des Gastlandes.
- Stellen Sie die gemeinsamen Werte Ihrer und der Kultur Ihres Gastlandes heraus. Gemeinsame Gefühle, die das Publikum nachvollziehen kann, überbrücken die kulturellen Verschiedenheiten und zeigen, dass Menschen ähnlich empfinden, auch wenn ihr Hintergrund verschieden sein mag.

- Sagen Sie einen Satz in der Sprache Ihres Gastlandes. Bitten Sie jemanden, diesen einen Satz zu übersetzen. Eine einfache Aussage wie „Meine Firma, Universität, mein Land bedankt sich für Ihre Gastfreundschaft" beeindruckt ungemein und knüpft ein enges Band zu Ihrem Publikum.

Nach dem Vortrag

Vor einigen Tagen traf ich auf einem Empfang eine Bekannte. Birgit Hagenmüller ist Steuerberaterin und hatte gerade eine Rede beim jährlichen Kongress der Wirtschaftstreuhänder gehalten.

„Na, wie ist es gelaufen?", fragte ich. „Ich denke, es war in Ordnung", sagte sie ohne viel Enthusiasmus.

Mich wunderte das, denn ich wusste, dass sie zwei Monate vorher noch ein Rhetorikseminar besucht hatte und zusätzlich mit ihrem Partner diesen Vortrag einige Male durchgeprobt hatte. „Sie scheinen nicht zufrieden zu sein", bemerkte ich. „Ich hätte es besser machen können. Ich war nervös und sprach daher schneller, als ich es eingeübt hatte. Ich atmete zu wenig durch. Ich habe meine Begeisterung für das Thema etwas gedämpft, weil ich einige Kollegen im Publikum bemerkte, von denen ich Kritik erwartete. Die meisten Kongressteilnehmer, die ich nachher traf, meinten zwar, mein Vortrag wäre toll gewesen. Aber ich hatte diese inneren Stimmen im Kopf, die mir dauernd sagten, was ich wieder falsch gemacht hätte. Ich fing zu zweifeln an, ob die Leute überhaupt verstünden, was ich sagte, einige in der vorderen Reihe schauten derartig uninteressiert ..."

Zwei Ecken von meinem Haus entfernt wohnt ein anderer Steuerberater. Gestern traf ich ihn im Supermarkt und wir begrüßten einander an der Kassa. Ich fragte ihn, ob er auch an diesem Kongress teilgenommen habe. Er bejahte und sagte: „Nun ja, es war das Übliche wie jedes Jahr. Eine Kollegin gab es jedoch, die Frau Hagenmüller, die hat ganz besonders hervorgestochen. Sie redete animiert, interessant und alle wunderten sich, dass sie ein so trockenes Thema so gut aufbereitet hatte." Dieselbe Rednerin, derselbe Vortrag, einmal von einem objektiven Beobachter, einmal von ihrer eigenen inneren kritischen Stimme kommentiert.

Regt sich bei Ihnen auch die kritische innere Stimme nach dem Vortrag? Werden Sie durch sie inspiriert, fühlen Sie sich durch sie ermutigt, gleich den nächsten Vortrag anzupacken? Und vor allem: Lernen Sie durch sie etwas dazu?

Das nächste Mal, wenn sich Ihre kritische innere Stimme nur Negatives von sich gibt, sprechen Sie sie an: „He du, hast du auch etwas Positives über mich zu sagen?" Denken Sie nach, was Sie gut an Ihrem Vortrag gemacht haben. Noch hilfreicher ist es, es schriftlich niederzulegen.

Analysieren Sie nach jedem Vortrag, was gut gelaufen ist – das wird zuerst niedergeschrieben: Positive Reaktionen des Publikums, schlagfertige Reaktionen von Ihnen, treffende anschauliche Beispiele, ungewöhnliche Satzwendungen oder Aktionen, die Sie sich zum ersten Mal getraut haben durchzuführen.

Holen Sie sich Feedback von Bekannten, die im Publikum gesessen sind, und scheuen Sie nicht, den Veranstalter anzusprechen, welche Reaktionen er aus dem Publikum erhalten hat. Das gibt Ihnen genug Argumente, sich voller Elan an die Vorbereitung Ihres nächsten Vortrags zu machen.

Bonuskapitel:

Mit Zen zum gelassenen Redner[108]

Tiefe Gelassenheit, Dynamik und Konzentration sind der Schlüssel zu einem souveränen Auftritt. Seit Jahrtausenden erprobt, ist Zen ein Weg, störenden Gedankenmüll loszuwerden und dadurch gebundene Kräfte freizusetzen.

Stellen Sie sich vor Sie stehen auf der Bühne. Sie wissen: jetzt ist der Moment, alles zu geben. Nicht früher, nicht später, sondern jetzt.

Wie sieht es in diesem Moment in Ihrem Inneren aus?

Spüren Sie den inneren Druck mit den unvermeidlichen Selbstgesprächen: „Wie war doch mein erster Satz, ist die Tonanlage wirklich ok, werde ich den Faden verlieren, sitzt in der ersten Reihe wieder einmal einer, der mit dem Nachbarn quatscht?"

Oder fühlen Sie in diesem Moment die innere, unumstössliche Sicherheit „mir kann nichts passieren" und die Freude, innerlich die Arme auszubreiten und die Menschen freudig willkommen zu heissen? Die Schwingen auszubreiten und zu fliegen? Mit dem „Flow", der Ihre Zuhörer unweigerlich mitreisst?

---

[108] Erstmals erschienen als Beitrag in „Die besten Ideen für erfolgreiche Rhetorik: Erfolgreiche Speaker verraten ihre besten Konzepte und geben Impulse für die Praxis" 2011 von Nikolaus B. Enkelmann (Herausgeber)

Zwei Szenarien. Beide sind möglich. Beide kennen Sie.

Auch ich bin als Rednerin schon in beiden Situationen gewesen.

Seit ich denken kann, war jeder Auftritt eine Herausforderung. Immer war dieser innere Druck da. Ein riesengrosser Stress. Der feste Entschluss: „Das tue ich mir nicht mehr an", bis dann die Anerkennung danach mich wieder auf die rosa Wolke sieben befördert hat. Doch der Stress war riesengross.

Dann begann ich, mein jahrzehntelanges Interesse an der Zen Meditation in die tägliche meditative Praxis umzusetzen.

Ich begann also mit der Praxis, zuerst zögerlich, dann mit immer mehr Eifer und Ausdauer. Zen-Praxis, das bedeutet, jeden Tag sich auf Matte und Kissen hinzusetzen und den Atem zu beobachten, zur Ruhe zu kommen, das Ein- und Aus des eigenen Atems einfach zu spüren, anzusehen und wahrzunehmen. Manche Tage tue ich das eine Stunde lang, häufig länger. Diese tägliche Praxis hat in meinem Leben zu vielen kleinen Veränderungen geführt und zu einer großen in meinem Rednerleben.

Wenn ich heute als Rednerin auf der Bühne stehe, muss ich genauso gut vorbereitet sein wie eh und je und ich spüre auch die Anspannung. Das ist nicht anders als vorher. Der Unterschied ist: ICH bin anders. Ich habe die Stille eines tiefen Bergsees in mir und die Grundsicherheit: Es kann mir nichts passieren. Man kann dies einfach Gelassenheit nennen oder auch die innere Verbindung mit meinem Urvertrauen.

Ein Vergleich soll den Unterschied verdeutlichen. Stellen Sie sich einen seichten Steppensee vor, z.B. den Neusiedlersee im äussersten Osten Österreichs. Er ist an den meisten Stellen nur einen Meter tief. Gesetzt den Fall, ein Sturm kommt auf.

Der starke Wind wühlt den See so sehr auf, dass der ganze Schlamm das Wasser des Sees durch und durch durchdringt. Was bleibt ist eine einzige braune Brühe! So ist das, wenn im Kopf das Chaos herrscht und die Nervosität vor dem Auftritt einem den Verstand und die Energie raubt.

Und jetzt denken Sie an einen tiefen, klaren Gebirgssee, z.B. den tiefsten See Deutschlands, den Walchensee mit 200 Meter Tiefe. 200 Meter glasklares Wasser. Wenn dort ein Sturm die Wasseroberfläche aufwühlt, dann ist das ein Meter Unruhe und darunter 199 Meter Stille, die davon nicht betroffen sind. Diese 199 Meter stille Gelassenheit sind in den vielen Stunden der Meditation vor dem Sturm entstanden.

Heute habe ich durch tägliches Zen-Konzentrationstraining 199 Meter Sicherheit in mir, eine gelassene Unerschütterlichkeit auf der ich innerlich sitze, wie auf einem weichen Kissen.

Zen hat nicht nur viel für mich persönlich bewirkt, es hat vor allem auch meinen Blick auf den Auftritt und die Person des Redners geschärft. Lassen Sie mich Ihnen daher nachfolgend einige Gedanken und Tipps mitgeben, die aus meiner Zen-Praxis gewachsen sind.

Gedanken zerstreuen

In meinen Seminaren ermuntere ich die Teilnehmer, bei einem kurzen Experiment mitzumachen. Es dauert nur eine Minute. Sie können es auch gleich probieren.

Stellen Sie auf Ihrem Handy den Countdown auf eine Minute, setzen Sie sich hin und schliessen Sie die Augen. Tun Sie eine Minute lang NICHTS.

Nach einer Minute öffnen Sie die Augen. Lassen Sie die Minute noch einmal vorbeiziehen. Woran haben Sie gedacht? Wie viele Gedanken waren da in nur einer Minute?

Meistens liegt die Anzahl der Gedanken zwischen 10 und 30. Rechnen Sie den Mittelwert auf den ganzen Tag hoch, dann sind es 20.000 Gedanken, die an einem Tag – von Ihrem Bewußtsein ziemlich unbemerkt – durch Ihren Kopf wandern.

Gewöhnlich sind es assoziative Gedankenreihen, lose miteinander verknüpft. In Asien spricht man von Affen, die sich von einer Liane zur anderen schwingen. Wie die Affen führt ein Gedanke zum nächsten, viele davon nur am Rande des Bewußtseins, also vollkommen unbemerkt.

Genauso geht es jedem Redner vor seinem Auftritt, auch Ihnen. Die letzte halbe Stunde vor Ihrer Rede denken Sie – statistisch gesehen – ca. 600 Gedanken. Es könnten solche sein:

Der Vorredner überzieht die Zeit, was kann ich da kürzen...?

Diese eine Passage mit der Geschichte, die ich darstelle, die habe ich schon längere Zeit nicht auf der Bühne vorgeführt, die muss ich noch schnell im Kopf durchgehen, um die Pausen richtig zu setzen....

Es ist ganz normal, dass Sie vor einem Auftritt viele Gedanken im Kopf haben. Aber: Diese Gedankenfetzen sind eine andauernde Geräuschkulisse und führen ein Eigenleben. Statt dass Sie sich auf Ihren Inhalt konzentrieren, ziehen die Gedanken sie in eine andere Richtung. Sie beeinflussen Sie. Sie sind nicht Herr in Ihrem Kopf! Und es bedeutet: Sie denken nicht, SIE WERDEN GEDACHT.

In Zeiten, in denen Sie vor einem Auftritt unter Stress stehen, hängen sich noch Emotionen an manche Gedanken an.

Diese emotionalen Gedanken ziehen in verschiedene Richtungen und bringen Sie ganz aus Ihrer Konzentration.

Stellen Sie sich ein Ruderboot vor. Die acht Ruderer, die im Boot sitzen, sind Ihre Gedanken. Im Stress rudern sie meist in verschiedene Richtungen. Der eine sagt: „Sitzt die Hose richtig?" Der andere: „ Und den einen Punkt darf ich nicht vergessen", der dritte: „ Habe ich die eine Folie rausgetan?"

Die Gedanken sind ganz durcheinander. Wären Sie eine Rudermannschaft, dann käme sie nicht einen Meter voran: Das Boot würde stark ins Schwanken geraten und Sie hätten alle Hände zu tun, um gerade das Boot vor dem Kentern zu bewahren. Fühlen Sie sich nicht oft genau so vor einer schwierigen Vortragssituation?

Hätten Sie gelernt, die störenden Gedanken loszulassen, hätten Sie enorm viel Energie für Ihren eigentlichen Fokus, nämlich das Publikum in Ihren Bann zu ziehen. Gerade am Start ist diese Anfangsenergie besonders wichtig, denn auch in den Köpfen der Menschen herrscht Chaos. Sie denken noch an den Verkehrstau bei der Herfahrt, an den Streit mit dem Partner beim Frühstück oder die schlechten Noten ihres pubertierenden Sohnes.

Wie ist es möglich, in die Geräuschkulisse des Kopfes einzugreifen? Herr im eigenen Hause zu werden?

Eines möchte ich vorweg klarstellen. Es ist nicht möglich, Gedanken loszulassen in dem Sie sich denken: „Jetzt lasse ich Gedanken los". Ebensowenig wie es möglich ist, keine Gedanken zu haben. Der Trick ist, Ihre geistige und körperliche Energie zu bündeln ist, die Konzentration auf eine Sache zu lenken. Diese Sache muss möglichst einfach sein, um die Konzentration zu erleichtern. Am besten ist der Atem. Die Grundübung im Zen ist es, sich in gerader Haltung hinzusetzen und sich auf den

Atem zu konzentrieren. Auf nichts anderes. Sie richten den Geist auf den Einatem, sie richten den Geist auf den Ausatem. Nach einem oder zwei Atemzügen merken Sie, dass störende Gedanken durch Ihren Geist spazieren. Und dann hängt sich noch ein Gedanke dran und dann noch einer. Erst spät bemerken Sie, dass Sie fortgetragen worden sind. Dann kehren Sie einfach wieder zu Ihrer Atemübung zurück.

Die Basisübung im Zen ist so einfach, wenn wir darüber lesen, doch so schwer, wenn wir es tun. Es gibt viele andere Übungen im Zen, doch diese Basisübung verändert das Leben. Sie verbindet Geist und Körper, das bewußte Denken mit dem Unbewußten.

Den Geist durch den Körper betreten

Im Osten beschäftigt man sich seit Jahrtausenden mit der Innenwelt, mit der Erforschung des menschlichen Geistes. Viele Yogis und Zen-Meister haben ihre Beobachtungen über den Geist und sein Wirken an ihre Schüler und diese wiederum an ihre Schüler weitergegeben. Auf diese Weise haben sie einen reichen Erfahrungsschatz gesammelt und viele Geistesübungen entwickelt.

Die Grundlage aller dieser Übungen ist die Konzentration des Körpers UND des Geistes. Da gibt es keine Unterscheidung. Geist und Körper sind eine Einheit. Der Geist ist durch den Körper beeinflussbar, der Körper durch den Geist. Wenn Sie daher Ihre Energie sammeln und fokussieren und von der Zerstreutheit der Gedanken wegkommen wollen, dann sollten Sie das über den Körper tun. Die Methode heisst: Sie beginnen mit dem Körper und der Geist wird folgen.

Konzentration auf die Mitte

Der ferne Osten sieht das Zentrum des Menschen nicht im Kopf sondern unterhalb des Nabels. Das bezeichnet man in Ostasien als Hara und meint damit den Schwerpunkt des Menschen, seine Erdung, sein Zentrum. Er ist der Mittelpunkt der Kraft, der Energie und der Integrität des Menschen. Der Hara liegt etwa drei Fingerbreit unter dem Nabel in der Mitte des Körpers. Stärkt man den Unterbauch, so die fernöstliche Philosophie, dann kommt man in seine Mitte, dann ist man DA.

Ob es in den Kampfkünsten Japans ist, wie in der Schwertkunst, im Judo oder im Karate, oder in den Darstellungskünsten wie im Nō-Theater, immer geht das Gleichgewicht des GANZEN Menschen vom Hara aus.

Mit fortwährender Übung können Sie die körperliche Empfindung dieser inneren Mitte, des Hara entwickeln. Dadurch entsteht ein Gefühl der Stärke, eines Erdungspunktes. Der Hara ist wie ein innerer Anker, an dem Sie sich in schwierigen Situationen anhalten können. Wenn Ihre Gedanken Sie von Ihrem Redefokus abzubringen drohen, dann denken Sie an diesen Hara-Schwerpunkt – einige Übung vorausgesetzt – und sind in voller Konzentration in diesem Moment, standfest, in der Mitte, in der Einheit mit sich selbst.

Im Japanischen bedeutet ein „*Hara no aru hito*", ein Mensch mit Hara, ein Mensch mit Mitte. Ein „Mensch ohne Mitte" ist jemand, der leicht aus dem Lot kommt, einer, dem die Mitte fehlt.

Hara zu trainieren geht einher mit einer differenzierteren Wahrnehmung der Beine und der Füsse. Ruht man im Hara, dann sind die Beine nicht durchgestreckt, sondern die Knie locker. So stehen Sie sicher und geerdet.

Die Füsse – fest auf der Erde

Wie sicher stehen Sie auf Ihren Füssen? Wir sprechen vom sicheren Auftreten eines Menschen und vergessen oft dabei, dass es diese physische Komponente des „Auftretens" ist, die dem Auftreten die Sicherheit und den Halt gibt.

Die Grundlage des Auftritts sind die Füsse. Um sicher aufzutreten, ist es notwendig, die Füsse mit dem sicheren Untergrund, mit der Erde zu verbinden. Bleiben Sie auch mit Ihren Gedanken in diesem Moment. Die meiste Zeit sind wir nicht da in diesem Moment, sondern in der Zukunft.

Schuhe sind für die Erdung und Wahrnehmung hinderlich. Um das Bewußtsein in die Füsse hineinzubringen, ist es hilfreich, die Schuhe auszuziehen und barfuß „aufzutreten". Barfuss „begreifen" Sie den Boden, hören den Hall und spüren mit dem ganzen Körper, dass die Füße Sie tragen, dass Sie sich auf sie verlassen können.

In vielen Vortragssituationen stehen die Vortragenden auf einer erhöhten Bühne. Dort sieht das Publikum ganz genau, ob Sie sich sicher fühlen oder nicht. Sind Sie auf der Bühne mit tausenderlei Gedanken beschäftigt. , entzieht das Ihren Füssen den Halt. Sie wirken unsicher, kraftlos und ohne „Standpunkt".

Achten Sie daher auf die Füsse. Gehen Sie zur Übung barfuss und konzentrieren Sie sich bei jedem Schritt auf den Kontakt Ihrer Fußsohlen mit der Erde. Lassen Sie sich nicht von Ihren Gedanken forttragen! Konzentrieren Sie sich: Sie heben das Bein und setzen den Fuss auf. Spüren Sie diese Kontaktaufnahme. Fühlen Sie die Temperatur und die Beschaffenheit des Bodens. Fünf Minuten jeden Tag reichen für diese Konzentrationsübung. Es sind die fünf wichtigsten Minuten des Tages! Sie werden merken, dass Sie Kraft aus dem Boden schöpfen und jeden Tag sicherer auf Ihren Beinen stehen.

Trainieren Sie täglich

Im Zen und allen von Zen beeinflussten Künsten ist das tägliche Training das Um und Auf. So wie Sie essen und schlafen, ist das tägliche Konzentrationstraining ein Teil des Lebens. Training bedeutet hier eine Praxis des Körpers UND des Geistes als eine Einheit. Der japanische Begriff für diese Art des Lernens ist *shūgyō*. Shū bedeutet „meistern", gyō heisst „praktizieren". Man praktiziert so lange, bis es ein Teil der eigenen Person ist.

Profiredner üben, indem sie jeden Tag mit den gleichen Inhalten auftreten. So üben sie im Sinne von *shūgyō* (und bekommen dafür noch bezahlt). Schauspieler üben so eine Rolle ein. Pianisten üben jeden Tag acht Stunden.

Nur das tägliche Konzentrationstraining programmiert jede Zelle Ihres Körpers, Störendes loszulassen und den Blick für das Wesentliche zu schärfen.

Wie wird man zum gelassenen Zen-Redner?

1. Trainieren Sie im täglichen Leben, sich auf ein Ding zu konzentrieren. Es kann Meditation im Sitzen sein, es kann die Fünf Minuten Geh-Übung sein. Werden Sie sich Ihrer Gedanken gewahr, die Ihren Fokus zertreuen.
2. Werden Sie vollkommen eins mit dem, was Sie sagen wollen. Sagen Sie nur das, was Sie wirklich denken. Nehmen Sie Beispiele aus Ihrem eigenen Leben.
3. Weniger bringt mehr. Prüfen Sie in Ihrer Auftrittssituation, was Sie weglassen können. Lassen Sie sich nicht verleiten, Ihre Reden mit Requisiten und technischen Spielereien zu überfrachten.

4. Und das Wichtigste: Sie müssen nicht auf der Bühne herumhüpfen und Action machen: Wirken Sie durch Ihr Sein.

Literaturverzeichnis

Romeo Alavi Kia: Stimme. Spiegel meines Selbst. Aurum 1991

Romeo Alavi Kia: Sonne, Mond und Stimme. Atemtypen in der Stimmentfaltung. Aurum 1996

Ingrid Amon: Die Macht der Stimme. Persönlichkeit durch Klang, Volumen und Dynamik. Ueberreuter 2000

Isaac Asimov: Isaac Asimov's Buch der Tatsachen. Über 500 interessante, unterhaltende, faszinierende und unglaubliche Tatsachen aus Forschung, Technik und Naturwissenschaften. Bastei Lübbe 1979

Vera Birkenbihl: Rhetorik. birkenbihl media 1998

Barbara Ann Brennan: Licht-Arbeit. Goldmann 1990

Georg Büchmann und Eberhard Urban: Der neue Büchmann. Geflügelte Worte. Bassermann 2002

Detlef Bührer: 30 Minuten gegen Lampenfieber. Gabal 2009

Mihaly Czikszentmihalyi: Kreativität. Wie Sie das Unmögliche schaffen und Ihre Grenzen überwinden. Klett-Cotta 1997

John Diamond: Speech, language, and the power of the breath. Archaeus Press 1979, Manuskript erhalten vom Autor

John Diamond: Lebensenergie in der Musik. Bruno Martin Verlag 1990

John Diamond: Lebensenergie in der Musik. Band 2 VAK 1992

John Diamond: Die heilende Kraft der Emotionen. VAK 1994, 8. Aufl. John Diamond: Der Körper lügt nicht. VAK 1995, 12. Aufl.

Peter H. Ditko und Norbert Q. Engelen: In Bildern reden. So entdecken Sie Ihre rhetorische Kraft. Econ & List 1996

Nikolaus B. Enkelmann (Hrsg.): Die besten Ideen für erfolgreiche Rhetorik. Gabal 2011

Nikolaus B. Enkelmann: Charisma. Beruflichen und privaten Erfolg durch Persönlichkeit. mvg 1999

Andrea Fehringer, Gerald Reischl und Clemens Stadlbauer: Die größten Pechvögel des Jahrhunderts. Mit ihren Ideen wurden andere reich. Ueberreuter 1999

Jack Foster und Larry Corby: Einfälle für alle Fälle. Ueberreuter 1998

Ulrich H. Frey und Sabine Reiner: Treffende Anekdoten. Ott Verlag 1994

Howard Gardner: So genial wie Einstein. Schlüssel zum kreativen Denken. Klett-Cotta 1993

German Speakers Association (Hrsg.): Das 1 x 1 des Professional Speaking. Was Vortragsredner können sollten. GSA 2010

Malcolm Gladwell: Der Tipping Point. Wie kleine Dinge Großes bewirken können. Berlin Verlag 2000

Mark Granovetter: Getting a Job: A Study in Contacts and Careers. Chicago University Press 1995

Harenberg. Was geschah am…? Alle Ereignisse der Geschichte geordnet nach den Tagen des Jahres. Harenberg Lexikon Verlag, 2. Aufl. 2000

Uwe Klein: Stressmanagement. mvg 2000

Hans-Uwe Köhler: Verkaufen ist wie Liebe. Metropolitan 2000

Walter Krämer und Götz Trenkler: Lexikon der populären Irrtümer. 500 kapitale Missverständnisse, Vorurteile und Denkfehler von Abendrot bis Zeppelin. Eichborn Verlag 1996

Doug Malouf: How to create and deliver a dynamic presentation. Business + Publishing 2001

A.G. Mears: The right way to speak in public. Elliot Right Way Books

Albert Mehrabian: Silent Messages: Implicit Communication of Emotions and Attitudes. Wadsworth 1981

Yehudi Menuhin: Unterwegs. Erinnerungen 1976-1995. Piper 1996

Samy Molcho: Körpersprache. Mosaik Verlag 1983

Tor Norretranders: Spüre die Welt. Die Wissenschaft des Bewußtseins. Rowohlt 1997

Roger von Oech: Der kreative Kick. Junfermann 1997

Dean Ornish: Revolution in der Herztherapie. KreuzVerlag 1992

Robert Ornstein und D. Sobel: The Healing Brain: Breakthrough Discoveries about How the Brain Keeps Us Healthy. Simon & Schuster

Platon: Sämtliche Werke 4. Phaidros, Parmenides, Theaitetos, Sophistes.

Gaius Plinius Caecilius Secundus: Briefe. Heimeran Verlag 1968

Ernst Pöppel: Grenzen des Bewußtseins. Insel Verlag 1997

Neil Postman: Wir amüsieren uns zu Tode. Urteilsbildung im Zeitalter der Unterhaltungsindustrie. Fischer 1992

Martin Rasper ‚No Sports' hat Churchill nie gesagt - Das Buch der falschen Zitate. Ecowin 2017

John J. Ratey: Das menschliche Gehirn. Eine Gebrauchsanweisung. Patmos 2001

Gerhard Reichel: Standing Ovations. Verlag Brigitte Reichel o.J. Gerhard Reichel: Zitate, Pointen, Geistesblitze ... Von Aristoteles bis Zuckmayer. Verlag Brigitte Reichel 1995

Garr Reynolds: Zen oder die Kunst der Präsentation: Mit einfachen Ideen gestalten und präsentieren, dpunkt.verlag, 2013

Matthew Richardson: Das populäre Lexikon der ersten Male. Erfindungen, Entdeckungen und Geistesblitze von Abakus bis Zifferblatt. Piper 2000

Colin Rose und Malcolm J. Nicholl: M*A*S*T*E*R-Learning. Die optimale Methode für leichtes und effektives Lernen. mvg Verlag 2000

Michael Rossiè: Wie fange ich meine Rede an? 100 Ideen für 1000 eigene Anfänge. C.H. Beck 2016

Laurie Rozakis: Public speaking. alpha books 1999

Horst Rückle: Körpersprache für Manager. verlag moderne industrie 1998

Robert M. Sapolsky: Warum Zebras keine Migräne kriegen. Wie Stress den Menschen krank macht. Piper 1996

Dorothy Sarnoff: Auftreten ohne Lampenfieber. Campus 1990

Michael Spitzbart: Rhetorisch fit! Wessp. 2002

Alfred A. Tomatis: Der Klang des Lebens. Vorgeburtliche Kommunikation – die Anfänge der seelischen Entwicklung. Rowohlt 1987

Lilly Walters: What to Say When You're Dying on the Platform. A Complete Resource for Speakers, Trainers, and Executives. McGrawHill Inc. 1995

Fleur Sakura Wöss: Mit Zen zum gelassenen Redner, in: Nikolaus B. Enkelmann /Hrsg.) Die besten Ideen für erfolgreiche Rhetorik. Gabal 2011, S. 249-259

Fleur Sakura Wöss: Innehalten. Zen üben, Atem holen, Kraft schöpfen, Kösel 2017.

Kurt Wöss: Als ich zu dirigieren vergaß ... und andere Erlebnisse eines weltreisenden Dirigenten. OracPietsch 1983

Service- und Informationsmöglichkeiten

Checklisten: www.fleurwoess.com.

Blog: www.fleurszenblog.com

Kontakt:

Dr. Fleur Sakura Wöss	Tel.: +43-650-879 57 23
Schweizertalstr. 17	E-Mail: office@fleurwoess.com
A-1130 Wien	www.fleurwoess.com